Gérald Darmanin

Le baron noir du Président

DES MÊMES AUTEURS

Laurent Valdiguié

Un maire au-dessus de tout soupçon..., Albin Michel, 2000

Notre honorable président. L'argent, les réseaux, les affaires, Albin Michel, 2002

Nicolas Sarkozy ou le destin de Brutus, avec Karl Laske et le collectif de journalistes Victor Noir, Denoël, 2005

Machinations. Anatomie d'un scandale d'État, Clearstream, avec Karl Laske, Denoël, 2006

Le Vrai Canard, avec Karl Laske, Stock, 2008

Clearstream, un scandale d'État, avec Karl Laske, Pocket, 2009

Le Procès Villepin, Stock, 2010

« Mon grand-père était un poilu ». Dix politiques livrent leurs secrets de famille, avec Caroline Fontaine, Tallandier, 2016

L'Enquête Balkany, Robert Laffont, 2017

Notre-Dame. Le Brasier des vanités, Impact Éditions, 2020

François Vignolle

Le pacte des Fourniret, avec Emmanuelle Maurel, Hachette Littératures, 2008

La France du djihad, avec Azzeddine Ahmed-Chaouch, Éditions du Moment, 2014

Les fusibles. Politique, justice, sport, entreprise, ils ont payé pour les autres, avec Cyril Touaux, L'Artilleur, 2018

Laeticia. La vraie histoire, avec Laurence Pieau, Plon, 2018

Les Bijoux de la Kardashian, avec Julien Dumond, ill. de Grégory Mardon, Glénat, 2019

Laurent Valdiguié
François Vignolle

Gérald Darmanin

Le baron noir du Président

Robert Laffont

ISBN : 978-2-221-25980-1
Dépôt légal : mars 2022
Éditions Robert Laffont – 92, avenue de France 75013 Paris

« La politique est la morale
des circonstances. »

JOSEPH FOUCHÉ
Ministre de la Police
de Napoléon et Louis XVIII

Prologue

Trahison

« Ils me font marrer à dire de moi aujourd'hui que j'étais le Maradona de la droite... Si Fillon avait été élu, s'il m'avait nommé ministre, j'aurais été, au mieux, secrétaire d'État à la Ville. Faut jamais oublier que pour eux, les Pécresse, Wauquiez, Jacob et autres, je suis toujours le petit-fils d'un rebeu de Tourcoing... »

Assis devant un feu de cheminée dans l'un des quatre fauteuils en cuir blanc de son bureau du ministère de l'Intérieur, une pièce qui a vu passer, entre autres, François Mitterrand, Jacques Chirac, Charles Pasqua, Pierre Joxe, Nicolas Sarkozy, Dominique de Villepin, Manuel Valls et Bernard Cazeneuve, Gérald Darmanin s'offusque du mot « traître » que ses anciens compagnons LR lui collent à la peau. Un énervement glacial. Rien à voir avec les emportements légendaires de ses deux anciens mentors, Xavier Bertrand et Nicolas Sarkozy, capables l'un comme l'autre de colères homériques, à faire trembler les murs et surtout les nerfs de leurs visiteurs.

Gérald Darmanin est un teigneux calme. La voix est posée, mais le débit rapide, et les mots s'entrechoquent comme des galets dévalant un torrent de montagne.

Contre ses anciens amis, sa colère est froide mais entière : « Je n'oublierai jamais qu'en 2012, élu député, j'avais demandé à faire partie de la commission des Finances. Woerth avait dit non. Grosso modo, il estimait que n'étant pas énarque, je n'étais pas au niveau. Jacob m'avait dit qu'il fallait attendre deux mandats. Alors, oui, me voir proposer par Emmanuel Macron le poste de ministre du Budget, par rapport à eux, il y avait un côté revanche sociale[1]. »

Avec ceux de LR, les ponts sont coupés... Il les a quittés en sept jours, durant cette semaine de bascule qu'a connue l'ancien monde en mai 2017, comme un cadet abandonne sa famille en sautant dans le premier train direction l'inconnu. Avec brutalité.

Bien sûr, il n'est pas parti seul. Édouard Philippe, Bruno Le Maire, Thierry Solère, Sébastien Lecornu ont aussi quitté Les Républicains. Mais lui, c'est différent. Les autres appartenaient tous à l'aile gauche du vieux parti héritier du gaullisme, cette zone frontière où la droite parlait une langue voisine de celle des socialistes.

Lui, avec ses idées vieille France, ses amitiés de jeunesse monarchistes et ses blazers noirs d'étudiant, a toujours « bouffé du gaucho » et a parfois tutoyé les thèses de l'extrême droite. Avant de rallier Emmanuel Macron, son combat contre le PS était même une constante. Bien sûr, derrière ses origines familiales gaullistes revendiquées, il a eu lui aussi – comme Jacques Chirac après tout – ses « époques » RPR. D'abord Philippe Séguin, puis François Fillon dans sa période sociale, Gérald Darmanin a navigué dans

1. Entretien avec les auteurs le 23 décembre 2021.

les courants, jusqu'à s'enraciner chez Nicolas Sarkozy. Forcément, depuis cette aile-là de la droite, le chemin s'annonçait plus long que pour des juppéistes pour rallier ce président venu de l'Élysée sous... l'ère Hollande.

Le félon

« Non, pas Gérald, pas lui », ont soupiré, poings serrés, la plupart de ses anciens amis. Non seulement il a accepté d'être nommé ministre mais, surtout, il a mené campagne aux côtés de candidats LREM et contribué à construire une majorité présidentielle. « Gérald a envoyé au tapis cent députés de chez nous[2] », se désole Virginie Duby-Muller, députée Les Républicains qui, elle, a survécu à la vague LREM. Forcément, ils en veulent à celui qu'ils appellent le « félon », en souvenir de ces vassaux du Moyen Âge qui rompaient leur serment. Au lendemain de la victoire d'Emmanuel Macron, le « plan » de François Baroin et des survivants de la campagne Fillon était au contraire de faire bloc collectivement et de limiter la casse aux législatives, quitte à négocier ensuite avec le nouveau pouvoir un « contrat de gouvernement ». Exactement l'inverse de ce qui s'est passé.

Il écoute. Il sait tout cela. « Bien sûr, on a été embauchés pour ces raisons, sinon cela n'aurait pas eu d'intérêt. C'est parce qu'il y a cent députés En Marche d'une circonscription de droite que la majorité a été atteinte », conçoit Gérald Darmanin, lucide sur le big bang de ce printemps 2017. Un fric-frac légendaire, un

2. Entretien avec l'un des auteurs le 2 novembre 2021.

Ocean's Twelve opéré en bande, avec chacun son rôle, son timing parfait pour déverrouiller la salle des coffres. Ni vu ni connu. Avec lui en sniper vedette, passé dans l'autre camp avec armes et bagages. Lui si jeune mais déjà expert dans toutes les techniques de combat de la politique. Et elles sont nombreuses. Sur le terrain, il a appris la guérilla pour « emmerder un élu en place ». Aux questions au gouvernement, il est le plus acide envers ses anciens amis : « Il était un temps, pas si éloigné, où, quand je siégeais sur ces bancs, c'était une honte d'être applaudi par le Front national », grince-t-il un jour à l'Assemblée en direction de la droite. Aussitôt Marine Le Pen le traite de « Judas ». Il la toise : « À la différence de vous, madame Le Pen, Judas restera dans l'histoire. » Son sens de la repartie le fait craindre, comme sa puissance de feu dans les journaux. Quel autre ministre, tutoyant tant de journalistes, a été capable d'aligner autant d'interviews ? « Je veux peser », dit-il le 24 mai 2020, à quelques semaines du remaniement, dans l'un de ses nombreux entretiens « exclusifs » au *JDD*, dont il fait la une. Le rapport de force ne lui a jamais fait peur, lui qui a aussi été capable, dans le bureau du président, de faire tapis en proposant son départ. Combien d'autres, dans l'entourage d'Emmanuel Macron, ont osé mettre leur portefeuille en balance ?

Il y a du « baron noir » en Gérald Darmanin, pour reprendre le surnom de ce héros de fiction député-maire du Nord, comme lui, et joué par Kad Merad. La série, dont les trois saisons ont passionné les Français de 2016 à 2020, est bien sûr une œuvre de fiction[3].

3. Diffusée sur Canal+, elle a été créée par Éric Benzekri et Jean-Baptiste Delafon et réalisée par Ziad Doueiri, Antoine Chevrollier et Thomas Bourguignon.

Mais comme dans la vraie vie, il y est question de trahisons, de coups bas, d'affaires judiciaires et de cœur, d'un héros passionné de politique, prêt à tout et finalement élu à l'élection présidentielle. Car c'est aussi le but de Gérald Darmanin. Même s'il s'en défend, tous ses amis partagent cette même certitude : « Gérald en rêve. » « Il a cette pulsion animale qu'ont quelques rares politiques[4] », admet le juppéiste Gilles Boyer, conscient que l'ancien maire de Bordeaux en était, lui, dépourvu.

Un aventurier

Une chose est sûre, les ténors de la droite n'auraient jamais dû prendre de haut quelqu'un venu de si loin. Du Nord. De cette frontière belge triste et grise, où le « ciel [est] si bas qu'il fait l'humilité » et où il n'« y a qu'l'été que les filles aient un corps », comme le chante Brel dans *Le Plat Pays* et *La Bière*. Tourcoing, l'une des rares villes françaises où il ne viendrait à personne l'idée de se rendre en vacances. Ni mer, ni montagne, ni même une maison illustre à visiter. Charleville-Mézières, au moins, a vu naître Rimbaud. Lille est une capitale, Valenciennes a contribué à l'histoire du foot. Roubaix a un musée des Beaux-Arts. Mais Tourcoing... Dans l'ombre du Nord, la ville reste celle des usines textiles d'autrefois et du chômage d'aujourd'hui.

Socialement aussi, Darmanin vient de loin. Grand-père tirailleur algérien, mais pas harki, contrairement à une légende locale qu'il a pu lui-même alimenter. Mère

4. Entretien avec l'un des auteurs le 22 octobre 2021.

serveuse dans un bistrot popu de Valenciennes, puis femme de ménage et concierge dans les beaux quartiers parisiens où la distance sociale s'étire le long de l'ascenseur, entre la loge étriquée au rez-de-chaussée et les appartements bourgeois des étages où elle passe l'aspirateur. Père bohème, excentrique, alcoolique, marié quatre fois, libraire, poète et écrivain raté, sans le sou. Un écorché, un enragé. Mais un aventurier, comme lui.

Gérald Darmanin vient donc de loin : « Quand pour d'autres, c'est normal d'être ministre, pour moi, conseiller municipal, c'était déjà une promotion sociale. »

Emploi « de confort »

Gérald Darmanin est encore jeune, mais il appartient à l'ancien monde de la politique. Celui du RPR avec la croix de Lorraine en béton, énorme sur les affiches. Celui où on entrait en politique comme on entre en religion, pour militer, nuits comprises, coller des affiches, tracter, et où, en retour, le parti promettait le salut : stages, petits ou gros boulots, voire poste d'élu, ou même de ministre.

À la force du poignet, et au gré de renvois d'ascenseur, il a gravi les marches. En ce début 2017, Gérald Darmanin coche toutes les cases, jusqu'à la caricature. « Affaires » comprises puisque son premier mentor, l'ancien député de Tourcoing Christian Vanneste, suggère, le concernant, un « emploi de confort » à ses débuts, pour ne pas dire un emploi fictif, auprès d'une association patronale. Il dément. Mais à part ces dix-huit mois rémunérés auprès d'une petite structure patronale régionale, Darmanin a toujours vécu de la politique :

conseiller municipal, conseiller régional, apparatchik et même directeur de campagne de l'ancien président Sarkozy...

Un jeune premier, promis au meilleur de son camp. Jusqu'à ce qu'il change d'écurie. À cause de la déroute d'une droite égarée, à court d'idées, de projets et d'envies, à bout de souffle, comme il le suggère dans un livre publié à chaud, en novembre 2017, pour justifier la rupture de ses vœux[5] ? Ou tout simplement par opportunisme et ambition personnelle ?

De prime abord, pourtant, tout les sépare, Emmanuel Macron et lui. Leurs origines, populaires pour l'un, bourgeoises pour l'autre. Leur cursus, un modeste Sciences Po Lille d'un côté et la botte de l'ENA de l'autre. Et que dire de leurs parcours politiques si antinomiques ! Le président est sans fief. Sans territoire. Sans passé. Sans même un parti. En tout cas, sans ces heures militantes, ces nuits électorales, ces soirées interminables de conseils municipaux, régionaux, départementaux. Sans ces taxes à voter, d'habitation, foncières, d'ordures ménagères. Sans ces banquets de mariage, ces inaugurations de gymnases, ces cérémonies aux morts, ces offices obligés. Sans cette vie donnée à la politique. Sans cette sueur versée aux électeurs.

Forcément, Gérald Darmanin a assisté, médusé et incrédule, à l'élection de cet ovni politique que personne, pas même lui qui se pique de lire l'avenir de la République, n'avait osé imaginer. Son antithèse parfaite, lui qui incarne tant l'ancien monde. Darmanin, il l'admet

5. Gérald Darmanin, *Chroniques de l'ancien monde. Quand la droite s'est perdue*, Éd. de l'Observatoire, 2017.

lui-même, a tardivement – entre les deux tours de la présidentielle – « appris à apprécier le candidat Macron ». Pas tant en écoutant ses discours – « Je ne suis même pas allé une seule fois à l'un de ses meetings, contrairement aux nombreux amis de l'UDI[6] de ma région » – qu'en regardant la télévision, comme un spectateur attentif du combat politique, en fin connaisseur de ses arcanes et en spécialiste de ses enjeux : « J'ai vu s'imposer ce candidat que toute la classe politique a méprisé. »

Le pari

Dans *Chroniques de l'ancien monde*, ce petit livre très personnel dans lequel il tente de donner de la cohérence à sa trahison du printemps 2017, Gérald Darmanin dit avoir été « bluffé » par le président. En particulier par « son courage physique » pendant la campagne quand il s'est rendu devant l'usine Whirlpool. « Sa capacité à suivre le rythme, à s'imposer physiquement sur Le Pen, à refuser la démagogie du volontarisme électoral devant des ouvriers aux gros bras et aux cœurs lourds » l'a marqué. Il dit aussi avoir été soufflé par « sa prise de risque » et sa propension à « jouer tapis à chaque instant ».

Même si ces lignes consacrées à Emmanuel Macron parlent aussi de lui, comme pour pointer leurs ressemblances, ce goût du risque, du coup de poing, et finalement une soif d'aventure, tout les séparait. La probabilité était nulle qu'ils se rencontrent...

6. Union des démocrates et indépendants, parti fondé par Jean-Louis Borloo en 2012 et présidé par Jean-Christophe Lagarde depuis 2014.

Et pourtant, les « circonstances », mères de toutes les batailles, vont en décider autrement. Une somme de hasards, de rencontres, d'amitiés, de rancunes, d'intérêts et surtout d'ambitions va faire de « ce petit-fils de rebeu du Nord », comme il se caricature lui-même, le ministre de l'Action et des Comptes publics, puis le ministre de l'Intérieur d'un État bousculé par tant de grognes.

« Mode commando »

Comment dénouer les fils de ce concours de circonstances ? Ils sont trois hommes, en coulisses, à avoir beaucoup misé sur le jeune élu de Tourcoing. Emmanuel Macron, bien sûr, prêt à renverser la table avec lui pour gagner une majorité, quitte à confier le Budget à un novice ; Édouard Philippe évidemment, le premier à avoir perçu son haut potentiel ; et Nicolas Sarkozy, le retraité de la politique qui n'a en réalité jamais quitté le ring et qui, depuis son bureau de la rue de Miromesnil, n'en finit pas de tirer les ficelles, de pousser ses pions, et surtout... de régler ses comptes.

« Darmanin, je ne le connaissais pas, zéro, je n'en avais même jamais entendu parler[7] », confie Philippe Grangeon, qui fut l'un des plus proches conseillers politiques d'Emmanuel Macron lors du tournant du printemps 2017. Il ajoute : « C'est allé très vite, il fallait que ça aille vite et que ceux du camp d'en face se décident rapidement », reconnaissant « à ce jeune homme très expérimenté un grand courage politique par rapport à sa famille »...

7. Entretien avec l'un des auteurs le 22 décembre 2021.

Dans cet alignement de planètes improbable, Gérald Darmanin représente une pièce importante. Puis, durant le quinquennat, il va s'avérer indispensable. À l'inverse d'Édouard Philippe, lui va durer. Contrairement à Bruno Le Maire, lui va évoluer, passant du Budget à l'Intérieur. « Darmalin », comme l'a surnommé Julien Aubert – élu député LR en 2012 et en 2017 – a passé des obstacles politiques, géré des bavures policières, mis en place le prélèvement de l'impôt sur le revenu à la source. Toujours, comme il le dit lui-même, en « mode commando ». Son mode... Un mode jusque-là efficace, y compris face aux accusations de deux femmes pour viol et abus de faiblesse. Dans ces deux affaires voisines, Gérald Darmanin s'est trouvé accusé d'avoir monnayé des faveurs sexuelles en échange d'interventions. Devant la justice, la première plainte pour viol devrait déboucher sur un non-lieu. La seconde a été retirée par la plaignante. S'est-il tramé quelque chose en coulisses ?

Entre deux rives

« Ce livre n'intéressera personne », nous affirme le ministre de l'Intérieur sur les marches de la place Beauvau, mi-sérieux, mi-inquiet. Il est vrai qu'à trente-neuf ans, l'ancien député-maire de Tourcoing n'a gagné « que » deux élections et a occupé deux ministères seulement. Il a du cuir, mais il est encore loin du parcours de ses augustes aînés, dont les photos en noir et blanc ornent le grand hall qui mène à son bureau. Gérald Darmanin est un jeunot qui prend des notes chaque jour, persuadé que « la politique, c'est être dans l'histoire ». Mais un jeunot ambitieux, comme le sont les aventuriers. Un jeunot dangereux, comme le sont ceux qui ont souffert du mépris des autres. Un jeunot prêt à beaucoup, comme le sont ceux qui ont une revanche sociale à prendre. Un jeunot séducteur, dont le parcours, à la croisée des chemins entre droite et gauche, vieux et nouveau monde, raconte aussi ces années politiques étranges. Ces années entre deux rives. Mouvantes et brutales. Comme lui...

1

L'ombre du père

D'abord, il y a eux. Les deux figures familiales héroïques. Moussa Ouakid, le grand-père tirailleur algérien, FFI de 1940, gaullisme chevillé au corps. Et puis Annie, cette mère courage, concierge et femme de ménage, prête chaque jour à donner sa vie pour son fils. Gérald Darmanin les cite l'un et l'autre dès que l'occasion s'y prête, les érige comme deux modèles de cette France d'en bas qui se lève tôt et travaille dur. Il glisse souvent leurs prénoms dans ses discours avec une légère intonation dans la voix qui, au-delà de la fierté et de l'hommage rendu à ces gens de peu, laisse percer le storytelling d'un enfant au sang mêlé parti de rien et qui s'est hissé au plus haut de l'État grâce aux valeurs qui lui ont été inculquées : le travail, le mérite et l'amour de la France.

Et puis, il y a lui. Gérard, le père, l'absent de l'histoire officielle, avec sa part de mystère, son secret, son destin fracassé et finalement son empreinte, tout aussi forte que celle des deux autres, mais à la fois moins visible et probablement moins avouable.

Indigène

L'histoire débute à Hasnon, un petit bourg du Nord qui a connu son heure de gloire dans la fabrication de fléchettes en bois. Le Relais de la Forêt est une auberge sans luxe en bordure de la départementale qui relie Lille à Valenciennes. Les cinq enfants des patrons ont arrêté l'école à quatorze-quinze ans pour aider leurs parents. Parmi eux, Annie, encore adolescente, s'occupe du service du restaurant avec ses sœurs. La mère, Andréa, gère la cuisine. L'établissement sert de l'essence aux chauffeurs routiers et loue deux chambres spartiates à l'étage. Une trentaine de couverts sont dressés chaque jour dans une salle exiguë où chacun se serre en attendant le plat du jour. « Les gens d'ici venaient y manger en soirée ou le week-end. C'était souvent plein, car à l'époque c'était un lieu social. On s'y sentait chez soi[1] », raconte André Desmedt, le maire actuel d'Hasnon.

Aux côtés d'Andréa, son mari, Moussa, est l'une des légendes locales. L'homme, au regard charbonneux et aux épaules charpentées, né le 27 décembre 1907 à Ouled, a débarqué de son Algérie natale à quatorze ans puis rejoint l'armée française dans les années 1930. Sous-officier, Moussa Ouakid, qui ne sait ni lire ni écrire le français, est fait prisonnier en 1940 avant de s'évader et de participer à la libération de Saint-Amand-les-Eaux avec le 13e régiment de tirailleurs algériens. Un « indigène », comme dans le film de Rachid Bouchareb[2]. Dans les villages voisins de la ville thermale, dont Hasnon, le récit de ce combat épique

1. Entretien avec l'un des auteurs le 6 décembre 2021.

2. *Indigènes*, sorti en 2006, raconte la libération de l'Europe en 1944 vue par trois tirailleurs algériens et un goumier marocain.

s'est transmis de génération en génération. « Sous la direction du chef de section Ouakid Moussa, brillant adjudant de l'Armée française, quinze Nord-Africains commencèrent le combat dès la première heure[3] », écrit le journal local. Saint-Amand-les-Eaux sera totalement libéré le 2 septembre 1944 par l'armée américaine.

Moussa Ouakid, musulman laïc, s'installe pour de bon dans la région et rencontre sa femme, Andréa Plumecoq, une Flamande de condition modeste au caractère bien trempé. Dans les rues d'Hasnon, on observe à certaines heures de la journée sa mythique Panhard descendre la rue principale. « Pendant longtemps, mon oncle, qui soutenait de Gaulle, a conservé sur lui un revolver, parce qu'il n'était pas bien vu ni du FLN[4] ni de l'OAS[5]. Nous étions encore dans une période très instable[6] », raconte son neveu Gaston Aubursin.

Un jour, de passage dans le Nord, le général de Gaulle vient le saluer. Son chauffeur, Pierre Decourrière, un gars du coin, gare la Traction noire présidentielle aux petits drapeaux tricolores virevoltant devant Le Relais de la Forêt. Le grand Charles remercie le héros de Saint-Amand sous les murmures admiratifs des badauds : « C'est le Général ! »

Une impasse d'Hasnon a été baptisée du nom de Moussa Ouakid et inaugurée le 9 octobre 2021 par son petit-fils, le maire de la ville et le député de la circonscription, Fabien Roussel. « Chez nous, il n'y avait pas Jésus-Christ, il y avait le général de Gaulle et mon

3. *L'Observateur*, 7 juillet 2020.

4. Le Front de libération nationale, créé en octobre 1954 pour obtenir l'indépendance de l'Algérie.

5. L'Organisation de l'armée secrète, créée en février 1961 et opposée à l'indépendance algérienne.

6. Entretien avec l'un des auteurs le 23 décembre 2021.

grand-père [...]. Je m'enorgueillis d'avoir une tante qui s'appelle Saada, une autre Martine. C'est ça, la France. Rien d'autre que le mérite et le fait d'aimer la France qui ne font que des bons Français », dira Gérald Darmanin lors de ce jour si particulier devant sa mère et sa tante.

Le portrait du grand-père valeureux a toujours été emporté dans les bureaux successifs de son petit-fils. Cet homme qu'il n'a pas connu, mort sept ans avant sa naissance, est devenu son compagnon de route, une boussole, le symbole d'une adhésion aux valeurs de la République. « Lors des fêtes de famille, on feuilletait son album de souvenirs, que j'ai gardé. Il y avait des menus de l'Élysée, ses médailles, sa première carte du RPF de 1947[7]... » se souvient Gérald Darmanin.

Moussa Ouakid, encarté au RPF, l'éphémère parti créé par de Gaulle à la Libération, n'a jamais combattu en Algérie et n'a donc jamais été un « harki[8] », contrairement à ce qu'affirment beaucoup de portraits du ministre de l'Intérieur. « Ma mère était femme de ménage, mon grand-père harki et ancien tirailleur algérien[9] », déclarait même le futur ministre de l'Intérieur, jouant de l'ambiguïté, dans un article qui lui était consacré dans *Libération* en 2012. « C'est une erreur répétée, en convient Gérald Darmanin. La carrière de mon grand-père dans l'armée s'est arrêtée dans les années 1950. Il ne reprend pas l'uniforme lors de la

7. Émilie Cabot, « Gérald Darmanin, mon grand-père ce héros », *Paris Match*, 14 octobre 2021.

8. Militaires algériens engagés comme auxiliaires de l'armée française durant la guerre d'Algérie (1954-1962) pour lutter contre le FLN, les harkis tiraient leur nom du mot *harka*, qui signifie « mouvement » en arabe.

9. Charlotte Rotman, « Gérald Darmanin, premier de la classe populaire », *Libération*, 27 septembre 2012.

guerre d'Algérie. Il est ce qu'on appelle un indigène, pas un harki... »

Le Bonus

S'il mentionne à l'envi le parcours exemplaire de son grand-père et de sa mère – « Elle m'a donné un amour inconditionnel » –, il en va différemment de son père Gérard, plus discret, voire inexistant dans ses prises de parole publiques. Leurs relations furent longtemps tumultueuses, explosives, ponctuées de longues brouilles puis de réconciliations. Le style de vie de cet antihéros, ses outrances, ses errances, ses coups de folie ne correspondaient pas à l'image lisse d'un père de famille exemplaire. Bien au contraire.

Voix rauque, gros fumeur, buveur invétéré, marié à quatre reprises, d'origine maltaise, Gérard Darmanin a de faux airs de Richard Bohringer. Il est capable de se fâcher à mort avec un ami avant de se rabibocher avec lui le lendemain – « Allez, sans rancune ! » Quand il épouse la mère du futur ministre, cet homme à femmes est déjà le père d'une petite fille née d'une première union[10].

À Valenciennes, Gérard Darmanin gère un bar, Le Bonus, du nom de son berger allemand. Il appelait d'ailleurs tous ses chiens « Bonus ». Le bistrotier a une clientèle d'habitués, entre grilles de loto, calvas et brèves de comptoir. Le bar-PMU aux briques rouges n'est qu'à un jet de pierre du vieux stade Nungesser. Chaque samedi, des vagues de supporters, écharpe rouge autour du cou, déferlent après le match dans

10. Elle ne souhaite pas s'exprimer.

les bars de l'avenue du Sergent-Cairns et viennent s'en jeter un dernier pour conspuer le grand ennemi, le Losc Lille. Derrière le bar s'active une serveuse, une jolie blonde menue qui ne compte pas ses heures. Elle s'appelle Annie. Elle a décidé de quitter ses parents et Le Relais de la Forêt pour « voir autre chose », découvrir la grande ville du coin. Gérard l'embauche et tombe amoureux. Mais cette nouvelle compagne pose ses conditions : « Ma mère voulait absolument un enfant qu'elle n'avait pas pu avoir lors d'un premier mariage. Elle avait manifestement rompu à cause de cela, c'était pourtant une histoire d'amour. Mon père a dit : "OK pour l'enfant, mais on se marie" », confie Gérald Darmanin.

Le lundi 11 octobre 1982, un an après l'élection de François Mitterrand, Annie accouche d'un petit garçon à la maternité de Monaco... à Valenciennes. Ses parents hésitent à lui donner comme premier prénom « Moussa », en mémoire du grand-père indigène. Annie, fan des Kennedy, opte finalement pour « Gérald », diminutif de « Fitzgerald ». Premier clin d'œil à la politique... « Moussa » sera ajouté en deuxième prénom.

Avec ses horaires anarchiques, la vie d'un tenancier de bar n'est guère idéale pour l'éducation d'un nouveau-né. « Mes parents n'avaient pas envie de m'élever dans une ambiance de bistrot », dit le fils d'Annie et de Gérard. Le couple souhaite se faire une place au soleil, loin des « noirs clochers » et des « chemins de pluie » du Nord. Gérard apprend par une connaissance qu'un riche propriétaire espagnol cherche un cuisinier particulier. La proposition est tentante. Le couple vend Le Bonus et prend la route pour le Sud en 1984. Direction Figueras, la Catalogne et ses trois cents jours d'ensoleillement. Mais l'expérience capote au bout d'un an. Gérard ne trouve pas ses marques et ne se fait pas à cette vie, même au soleil, de cuisinier-domestique. Les Darmanin rentrent en France avec leur jeune garçon. Il faut repartir de zéro, trouver du boulot pour nourrir le « petit ». Le couple atterrit dans la capitale. Au moins, il y aura du travail.

Pigalle

Dans le très huppé 16e arrondissement, les Darmanin occupent une loge de 25 m² – Annie est devenue concierge, une invisible.

Dure à la tâche, elle effectue des extras comme femme de ménage, car son mari ne consent pas autant d'efforts pour trouver un emploi. Le couple a pu scolariser son fils dans une école publique de l'arrondissement, de bonne réputation. Ses parents se sont juré qu'il ne manquerait de rien, surtout pas d'une bonne éducation. « On n'était pas malheureux, mais on n'a jamais eu beaucoup d'argent », se souvient Gérald Darmanin.

En quête d'un salaire, son père traverse la Seine et se retrouve dans le quartier populaire de Pigalle, rue Mansart, dans le 9e. Il se sent plus à l'aise sur ces hauteurs de Paris, parmi ce peuple de la nuit aussi convivial que son quartier de Nungesser. Le soir, les artistes se pressent à l'étage de La Cloche d'Or, l'une des cantines de l'acteur Michel Simon quand il vivait dans le quartier. Jusqu'au petit matin, on y boit plus que de raison et on y chante des airs d'Édith Piaf. Une vie en rose. Les noctambules, les commerçants, les mauvais garçons et les filles de joie adoptent sans difficulté ce garçon à l'accent du Nord et au franc-parler qui ne détonne pas dans ce Paris interlope.

Gérard Darmanin pense pouvoir y gagner un peu d'argent. Il a trouvé un bon plan en louant un local coincé entre le café Le Mansart et la Cloche et ouvre une librairie spécialisée dans la vente d'anciens livres pour enfants, un joyeux capharnaüm où les parents chinent de jolis ouvrages. Pour alimenter son stock, le libraire exploite un drôle de filon. Il récupère des dizaines de livres envoyés dans des rédactions de journaux, qu'il revend comme neufs sous le manteau, sans rien verser aux éditeurs. Comme le boulanger, le bistrotier, Gérard Darmanin devient vite une figure incontournable de ce Paris carte postale, une des grandes gueules du quartier.

Au café Le Mansart, Gérard croise chaque matin des personnages à la Audiard venus prendre leur petit noir au zinc. Bernard Benaiem, avocat parisien installé au 11 de la rue, l'y retrouve parfois. Les deux hommes ne se ressemblent guère : un avocat pétri par l'histoire de la gauche, toujours tiré à quatre épingles, et un libraire anarchiste de droite, qui arbore été comme hiver le même pull-over et le même pantalon fatigués. « Gérard était quelqu'un de haut en couleur. Il avait un côté populaire et en même temps il était cultivé, avait des grandes velléités d'écriture[11] », se souvient l'avocat qui fut son ami et confident.

Divorce

La vie de Gérard Darmanin n'a jamais été un long fleuve tranquille mais plutôt un torrent agité. Ses relations avec son épouse Annie se tendent un peu plus

11. Entretien avec l'un des auteurs le 14 décembre 2021.

chaque jour jusqu'à devenir exécrables. «Je ne suis pas certain qu'ils se soient aimés comme un couple s'aime, confie leur fils. Même si ma mère avait une grande admiration pour mon père, leur vie était souvent disputes... »

La fourmi et la cigale ont du mal à cohabiter. L'une suant sang et eau du matin au soir pour ramener de l'argent à la maison, l'autre volage, vivant comme un artiste, du crépuscule à l'aube. Le couple, quand il se croise, s'invective et évoque de plus en plus souvent la nécessité d'une séparation. Mais le « petit », comme tous les petits du monde, ne veut d'abord pas en entendre parler. « Assez vite, raconte cependant celui-ci, j'ai vu ma mère malheureuse. Un jour, à sept ou huit ans, je leur ai dit : "Vous pouvez divorcer" », conscient qu'avec cette phrase en forme de sésame, il autorisait leur séparation.

La Banque de France

Enfin séparé, Gérard pose ses valises dans un appartement en face du Moulin-Rouge, près de la place Pigalle et à deux pas de sa librairie. Son garçon passe la plus grande partie de son temps chez sa mère qui a été recrutée comme concierge à la Banque de France place des Victoires, cette place ronde de la rive droite où trône une statue de Louis XIV. Annie y dispose d'un appartement de fonction au premier étage et Gérald, d'une chambre à lui. « C'était une petite résidence à côté de la Banque de France où il n'y avait pas plus de cinq logements », décrit Gaston, son grand cousin. Les fins de semaine sont souvent difficiles. Annie multiplie les ménages dans des cafés. Pendant qu'elle passe la serpillière, Gérald travaille ses leçons sur le coin d'une table.

Même à distance, le couple continue de se disputer, principalement sur l'éducation de son fils unique. Gérald a pris l'habitude de naviguer entre deux mondes, celui, bien ordonné, de sa mère, et celui, anarchique, de son foutraque de père. Dès qu'il le peut, il rend visite à ce dernier et s'assoit au fond de la boutique, un livre entre les mains, plongé dans ses lectures. Bernard Benaiem, l'avocat, a pris l'habitude de voir le « petit bonhomme » s'arrêter dans son cabinet. « Mais tu veux faire quoi dans la vie plus tard ? » l'interroge-t-il un jour. La réponse du gamin fuse : « Moi, je veux être président de la République, monsieur. » À trente ans de distance, l'homme de loi reste stupéfait devant cette réponse pleine d'assurance et de certitudes.

Gérard, lui, n'a jamais eu le virus de la politique, il n'a d'ailleurs jamais voté. Bien au contraire, il cultive une défiance envers les élus de tous bords : « Tous des enc... à part de Gaulle », répète-t-il à ses amis. L'ancien patron du Bonus nourrit désormais un projet « bien plus noble » : écrire des livres. Il s'y attelle dès qu'il le peut avec l'aide de sa nouvelle compagne, Yvonne, une Indochinoise aussi fantasque et instable que lui. Gérard, féru de Céline, a promis à ses compagnons de soirée qu'il écrirait un grand roman sur le thème de *C'est beau une ville la nuit*[12]. Dans ce manuscrit, le bouquiniste livre ses réflexions sur la vie, sur Paris, sur son parcours personnel, sur ses vagabondages nocturnes... Un crayon à la main, Yvonne corrige ses fautes d'orthographe. Le volume connaît un succès d'estime auprès des proches, des habitués de Pigalle. Gérard écrira une dizaine d'autres ouvrages autoédités qu'il mettra en vente dans sa librairie. Son fils a conservé tous ses écrits – des

12. Ce titre est celui d'un livre de Richard Bohringer (Denoël, 1988).

nouvelles, un livre de poésie... – en bonne place dans sa bibliothèque.

La mort de Boris

Ainsi va la vie de bohème de Gérard Darmanin avant qu'une tragédie familiale ne vienne tout bouleverser. En octobre 1993, un dimanche soir, sa fille aînée l'appelle, affolée. Son mari, de qui elle s'est séparée, ne lui a pas ramené Boris, leur petit garçon, dont ils partagent la garde. Gérard Darmanin se rend en catastrophe au domicile du père, en Seine-Saint-Denis, dans le but de récupérer son petit-fils. Inquiet, il a pris soin de prévenir la police.

Sur place l'attend une scène de crime effroyable. Avant de se suicider, le mari a poignardé l'enfant et a projeté son sang sur les murs. Gérard Darmanin est sous le choc de la mort atroce de son petit-fils. « Ce jour, sa vie s'est arrêtée brutalement », se remémore son ami Bernard Benaiem. Le libraire jusque-là festif sombre dans une profonde dépression, il plonge dans l'alcool et dans la folie, incapable d'avoir une vie professionnelle.

Obsédé par cette affaire, persuadé que la mort de Boris « cache quelque chose », Gérard Darmanin envisage l'implication d'un réseau complotiste dans le meurtre du petit. L'enquête policière, elle, conclura au coup de folie du père. Qu'importe, Gérard, dans une paranoïa grandissante, écrit un livre sur le décès du garçon, convaincu qu'il a été victime d'un rite satanique commis par une secte. Au cours de cette période où son père craint qu'une nouvelle action complotiste ne touche sa famille, Gérald est déscolarisé pendant cinq mois, et même exfiltré de Paris. Il est envoyé chez sa marraine à

Ault-Onival, dans la Somme, le temps que la situation s'apaise, et en redoublera sa cinquième. À onze ans, il porte désormais le poids de ce fait divers sur les épaules.

Francs-Bourgeois

À l'époque, son père, qui « bouffe du cureton », scolarise pourtant Gérald dans le privé, aux Francs-Bourgeois, parce qu'un jour, il s'est aperçu que son professeur du collège public avait laissé passer des fautes d'orthographe dans l'une de ses dictées. Et d'en conclure que l'école publique n'était pas performante et qu'il était temps d'en retirer son fils.

Voilà le jeune Gérald, avec ses cheveux bouclés qui lui donnent un air oriental, sa petite taille et ses parents modestes, inscrit dans un établissement privé des Frères des écoles chrétiennes, dans le quartier chic de la Bastille. Pas toujours simple…

Derrière la porte cochère rouge, les frères « Quatre Bras », surnommés ainsi à cause de leurs manches qu'ils n'enfilent pas, y enseignent le goût du travail, la discipline, mais aussi l'ouverture au monde. Gérald montre un appétit pour l'histoire, nourri par les récits d'Alain Decaux, les visites sur les plages de Normandie et au musée des Invalides avec son parrain, un chauffeur routier. Déjà de Gaulle et Napoléon.

« La récré, c'était place des Vosges[13] », se souvient le ministre. Aux Francs-Bourgeois, le fils de la concierge apprend à cohabiter avec les enfants des beaux quartiers, ceux qui portent des noms à particule, des fils ou

13. Maël Thierry, « Gérald Darmanin, le protégé de Sarkozy devenu ministre de Macron », *L'Obs*, 6 mars 2015.

filles de chefs d'entreprise, d'ingénieurs ou d'énarques. Le jeune Gérald se lie d'amitié avec l'un d'eux, Guy de Chergé, héritier d'une vieille famille française monarchiste. Son oncle paternel, Christian de Chergé, est l'un des sept moines trappistes assassinés à Tibhirine, à une centaine de kilomètres d'Alger, le 21 mai 1996. Guy et Gérald ne se quitteront plus et partageront ensemble des aventures politiques.

Drame

De son côté, Gérard, hanté par la mort de son petit-fils, se désintéresse de plus en plus de la scolarité de Gérald. Les « GG » vont se brouiller pour de bon. Le futur ministre ne supporte plus les accès d'humeur répétés de son père ni son caractère cyclothymique. Un jour, il cesse de lui parler. Le silence radio durera huit ans. Gérard ne saura pas avant longtemps que son rejeton a obtenu son bac et a été reçu à Sciences Po Lille.

À la fin des années 1990, il prend une décision radicale. Il quitte Pigalle et part avec sa nouvelle compagne, Yvonne, à Saint-Amand-les-Eaux, à quinze kilomètres de Valenciennes. L'habitation ? Un mobil-home planté sur un terrain vague au milieu d'une basse-cour et près d'un petit étang. Sans eau courante, sans gaz ni électricité, le couple pense vivre en autarcie grâce à l'exploitation d'un jardin en friche, à l'élevage de quelques canards et à la pratique du troc. L'aventure, c'est l'aventure.

Yvonne et Gérard se marient à la mairie de la ville devant Bernard Benaiem, leur seul témoin et invité. Pour le meilleur et pour le pire. La cérémonie est expéditive. L'avocat reçoit en cadeau de la part du marié une assiette avec les insignes de la ville. Les trois amis repartent ensuite au mobil-home fêter cette noce devant un canard de la basse-cour que le couple a tué et cuisiné pour la circonstance.

Après le « meilleur », le pire. Gérard et Yvonne, en voie de clochardisation, se disputent à longueur de journée. Ils frôlent le drame. Un jour, tous les deux alcoolisés, ils se tirent dessus à coups de carabine. L'ami Benaiem est appelé à l'aide. En guise d'avertissement, la justice les condamne à des peines de sursis.

Les choses n'en restent pas là. Quelques mois plus tard, Yvonne est internée en hôpital psychiatrique. Gérard et elle, devenus toxiques l'un pour l'autre, se séparent. L'ancien libraire et éternel séducteur change une nouvelle fois de vie, de femme et de région. Il a fait la connaissance d'une compagne plus équilibrée et s'établit dans le Sud, tout près de Toulon.

« Veille sur mon fils »

La réconciliation entre fils et père prendra des années. Entre-temps, Gérald se lance en politique et, même s'ils ne sont pas en relation, son père suit son parcours de loin, persuadé devant ses amis que son fils unique a honte des origines populaires de son père, lui, le « métèque ». « Gérald a toujours eu un véritable amour pour Gérard. Mais ce dernier était parfois difficile à suivre », admet Bernard Benaiem.

Huit années passent. « Mon père m'a appelé un jour, comme si on s'était parlé la veille », raconte Gérald Darmanin. Gérard, désargenté, souhaite en urgence que son fils refuse son héritage, un minuscule étang. Le fils profite de la perche tendue pour renouer le dialogue.

Le contact est rétabli. Gérald revoit son père « comme si rien ne s'était passé ».

La maladie rapprochera définitivement les deux hommes. En 2016, Gérard apprend qu'il est atteint d'un cancer du pancréas. Les médecins ne lui donnent que quelques mois à vivre. Six, tout au plus. Il vivra plus de deux ans. Devenu ministre de l'Action et des Comptes publics l'année suivante, son fils se démène pour lui trouver les meilleurs hôpitaux. Emmanuel Macron s'en occupe en personne et Gérard l'« antipolitique » peut être pris en charge à l'hôpital militaire de Toulon. Dans les derniers mois, son fils vient toutes les semaines à son chevet. Victime de deux AVC sur la table d'opération, ce père aux mille vies meurt en mai 2019. « Sa dernière parole fut : "Veille sur mon fils" », se souvient Bernard Benaiem, encore marqué par l'ultime appel de son ami.

Mère modèle

De lui, Gérald Darmanin a hérité le physique – « On se ressemble tellement », dit-il –, l'amour des livres, sa passion pour Brassens, le plaisir de la pêche. Adolescent, il détestait les « pleurs » de son père, ses démons, et redoutait ses colères noires. L'amour inconditionnel de sa mère lui a servi de paratonnerre : « Ma mère, c'est "le premier général de Gaulle" que j'ai rencontré dans ma vie, comme l'exprime Romain Gary[14]. » Aujourd'hui encore, alors qu'il est ministre, elle lui achète des chaussettes, glisse des billets dans ses poches de costume pour qu'il ne manque de rien et veille à son alimentation, n'hésitant pas à bourrer ses sacs de bon

14. Voir Romain Gary, *Le Sens de ma vie. Entretien*, Gallimard, 2014.

jambon quand il vient lui rendre visite. « Mais, maman, je suis nourri au ministère de l'Intérieur ! » plaisante-t-il, médusé par son amour sans borne.

Gérald Darmanin a très souvent parlé d'elle. Annie a sa place dans tous les portraits, quasiment sans exception, de l'élu de Tourcoing. Et elle, militante RPR depuis sa naissance ou presque, gaulliste engagée, a toujours été fière du parcours de son fils unique et chéri. Une mère modèle. Sans aucun doute.

Fantasque

Outre son gaullisme de tripes, Gérald Darmanin lui est redevable de la confiance en soi que produit l'amour des parents. L'élu lui doit aussi le sens du travail : « Je suis souvent le premier arrivé et le dernier parti. » Ainsi que la certitude que rien ne lui sera donné, mais qu'à force de volonté, tout sera toujours possible. Enfin, il doit à cette mère courageuse la conviction qu'on peut être heureux avec rien, ce qui est une richesse quand on a peu et une force quand on a tout parce que cela permet de vivre sans craindre de tout perdre.

Mais que doit-il à Gérard, ce père intermittent au destin chahuté ? À l'opposé de la figure maternelle, la vie de cet homme fantasque, alcoolique, dépressif, misanthrope, capable de s'enfermer des semaines sans voir personne, a été passée sous silence par le natif de Valenciennes, avec sa folie, ses drames – la mort de Boris – et sa complexité. En vérité, Gérald Darmanin s'est construit contre lui, comme pour le mettre à distance. N'empêche, de ce géniteur hors du cadre, le ministre revendique « un certain goût de l'aventure ». Un besoin d'espace aussi. Une détestation de la vie rangée, une peur des carcans encore. En un mot, l'énergie qu'il faut à tous ceux qui préfèrent le risque au confort.

Depuis son bureau de la place Beauvau, l'homme politique laisse transparaître une grande tendresse à l'évocation de ce père. Il marque une pause, comme surpris lui-même de ce qu'il s'apprête à dire, dans un mélange d'affection et de sincérité : « Par son côté métèque, Nicolas Sarkozy m'a toujours fait penser à lui... »

2

Le virus... de la politique

À l'heure où les jeunes de son lycée filent dans les cafés du Marais ou sur la place des Vosges pour s'accorder une dernière respiration avant le retour à la maison et les fastidieux devoirs du soir, lui prend un autre chemin.

En 1998, Gérald Darmanin a tout juste seize ans. Des Francs-Bourgeois, il saute dans un bus pour rentrer chez lui, place des Victoires. Mais un jour, en raison de travaux, l'autocar change d'itinéraire et passe par la rue François-Miron, dans le 4e arrondissement. Et s'immobilise devant une boutique. Des passagers descendent, d'autres montent. Le temps pour le jeune garçon d'apercevoir, en devanture, une croix de Lorraine, la même que celles des manuels d'histoire et du salon familial.

Ce n'est pas son arrêt, mais un stop du destin. En tout cas, c'est ainsi qu'il raconte l'histoire. L'adolescent descend du bus et pousse la porte de ce qui est une permanence RPR. Et va accomplir un « vieux » rêve : adhérer au parti gaulliste de Jacques Chirac, de Philippe Séguin et de Nicolas Sarkozy, les idoles de son adolescence. « Je suis rentré parce qu'il y avait une croix de Lorraine, explique Gérald Darmanin. Chez moi, il y avait une photo du général de Gaulle dans le salon. D'ailleurs, partout où j'allais dans ma famille, il y avait une photo du Général... »

Une Parisienne d'un certain âge, cheveux peroxydés, dévisage le visiteur. « Puis-je vous aider ? demande-t-elle. – Je viens pour adhérer au RPR », répond sans ciller le garçon. La militante le toise de la tête aux pieds et sa sentence tombe : « Mais vous savez qu'il faut être français. – Mais, madame, je suis français », réplique le sosie de son « métèque » de père, au teint mat et à la chevelure bouclée. La dame hoche la tête et remplit le dossier d'inscription. Bientôt, un autre « problème » se pose : l'âge du moussaillon. Pas assez avancé aux yeux de la bougonne récalcitrante. « J'ai seize ans, madame. » Gérald Darmanin devra écrire une lettre à Philippe Séguin, président du RPR à l'époque, pour obtenir une dérogation lui permettant de militer avant sa majorité.

Une chose est sûre, l'enfant des Francs-Bourgeois a commencé tôt. C'était écrit. Gaulliste forcément, comme maman et grand-père Moussa. Il n'a même jamais été question d'autre chose chez lui. Mais le parti fondé par Jacques Chirac ayant toujours été un kaléidoscope de personnalités et d'idées, un large spectre allant de Charles Pasqua à Édouard Balladur, en passant par Alain Juppé et Nicolas Sarkozy, dans quelle écurie va-t-il tomber ?

Le voilà déjà dans celle de Jean-François Legaret, maire du 1er arrondissement et adjoint de Jean Tiberi à la mairie de Paris, chargé des finances et des marchés publics. « Je l'ai vu arriver vraiment gamin. C'était un garçon pudique, modeste, bien élevé, taiseux. Je pense qu'il emmagasinait, qu'il engrangeait. J'ai été un peu son premier maître d'école[1] », se flatte Legaret.

L'adjoint au maire, cheveux poivre et sel, aussi raffiné dans son verbe que dans ses costumes, a déjà croisé à de nombreuses reprises Annie, la mère de Gérald, « une femme du quartier extraordinaire ». La concierge de la Banque de France, encartée RPR, lui a donné un coup de main lors des campagnes municipales de 2001 et de 2008. « Elle ne me parlait que de Gérald, c'était son trésor », dit-il.

Night-club

Jean-François Legaret a pris la tête des sections RPR des 1er, 2e, 3e et 4e arrondissements de la capitale. Il possède un local de permanence très prisé au 1, rue des Prouvaires, le plus bel immeuble Régence du quartier des Halles, là où Jean, son père, fonda le plus vieux club politique en 1956. Cette vaste pièce de 70 m^2 prolongée d'un bureau et d'une salle de réunion devient pratiquement la résidence secondaire de Gérald Darmanin. Quand il ne travaille pas dans un café du quartier pour payer ses études ou ne chante pas quelques airs de Joe Dassin dans le métro, le benjamin de la permanence y passe ses fins d'après-midi, ses soirées et quelques week-ends. « Je l'ai retrouvé plus d'une fois en train de dormir sur la banquette. Il avait une énergie hors norme. Il pouvait tracter toute la nuit et aller en cours le lendemain », relate Legaret.

Darmanin s'est greffé à l'équipe des « jeunes », composée d'Anne Messier, de Grégory Canal et de Franck

1. Entretien avec l'un des auteurs le 24 novembre 2021.

Giovannucci, forces vives de la rue des Prouvaires. « On a vu tout de suite qu'il était futé, rapide, et qu'il avait de l'énergie à revendre. Il parlait, il respirait la politique », raconte l'un d'eux. À l'école des grognards du RPR, ces sans-grade doivent assimiler ce que le parti appelle les « standards ». Soit savoir coller, distribuer des tracts, effectuer du démarchage téléphonique. Le b.a.-ba du militant. La méthode n'a guère changé depuis des décennies mais personne n'a trouvé mieux pour gagner une élection.

Après chaque sortie, un décompte du nombre de personnes approchées, susceptibles de rejoindre le RPR, est établi. « Gérald a été formé comme cela ; à Paris, il a reçu des bases très solides », se félicite Legaret. Le petit dernier, adopté par la quinzaine d'autres « minots », s'est mis tout le monde dans la poche avec ses citations à foison et, déjà, ses imitations de Chirac ou de Giscard. Succès garanti. Mais les « jeunes » n'ont pas signé uniquement pour distribuer des tracts. Le soir venu, la permanence se transforme en night-club.

Dans le QG, ils poussent les chaises et les fauteuils pour organiser des fêtes mémorables. Legaret ferme les yeux malgré les protestations des voisins : « C'était leur lieu, ils se l'étaient approprié. Ils faisaient de la politique chaque fois qu'on avait besoin d'eux mais le reste du temps, ils s'éclataient entre jeunes. » On n'est pas sérieux quand on a dix-sept ans. Si bien que la permanence des Prouvaires vit non-stop. De jour comme de nuit. Le patron de la perm' garde un œil sur le benjamin de la bande : « Il n'avait que seize ans, je ne voulais pas qu'il se fasse embarquer par les policiers lors d'un collage d'affiches. Je me sentais responsable », confie l'ancien élu parisien.

Parfois, Gérald Darmanin – rarement le dernier pour mener ces virées nocturnes – doit écourter sa soirée, rappelé fermement par sa mère. Legaret en sourit encore : « On sentait que ça ne rigolait pas tous les jours avec Annie. Il ne s'agissait pas de rentrer en retard à la maison. » Annie veille aussi à ce que son fils unique, séducteur comme son père, ne prenne pas le même chemin chaotique.

Séguin

Jean Legaret dit avoir essayé de transmettre deux ou trois choses à « ses jeunes », « des convictions, une éthique, une loyauté ». Des valeurs bientôt confrontées à un terrible dilemme. Lors des élections municipales de 2001, une guerre fratricide oppose Philippe Séguin au maire sortant Jean Tiberi, englué dans les multiples affaires de la mairie de Paris[2]. Les « jeunes » optent pour Philippe Séguin, ce qui provoque un conflit au sein de la permanence puisque leur patron, en lice pour la mairie du 1er arrondissement, s'affiche, lui, comme un tibériste convaincu.

Et puis, dans les locaux de la rue des Prouvaires, la jeune garde a fondé le RAP, le Rassemblement pour une autre politique, un mouvement favorable au député-maire d'Épinal, et ne comprend pas pourquoi Legaret s'est engagé dans un soutien suicidaire à Tiberi. « Cela a été une période très éprouvante, avoue l'un des

2. Dans l'affaire des faux électeurs, Jean Tiberi sera condamné en 2009 à dix mois de prison avec sursis et trois ans d'inéligibilité pour avoir été « le principal bénéficiaire » d'un dispositif frauduleux d'inscriptions sur les listes électorales visant à lui assurer « une élection aisée de nature à favoriser ses ambitions politiques au niveau de la ville ».

militants. On a appris le métier en instantané. Darmanin a été un roc. Il s'est montré résistant. » Des réunions de soutien à Séguin doivent même avoir lieu en cachette. Legaret feint de ne rien voir et ne leur retire pas la clé du local. « Je savais tout cela. Je leur disais : "Soyez discrets." Je n'en ai pas voulu à Gérald. Il est toujours resté loyal envers moi. »

Après la défaite de Tiberi et Séguin à ces municipales de 2001, qui ont ouvert les portes de l'Hôtel de Ville au socialiste Bertrand Delanoë (Jean-François Legaret a quand même été réélu maire du 1er), la bande s'est recréée bon an mal an. Pour quelque temps seulement. Les études pour les plus jeunes, l'entrée dans la vie active pour les autres, les feront s'éparpiller.

« Les Chats bossus »

Le benjamin s'éloigne d'eux quand il apprend qu'il est reçu à Sciences Po Lille, promotion Albert-Camus 2002. Dans l'appartement de la Banque de France, sa mère saute de joie. Toutes ses années de sacrifice ont payé.

Son intégration à l'Institut d'études politiques (IEP) du Nord sonne comme une évidence pour le natif de Valenciennes. Elle lui ouvre un boulevard pour valider son expérience sur le terrain. Mieux, elle lui permet d'accéder à un milieu qu'il a seulement approché lors de ses années militantes à Paris. Et elle inscrit une première ligne flamboyante sur le CV de ce fils de famille modeste : diplômé de Sciences Po.

Au premier regard, les locaux de l'IEP de Lille n'ont pas le même lustre que ceux de l'aînée parisienne, rue Saint-Guillaume. L'école est installée dans une ancienne retorderie de coton, au 84 rue de Trévise, en plein quartier populaire de Moulins, au sud-est de la ville. « C'était une vieille usine pas très adaptée aux cours. Une fois, nous avons même dû mettre des gants car il n'y avait pas de chauffage[3] », sourit la journaliste Astrid de Villaines, promotion 2006-2011, qui y a croisé Gérald Darmanin. Les antiques marches métalliques qui donnent sur le bureau des sports se muent en cantine, où l'on grignote un jambon-beurre et où l'on refait le monde entre étudiants.

Si le lieu ne paraît guère engageant, l'enseignement y est exigeant. « On ne s'est pas ennuyés, poursuit Astrid de Villaines. C'était très sérieux. Sciences Po nous a donné un esprit de synthèse. Nous avions des cours assez pionniers, par exemple sur l'écologie économique. » L'IEP de Lille, encore dans l'ombre de Paris, de Strasbourg ou de Bordeaux, bénéficie toutefois d'une légitimité et d'une notoriété grandissantes à mesure que ses talents émergent. Barbara Pompili, nommée ministre de la Transition écologique en 2020, est sortie de la promotion Léopold-Sédar-Senghor en 1997.

Dans son costume un peu flottant, Darmanin détonne parmi ses congénères, autant par son style que par son discours. « En l'apercevant, on comprend tout de suite qui il est. Il était comme sur un marché à dire bonjour à tout le monde, déjà impliqué dans la politique », se remémore la journaliste.

Fort de son expérience militante parisienne et de ses années aux Francs-Bourgeois, Gérald Darmanin fédère une dizaine d'étudiants autour de lui. Cheveux courts et pantalon-veste, leur look annonce crânement la couleur : des jeunes de droite. De la génération Chirac, qui vient d'être réélu à l'Élysée, dans le sillage

3. Entretien avec l'un des auteurs le 15 novembre 2021.

de ses lieutenants, Sarkozy, Villepin, Fillon, Gaymard, Ferry... À Lille, plusieurs étudiants de la « mouvance Darmanin » ont rejoint « Les Chats bossus », une « colocation de droite » qui permet de réduire les loyers et de profiter des soirées estudiantines du centre-ville.

Jeune filloniste

Gérald Darmanin milite aussi dans le club France.9 lancé par François Fillon[4], dont l'ambition est de « participer à la rénovation du débat public ». « C'était bizarre de les voir dans ce réseau, souffle une ancienne élève de Sciences Po, car Fillon, en 2002-2003, ne faisait rêver personne parmi nous. J'avais l'impression qu'ils avaient déjà quarante ans dans leur tête. »

Fillon, Séguin... où se situe politiquement Gérald Darmanin à cette période de sa vie ? « Fillon, comme Séguin, était gaulliste social », se justifie aujourd'hui l'intéressé. Pierre Mathiot, l'actuel directeur de Sciences Po Lille, livre une réponse plus pragmatique : « Gérald Darmanin, c'est un peu comme les époques de Picasso. Il y a des couleurs différentes selon les périodes de sa vie. Là, c'était sa période séguiniste très droite sociale[5]. » Amusant en tout cas de savoir que celui qui s'est tant opposé à François Fillon lors de la primaire de 2016 fut... un jeune filloniste.

En attendant, trop absorbé par sa vie militante, Gérald Darmanin sèche au bout de deux mois les cours en amphi. Fait rare dans l'institution, il redouble

4. Simon Rötig, « Gérald Darmanin étudiant, 2/2 », billet de blog Mediapart, 11 février 2021.

5. Entretien avec les auteurs le 1er juillet 2021.

sa première année, non par manque d'aptitude mais en raison de cet absentéisme remarqué. « Au grand maximum 10 % d'une promotion redouble, décrypte Pierre Mathiot. Darmanin était un bon élève mais comme il ne travaillait pas parce qu'il était très militant, il n'avait pas de très bons résultats. » Le ministre concède aujourd'hui qu'il avait envie de tout « sauf de faire de longues études ».

En clin d'œil à ses absences, l'élève trublion indique en 2005 dans le trombinoscope de l'école qu'il n'aime pas « devoir apprendre des choses insipides pour avoir ce diplôme », ajoute « regarder les strings qui dépassent » et, dans une réflexion plus profonde, cite René Char : « Impose ta chance ; serre ton bonheur ; va vers ton risque... à te regarder ils s'habitueront. » Le Parisien n'a pas volé sa réputation d'agitateur politique et de coureur de jupons, voire de « gros dragueur lourd », selon les mots d'une fille de sa promo.

« Monarchiste réac »

En deuxième année, rue de Trévise, l'étudiant mène son premier combat politique pour être élu au conseil d'administration de l'IEP. Sa liste (de droite) affronte celle d'Anne-Cécile Mailfert (de gauche). Battu, Darmanin intègre cependant le CA grâce à la proportionnelle et y mène bientôt une stratégie d'opposition frontale. « Il s'était opposé notamment au projet de démocratisation de l'école[6] », rappelle Anne-Cécile Mailfert. Le militant prendra sa revanche quelques mois plus tard en débauchant des militants de gauche.

6. Entretien avec l'un des auteurs le 20 décembre 2021.

Plus à l'aise sur le terrain que dans les cours théoriques, le trublion cherche à s'engager auprès d'élus de la région. En 2003, à la faveur d'un stage de trois mois, il frappe à la porte de Christian Vanneste, député UMP de la Xe circonscription du Nord de 1993 à 1997 et de 2002 à 2012 et figure de Tourcoing, ville située à vingt minutes en voiture de Lille. L'élu le reçoit dans sa permanence du 79 rue Brun-Pain. Le jeune postulant présente bien, a du bagout et vénère comme lui de Gaulle. Vanneste est séduit d'entrée par ce jeune bien habillé qu'il voit comme « un monarchiste intégriste et réac » et, à tort, comme « un vrai petit bourgeois du 1er arrondissement de Paris ». « Il était encore plus à droite que moi[7] », assure l'ancien parlementaire. Dès lors, l'édile n'hésite pas un instant. Il a besoin d'une main-d'œuvre malléable et corvéable ? Il demande à l'étudiant de Sciences Po de l'aider à écrire une intervention sur le droit d'asile qu'il doit prononcer à l'Assemblée nationale. Le compagnonnage commence.

Premiers sifflets

Mais Gérald Darmanin doit finir son cursus à l'IEP, filière « administration publique ». En mars 2006, sous la dernière présidence Chirac, les facs s'agitent contre le CPE, le « contrat première embauche » lancé par le Premier ministre Dominique de Villepin. Sciences Po Lille est bloqué par des « gauchos », comme les appellent les jeunes du club France.9. Darmanin, veste noire, chemise blanche, prend la parole lors d'une AG. « C'est tout à fait fasciste d'empêcher ceux qui veulent

7. Entretien avec l'un des auteurs le 25 novembre 2021.

tout simplement travailler ou qui n'ont aucune idée sur la question, lance-t-il, non sans aplomb. Ou ceux qui veulent emprunter des livres ou tout simplement travailler parce qu'ils ont des frais d'inscription assez élevés. » L'intervention provoque des sifflets mais aussi quelques applaudissements discrets dans la salle. Avec un goût prononcé de la provoc, il « jubilait de parler devant un amphi qui lui était hostile. Il était dans un rapport de force un peu ironique, un peu humoristique », analyse Pierre Mathiot.

Le contrat Toubon

Comme au sein de nombreuses grandes écoles, les études à Sciences Po sont ponctuées par une année de césure à l'étranger. De l'Asie aux États-Unis, les destinations prestigieuses ne manquent pas. Encore faut-il en trouver une. Darmanin cherche dans son entourage « une bonne fée » qui ne l'éloignera pas trop du terrain politique français et qui lui évitera de passer une année dispendieuse dans un pays lointain. Il sollicite Legaret, qui appelle un ami chiraquien, Jacques Toubon.

Celui qui est alors député européen[8] accepte de prendre Gérald Darmanin sous son aile. « Je l'ai connu par Jean-François Legaret, quand il était le délégué Jeunes du centre de Paris, raconte-t-il. C'était un garçon vif et ouvert. J'ai suivi son évolution. Il est même venu une fois me voir dans ma maison à l'île de Ré, c'était une relation plutôt personnelle[9]. »

8. Jacques Toubon a été député européen de juin 2004 à juin 2009.
9. Entretien avec les auteurs le 23 octobre 2021.

L'ancien ministre de la Justice lui propose même en 2006 un demi-poste d'assistant parlementaire européen pour 1 100 euros mensuels pendant un an et demi, alors qu'il dispose déjà d'une collaboratrice à Paris et d'une autre à Bruxelles. L'évocation de cet emploi tire un sourire à Christian Vanneste : « À la même époque, j'avais énormément besoin de lui, mais je n'avais pas les moyens de le payer. Toubon s'en est chargé... » Était-ce un « emploi fictif » européen ? Impossible de l'affirmer. D'ailleurs, Jacques Toubon réfute catégoriquement cette hypothèse : « Les choses sont très simples. Sur ce demi-contrat, il faisait des choses pour moi à Bruxelles mais il était surtout en France. Certains collaborateurs peuvent être localisés à Bruxelles et d'autres pas. Gérald travaillait par ailleurs avec Vanneste. » Dans toutes les affaires d'emplois présumés fictifs de parlementaires européens, les élus mis en cause ont toujours soutenu que leurs collaborateurs... travaillaient réellement.

Piges royalistes

En tout cas, à l'époque, le jeune Darmanin multiplie les activités. Par l'entremise de son ami d'enfance Guy de Chergé, il rencontre une personnalité influente des royalistes, figure de l'Action française et ancien délégué général de la Restauration nationale[10], Hilaire de Crémiers. Celui-ci n'est autre que l'oncle de Chergé. Ancien conseiller du prince Jean de France, il a créé en septembre 2002 un journal, *Politique Magazine*. « On

10. Mouvement royaliste situé à l'extrême droite de l'échiquier politique.

pensait qu'il y avait une place pour un organe qui aille plus à fond que les organes de droite, confie Hilaire de Crémiers. Je viens de l'école maurrassienne et on voulait traiter des problèmes d'institution[11]. »

L'homme garde de son premier contact avec Gérald Darmanin le souvenir d'un jeune « extrêmement ambitieux » : « Il voulait se faire une expérience. Il ne tenait pas le même discours qu'aujourd'hui, était plus raide, proche dans ses propos de ce qu'on appelle l'extrême droite. Il s'opposait par exemple au mariage homosexuel et il avait des positions dures sur l'immigration. Il était encore dans la naïveté et l'ardeur estudiantines. Moi, je lui tenais des propos de personne plus âgée. » Le vieux royaliste esquisse un sourire. « Il a dû remodeler ses convictions en fonction de sa carrière. »

En 2008, Gérald Darmanin écrit trois articles dans le mensuel à la demi-fleur de lys[12]. Le premier papier est consacré au rôle « minoré » du Sénat : « Nous disions qu'il fallait en faire une vraie représentation du territoire français et qu'il acquière un vrai pouvoir législatif. Je me souviens qu'on en avait discuté avec Gérald Darmanin dans mon bureau avant la publication », précise Hilaire de Crémiers. Les deux autres articles sont des critiques de films et de livres.

Quel sens donner à ce bref passage dans un organe de presse très marqué politiquement ? Gérald Darmanin réfute toute adhésion au mouvement royaliste : « J'ai écrit dans le journal de Sciences Po, dans des blogs et dans ce journal mais je n'ai pas écrit d'articles

11. Entretien avec l'un des auteurs le 6 septembre 2021.

12. Ces articles sont parus dans les éditions de mai, juin et de l'été 2008, soit un an après la sortie de Gérald Darmanin de Sciences Po Lille, « Quand Gérald Darmanin écrivait dans un magazine royaliste », *La Lettre A*, 22 septembre 2016.

monarchistes. Je n'ai d'ailleurs jamais été monarchiste », insiste-t-il.

Un cardinal

Au-delà de ses rencontres politiques et de cette furtive expérience de presse, c'est aussi l'époque où le futur ministre fait la connaissance de celle qui deviendra sa première épouse. En quatrième année, très droitier dans ses positions, il tombe amoureux d'une jolie et brillante étudiante... de gauche. Morgane, issue de la petite bourgeoisie du Nord, se classe dans les meilleures élèves de sa promo, largement devant son futur mari. Les deux amants ne partagent pas les mêmes convictions, ni les mêmes références. Ils se sont même battus politiquement sur des listes rivales lors de scrutins internes. Le mémoire de quatrième année de l'étudiante s'intitule : *Olivier Besancenot, la révolution (médiatique) tranquille*. Comme gênée de cette liaison avec « le mec de droite de la promo », Morgane la cache à l'une de ses meilleures amies pendant un moment.

« Elle avait un peu peur de me le dire, car je me méfiais de Gérald Darmanin. Elle a attendu d'être amoureuse avant de m'en parler », se rappelle Anne-Cécile Mailfert. Les deux étudiants s'uniront le 12 juin 2010 à Tourcoing lors d'un mariage mêlant famille, amis et politiques. Darmanin a choisi pour témoin son ami Sébastien Lecornu, rencontré à l'université d'été des Jeunes Populaires de l'UMP à La Baule en septembre 2005. « À La Baule, la première fois que j'ai vu Gérald, j'étais assis derrière lui lors d'une réunion où il apportait la contradiction avec insistance, cela m'avait plu[13] », glisse celui qui deviendra ministre de l'Outre-mer. De quatre ans son cadet, « Seb » milite alors dans l'Eure. De ce week-end, ils se souviennent d'un bain de mer en compagnie de Brice Hortefeux et de leurs premiers fous rires. « Gérald est quelqu'un de très drôle », insiste Lecornu, avec qui le futur ministre de l'Intérieur ira enterrer sa vie de vieux garçon à Barcelone.

David Douillet, Xavier Bertrand et Pierre Mathiot ont aussi été conviés aux noces. Ce soir-là, le témoin Lecornu se déguise en cardinal. « Ce qui m'avait marquée pendant la cérémonie à la mairie, c'est qu'il y avait des discours dithyrambiques sur Gérald et puis trois lignes sur ma copine, pour dire qu'elle avait joué au volley-ball, ce qui, en plus, était faux, se souvient Anne-Cécile Mailfert. Je trouvais qu'il y avait une dissymétrie entre les deux. Le mariage de Gérald Darmanin était devenu un événement politique. »

Après les cérémonies à la mairie et à l'église, chacun est convié au vin d'honneur offert dans une maison d'hôtes à Bousbecque, une commune voisine, et suivi d'une soirée et d'un barbecue le lendemain. « C'était le haut du panier, très bon chic bon genre. Un mariage bourgeois », se rappelle Christian Vanneste, présent au lunch. Un conseiller municipal de Tourcoing pondère le propos : « Il s'agissait d'une cérémonie tout à fait classique, pas du tout bling-bling, mais très joyeuse et simple. À l'image de Gérald. »

À l'été 2007, au terme de son cursus à l'IEP, Gérald Darmanin demande conseil à Pierre Mathiot. Doit-il tenter l'ENA ou entamer une carrière politique dans la

13. Entretien avec les auteurs le 31 décembre 2021.

foulée de ses études ? Le directeur de Sciences Po Lille n'hésite pas une seconde : « Je lui ai dit de ne pas passer par la case ENA parce qu'il allait la rater. Je pense qu'à partir de là, il y a eu une accélération de l'histoire. »

En tout cas une voie tracée. Car sur le plan des idées, difficile de savoir où le jeune Gérald Darmanin se situe exactement. Entre Fillon et le gaullisme social, Toubon le chiraquien, le très droitier Vanneste ou le monarchiste Hilaire de Crémiers... vers qui penche-t-il vraiment ?

3

Le premier sang

Il lui aura enseigné l'art de la politique. D'une certaine façon, Gérald Darmanin lui doit beaucoup. Comme un joueur professionnel doit beaucoup à son premier entraîneur. Un apprentissage fondateur. Une passion. Une façon d'exécuter les gestes fondamentaux. En politique comme en sport, cela s'appelle les bases. Et le locataire de la place Beauvau doit les siennes à Christian Vanneste.

« Je lui ai tout appris », glisse l'ancien député du Nord, premier « patron » du futur ministre avant que ce dernier ne lui pique son fauteuil et sa circonscription et ne l'efface de la photo officielle. La politique est un sport cruel. « Je le considérais comme mon fils, et il m'a tué en moins de deux minutes », poursuit-il, figé dans l'amertume de leur dernière rencontre qui remonte à mai 2012. Impossible en tout cas de comprendre l'ascension de Gérald Darmanin sans revenir sur l'empreinte de ces « années Vanneste », le plaisir des soirées de victoire, l'aigreur des matins de défaite, mais aussi le parfum de scandale...

Député à l'ancienne

Quasi inconnu sur le plan national, Christian Vanneste, député de la Xe circonscription du Nord, bénéficie d'une jolie notoriété dans ces territoires qui basculent par intermittence de gauche à droite et où il cultive son enracinement. Celui qui se qualifie de « patriote » a su rallier des industriels du textile comme des comités d'anciens combattants et de harkis.

Visage acéré, regard perçant, mains manucurées, l'ancien professeur de philosophie sort tout droit du siècle dernier. Un député à l'ancienne, un peu IVe République. Il en a le verbe un brin ampoulé, le sens de la formule acide et de la citation antique. Il a l'apparence bien mise des notables politiques, le sourire tranchant des prédateurs qui se savent à l'abri sur leurs terres. « M. Vanneste » aime à rappeler qu'il a côtoyé Maurice Schumann, la voix de Radio Londres, l'un des pères fondateurs de l'Europe, et qu'il connaît l'histoire de ses terres ouvrières sur le bout des doigts. Issu de l'immigration belge, il siège au conseil municipal de Tourcoing depuis 1983 et a conquis en 1993 la députation de la Xe circonscription du Nord.

Esprit libre et néoconservateur, l'homme est craint par ses rivaux pour son érudition autant que pour ses reparties cinglantes qui ont envoyé dans les cordes bien des impétueux. Mais le pire ennemi de Christian Vanneste reste... Christian Vanneste. Car l'homme n'en fait qu'à sa tête. Ni les oukases de la direction de son parti, ni les conseils bienveillants de ses amis ne semblent infléchir ses positions dès lors qu'il a pris une décision. Une véritable tête de mule, au caractère acariâtre, admettent ses amis...

De fait, au fil des années, sa parole s'est « libérée », s'est détachée de tout filtre, exhalant une odeur de soufre : anti-avortement, nostalgique de l'Algérie française, partisan d'alliances entre la droite et l'extrême droite. Avec ses déclarations tonitruantes, son verbe disruptif, l'élu embarrasse peu à peu son parti mais conserve une aura liée à ses mandats politiques et à sa popularité parmi les militants. Un intouchable dans son fief.

« Menace pour l'humanité »

Un premier incident décide de son rapprochement avec le jeune Darmanin. Le 7 décembre 2004, Christian Vanneste intervient à l'Assemblée nationale dans le cadre de l'examen d'une loi portant sur la création de la Haute Autorité de lutte contre les discriminations (Halde). Il s'enflamme, qualifiant l'homosexualité de « menace pour l'humanité ». Bronca dans l'hémicycle. Le député connaît son premier quart d'heure warholien, mais se découvre aussi quelques opposants dans son propre camp. « Je ne peux cautionner de tels propos », se fâche son assistant parlementaire, qui prend congé sur-le-champ. Le député du Nord perd son sherpa.

Peu de temps après cette sortie fracassante, alors qu'il fait visiter la cour d'honneur de l'Assemblée à son fils et à son épouse, Christian Vanneste croise Gérald Darmanin, le jeune Nordiste qu'il a eu « en stage » pendant ses études à Sciences Po. Une aubaine, puisque le parlementaire, sans assistant, cherche quelqu'un, prêt à l'emploi. « Je lui ai proposé le poste aussitôt », raconte Vanneste. Darmanin, qui travaille déjà pour Jacques Toubon, refuse d'abord et lui souffle le nom de son meilleur copain, Guy de Chergé. « En réalité, ils travailleront tous les deux pour moi. Darmanin était mon collaborateur de fait », jure Vanneste.

« Je n'ai jamais reçu de feuille de paie de sa part. J'étais un militant très engagé mais je n'ai jamais été salarié, martèle de son côté Gérald Darmanin. J'ai assez mangé de pâtes à l'eau ! Je ne voulais pas dépendre de lui, car je voyais que c'était un homme particulier, même si je l'aimais bien. Et pour avoir une relation à peu près normale avec votre mentor, vous ne devez pas dépendre totalement de lui. »

« J'ai payé sa caution ! »

Quelle que fût la forme de leur collaboration, celle-ci durera jusqu'en 2012, ponctuée de parenthèses. Pas même l'épaisseur d'une feuille de papier à cigarette ne semble avoir séparé les deux hommes durant ces années. « Gérald était tout autant de droite que moi. On me dit facho, mais alors lui, il l'était tout autant ! » raille l'ancien mentor. Vanneste initie son assistant de vingt-trois ans aux arcanes du pouvoir législatif. Commission des lois, groupes parlementaires, rencontre des autres députés, assistants et petit personnel, Darmanin étoffe son carnet d'adresses, affine son réseau, apprend le métier.

Face à ses visiteurs, l'élu ne tarit pas d'éloges sur « son Gérald ». Une filiation existe entre ces deux-là. Christian Vanneste a tout de suite su qu'il tenait en Darmanin un diamant brut à polir qui, un jour, deviendrait son héritier. D'autant que son fils génétique a toujours eu en horreur la politique, cette maîtresse possessive qui a « aspiré » son père. « J'ai aidé Gérald dans beaucoup de domaines, c'est même moi qui ai payé la caution de son logement », se souvient l'ancien député de la Xe circonscription du Nord. Annie Darmanin lui a d'ailleurs envoyé un petit mot de remerciement. « C'était très gentil de sa part », commente Vanneste. « On lui a remboursé la caution », tient à préciser son ancien poulain.

La guerre de Troie

De tous ses collaborateurs, Gérald est sans aucun doute le plus doué. Vif, travailleur, doté d'un sens aigu de la politique, il colle aux basques de son député où qu'il aille, quoi qu'il fasse, des cérémonies aux morts aux banquets des anciens. Vanneste en convient : Darmanin n'a jamais compté ses heures.

Le favori suscite des jalousies parmi les autres petites mains. Voilà un jeunot qui, à peine arrivé, veut prendre leur place. Gustave Dassonville[1], collaborateur du parlementaire, n'a pas vu le danger venir : « Je l'ai accueilli au bureau. Vanneste m'avait dit : "Ça, c'est le CV d'un petit-fils de harki. Tu lui apprends le boulot d'assistant." Gérald a bluffé tout le monde. Je l'ai mal jugé au début, nous avons été rivaux. Mais je n'en ai pas vu beaucoup comme lui[2]. »

Le nouveau venu impressionne le « taulier » par ses convictions très droitières mais aussi par sa culture. Un jour, questionné sur un passage de *La guerre de Troie n'aura pas lieu*, de Jean Giraudoux, il cite sans bredouiller la réplique de l'« arbre à pellicules » : « En quoi le fait d'être appelé arbre à pellicules peut-il me faire

1. Gustave Dassonville a été maire d'Halluin, dans le Nord, de 2014 à 2020.
2. Entretien avec l'un des auteurs le 18 août 2021.

monter l'écume aux lèvres et me pousser à tuer[3] ! » L'ancien prof de philo s'esbaudit, surpris par le sens de la repartie de son élève. Sans le lui dire, le parlementaire se reconnaît en lui au même âge. « On partageait cette passion pour de Gaulle, cette croyance aux valeurs de droite », soupire Christian Vanneste, l'émotion intacte.

Clientélisme

Au nouveau venu, l'élu vieillissant livre les ficelles qui permettent d'entretenir le lien avec les électeurs : l'écoute, l'empathie et le service rendu avec l'espoir d'un retour d'ascenseur. Anne-Sophie Petitfils, docteure en sciences politiques, a analysé au scalpel les méthodes du député du Nord : « Christian Vanneste mentionne avoir rédigé près de 70 000 lettres d'intervention personnalisées. L'usage ciblé de ses ressources parlementaires s'apparente à une forme de néo-clientélisme, incitant le récipiendaire au contre-don. Le contre-don qui est sollicité est un soutien direct et personnalisé au député. » Questionné à l'époque par la doctorante, Darmanin prend un exemple concret pour expliquer cette stratégie : « Si tu vas [...] voir [les gens], si tu viens avec un bulletin [d'adhésion], si tu leur résous leur problème [...], ben oui, ils se disent : "Finalement ce type est bien"[4] ».

Clientélisme, comme l'évoque la chercheuse, ou pragmatisme caractéristique de tout bon élu – le lien

3. Jean Giraudoux, *La guerre de Troie n'aura pas lieu*, Grasset, 1935, acte II, scène 3.

4. Anne-Sophie Petitfils, « Mobilisations et luttes internes autour des questions homosexuelles à l'UMP : l'"affaire Vanneste" », *Politix*, vol. 4, n° 92, 2010, p. 99-124.

direct est aussi le b.a.-ba de la politique –, cette aspiration à répondre aux attentes particulières ne quittera jamais Gérald Darmanin. Pour ses vœux 2021, les derniers du quinquennat, le ministre de l'Intérieur admet avoir noirci à la main 9 300 cartes personnalisées. Soit, à raison de 30 secondes par carte, 4 650 minutes, donc 77 heures de stylo à la main. La politique est aussi de l'artisanat.

Le parrainage des Mulliez

Au milieu des années 2000, Christian Vanneste sait qu'il raccrochera un jour les gants, qu'il sera rattrapé par l'âge, par la lassitude des fins de règne dont il sent poindre les signes annonciateurs. Il nourrit l'espoir de laisser son mandat de député au « petit ». En 2005, il lui a déjà cédé son poste de délégué de l'UMP dans la Xe circonscription du Nord, un « geste » pour annoncer la transition, certifie-t-il.

Mais pour garder l'ambitieux auprès de lui, il faut le faire « manger ». Darmanin, « bénévole », ne peut pas être payé par l'élu du Nord qui remplit déjà son quota d'assistants. « Je ne pouvais pas le rémunérer, j'étais au bout de mon enveloppe. Alors j'ai fait ce qu'il était courant de faire à l'époque, j'ai passé un coup de fil », admet celui qui a un grand besoin de « Gérald » à ses côtés pour préparer les législatives de 2007.

Le parlementaire dit appeler une de ses connaissances, l'un des patrons d'Entreprises et Cités, structure installée à Marcq-en-Barœul, dans la banlieue huppée de Lille, et financée depuis les années 1970 par les entreprises de la région. En tête, l'empire Mulliez, cette famille du Nord propriétaire d'Auchan, Décathlon,

Flunch, Kiabi, Norauto, Boulanger, etc., et qui, à elle seule, réunie dans une structure *ad hoc*, AFM, pour « Association familiale Mulliez », pèse 26 milliards d'euros. Soit, sur le papier, la sixième fortune française. « Entreprises et Cités doit beaucoup à cette famille, comme tant de gens et de choses ici dans le Nord », sourit Christian Vanneste. Nouveau parc à la ligne, le site Internet de l'association présente la structure comme un « véritable “hub” où se côtoient acteurs économiques, institutionnels, décideurs politiques, leaders d'opinion... Entreprises et Cités est plus que jamais ancrée dans la modernité, et promeut une vision large de l'entrepreneuriat, levier de croissance et de développement territorial ».

Dans son annuaire en ligne, aucune trace de Gérald Darmanin. Pourtant, en 2007, alors qu'il est nommé directeur de campagne par Christian Vanneste pour les législatives, il est aussi promu « responsable des relations publiques pour le groupement d'entreprises Entreprises et Cités[5] ». « J'y ai travaillé pendant dix mois, admet le ministre, je faisais des notes sur le territoire, sur la situation politique locale, sur le fonctionnement de la métropole. Cela ne m'a pas énormément passionné. »

Christian Vanneste sourit à l'évocation de ce job, à ce jour le seul emploi privé jamais occupé par l'actuel ministre de l'Intérieur, et grimace à l'idée d'avoir parrainé un possible « emploi fictif ». Il préfère l'expression « travail de confort ». En clair, au regard de la charge que représentait déjà le « plein-temps qu'effectuait Darmanin auprès de [lui], Entreprises et Cités ne devait

5. *Le Trombinoscope. L'information professionnelle du monde politique*, hors-série 2020.

pas être trop gourmande en heures de travail », selon lui. Contacté, Jean-Pierre Guillon, l'ancien président d'Entreprises et Cités, homme clé des réseaux patronaux dans le Nord, dément fermement ces allégations. « Ce n'est pas Christian Vanneste qui m'a appelé. Je cherchais un profil Sciences Po pour s'occuper du service des relations institutionnelles d'Entreprises et Cités. C'est Philippe Vasseur, président de la Chambre de commerce à l'époque, qui m'a dit : "J'ai rencontré un jeune de Sciences Po, tu devrais le voir." C'est comme cela que ça s'est fait[6]. » Quant à l'« emploi de confort », Jean-Pierre Guillon évoque une activité bien réelle : « J'avais un besoin qu'il coordonne toutes les initiatives de projet de développement sur la métropole lilloise et qu'il participe aux groupes de travail du comité Grand Lille, dans lequel on faisait émerger ensemble des projets de développement (candidature de Lille aux jeux Olympiques, Lille capitale culturelle de l'Europe, etc.). Si j'avais pu le garder, je l'aurais gardé. J'ai été un peu chagriné qu'il s'en aille. »

L'« infériorité des homosexuels »

À Tourcoing, le jeune assistant règne au quotidien sur la permanence électorale de Christian Vanneste dans la perspective des législatives de 2007. Les choses ne s'annoncent pas si faciles, avec un FN qui mord sur l'électorat de droite et une gauche toujours en embuscade. À l'époque, le député de la Xe circonscription du Nord est la bête noire des associations de lutte contre l'homophobie, qui l'attaquent bille en tête depuis ses

6. Entretien avec l'un des auteurs le 5 février 2022.

déclarations de 2004 à l'Assemblée nationale, réitérées lors d'une interview à *La Voix du Nord*[7].

Droit dans ses bottes, le parlementaire ne renie rien. Il accepte même l'invitation de Stéphane Bern pour un numéro d'une émission de France 2, « L'arène de France », diffusé le 27 septembre 2006, dont le thème est tapageur : « Les homosexuels doivent-ils avoir tous les droits ? » Lors de ce show digne de « Ciel, mon mardi ! » de Dechavanne, Gérald Darmanin et Guy de Chergé qui se sont glissés dans le public, accompagnés de leurs amies, voient le député du Nord, assis à côté d'une drag-queen, citer le *Dictionnaire philosophique* de Voltaire – « L'amour socratique est un vice » –, suscitant des réactions hostiles dans les travées.

L'UMP grince des dents. D'autant que la cour d'appel de Douai a confirmé provisoirement la condamnation de Christian Vanneste à 3 000 euros d'amende pour ses propos sur l'« infériorité des homosexuels[8] ». À quelques semaines des législatives de 2007, les associations LGBT montent à nouveau au créneau et exigent que le parti gaulliste clarifie sa position. Son patron, Nicolas Sarkozy, candidat à l'élection présidentielle, prend ses distances avec le trublion du Nord. Christian Vanneste « ne sera pas réinvesti aux législatives, tranche-t-il. Je condamne fermement ce qu'il a dit. Je ne veux ni de près ni de loin être associé à des propos homophobes. Depuis des années, j'accomplis un travail en profondeur sur l'ordre, le travail, la responsabilité, le respect. J'ai trop souffert d'une droite qui ne défendait pas ses idées pour prendre

7. Christian Vanneste y déclare le 26 janvier 2005 que « l'homosexualité est moralement inférieure à l'hétérosexualité ».

8. La Cour de cassation a annulé en 2008 sa condamnation pour injure envers la communauté homosexuelle, estimant qu'il n'avait pas dépassé les limites de la liberté d'expression.

le risque de saboter cet effort en acceptant des propos caricaturaux[9] ». Darmanin ne moufte pas. Mais, de fait, en dirigeant la campagne, il cautionne les déclarations de son boss Vanneste.

Candidat du CNI

Tant pis pour l'investiture UMP, Christian Vanneste et son jeune padawan partent à la conquête de la Xe circonscription du Nord sous l'étiquette du CNI, le Centre national des indépendants et des paysans, un micro-parti traditionaliste et conservateur. L'UMP ne tente pas de barrer la route à son ancien élu. Son implantation dans le Nord et sa popularité ne laisseraient aucune chance à un éventuel parachuté venu de Paris. Thierry Lazaro, le secrétaire de l'UMP-Nord, justifie ce choix sans broncher : « Christian Vanneste est un homme de terrain, que nous jugeons sur son efficacité dans cette circonscription[10]. » Pas question de se fâcher avec lui, d'autant que même avec l'étiquette CNI, il continuera de voter avec l'UMP. Les apparences sont sauves et Vanneste reste le candidat de la droite.

Pour conduire sa campagne, le parlementaire s'appuie plus que jamais sur Darmanin. Le tandem déroule un projet sans surprise sur les thèmes régaliens et de proximité : sécurité, emploi, aménagement de la ville. Le 17 juin 2007, le sortant est réélu au second tour avec 58,56 % des voix, un score presque similaire à celui de 2002 face à la candidate socialiste. Le FN n'a pu se

9. Interview au *Figaro* le 31 janvier 2007.

10. Rapporté par Anne Chemin et Geoffroy Deffrennes, « Condamné pour homophobie, M. Vanneste candidat CNI-UMP aux législatives », *Le Monde*, 17 mai 2007.

maintenir, son électorat ayant fondu comme neige au soleil face au discours du candidat CNI, flirtant avec les thèmes de l'extrême droite. Le banni de l'UMP retrouve sa circonscription et ses quelque 110 000 habitants de Halluin à Roncq, anciens bastions rouges gentrifiés au fil des décennies.

Adoubé à la mairie

À vingt-quatre ans, tout juste diplômé de Sciences Po, Darmanin a remporté par procuration une première bataille législative. Il a pris sa part dans cette campagne rugueuse et excellé dans la mise en place d'une stratégie pour son maître. « Ce garçon est un excellent directeur de campagne », ne cesse alors de répéter le député à son entourage.

Maintenant qu'il y a pris goût, il n'oubliera plus l'odeur de la poudre et le bruit des tambours. Bientôt, Vanneste lui offre un nouveau défi : il l'embarque dans la bataille des municipales de 2008 à Tourcoing, encore comme directeur de campagne. Mais cette fois-ci, l'échec est cuisant face au candidat socialiste Michel-François Delannoy[11] qui l'emporte avec 53,58 % des voix au premier tour alors que Vanneste avait imaginé pouvoir additionner ses voix à celles du FN au second tour.

Gérald Darmanin, lui, n'a pas tout perdu. Son mentor, déçu à soixante ans d'avoir raté le coche de cette mairie qui ne s'offrira plus jamais à lui, lui cède son siège de conseiller municipal et la présidence du groupe d'opposition locale. Un poste d'observation privilégié dans l'optique de ramener un jour la ville à la droite.

11. Voir le chapitre 5, p. 93.

Si, cette fois, Vanneste adoube bien son collaborateur comme son héritier, Gérald Darmanin n'en conserve pas le même souvenir : « Christian Vanneste était surtout vexé d'avoir été battu au premier tour ! Ce soir-là, il ne s'est même pas présenté au local de campagne ! Il n'est pas venu. On était seuls. Les mecs ont dit : "Qui veut être le chef ?" et moi j'ai levé la main... »

Débrancher Vanneste

Mais cette défaite aux municipales n'a pas assagi l'électron libre du Nord, toujours député CNI. Dans une vidéo publiée sur le site internet libertepolitique.com le 10 février 2012, Christian Vanneste suscite une nouvelle controverse. « En Allemagne, il y a eu une répression des homosexuels et la déportation qui a conduit à peu près à 30 000 déportés. Et il n'y en a pas eu ailleurs. Il n'y a pas eu de déportations homosexuelles en France », dit-il. La phrase – fausse sur le fond –, prononcée au détour d'un débat qui porte sur la pornographie et l'enfance, va décider de la suite de sa carrière et, par ricochet, de celle de Gérald Darmanin.

Car, au-delà du débat historique sur la véracité des chiffres[12], ces propos choquent une partie de l'opinion publique. Mais aussi sa famille politique. Lors d'une

12. L'historien Mickaël Bertrand, qui a dirigé un ouvrage collectif sur la question (*La Déportation pour motif d'homosexualité en France*, Mémoire active, 2010), estime à 62 en France le nombre de « déportés qui ont été envoyés dans des prisons et des camps allemands en raison de leur homosexualité ». « Cela ne signifie pas pour autant que des centaines d'homosexuels français n'ont pas été déportés en tant que juifs, communistes et/ou résistants. » L'historien Serge Klarsfeld donnera, lui, raison à Christian Vanneste en disant qu'il n'y a pas eu, en France, de politique de déportation des homosexuels (Nouvelles de France, ndf.fr, 15 février 2012).

réunion parlementaire avec Alain Juppé, l'élu reçoit un appel d'un journaliste. La machine est en branle.

Dans la foulée, Gaylib, le mouvement de défense des homosexuels associé à l'UMP, le qualifie de récidiviste et réclame son exclusion du parti.

Ces dernières déclarations de Christian Vanneste tombent mal pour Nicolas Sarkozy qui doit annoncer, le 15 février 2012, au 20 heures de TF1, sa candidature à l'élection présidentielle en vue d'un second mandat. Opposé au mariage homosexuel et à l'adoption par des couples homosexuels, le candidat de l'UMP, questionné par Laurence Ferrari sur les propos de l'élu du Nord, n'a pas d'autre choix que de tacler celui-ci : « Tout ce qui peut paraître de près ou de loin de l'homophobie, je l'ai en horreur. Par conséquent, on n'a rien à faire avec des personnes qui ne comprennent pas qu'au XXIe siècle, ce type de propos, ça tire tout le monde vers le bas », dit-il... Une exécution en direct. Vanneste a droit à un second quart d'heure warholien, mais, cette fois-ci, son sort semble réglé.

Lors de cette nouvelle tourmente, Gérald Darmanin semble, dans un premier temps, solidaire. Deux jours après l'interview présidentielle, il réitère son soutien à son mentor dans un article de *La Voix du Nord* : « C'est lui qui m'a mis le pied à l'étrier. Il y a de l'humain aussi en politique. L'ambition ne supplante pas tout. Si Christian Vanneste est exclu et décide tout de même de se présenter, je n'irai pas contre lui, estimant que, dans la vie, il ne faut pas mordre la main de celui qui vous a nourri. » Il se ménage toutefois une porte de sortie : « Si jamais Christian Vanneste décidait de ne pas se présenter, alors ma candidature deviendrait une question qui se poserait. »

Au siège de l'UMP, Jean-François Copé, le secrétaire général, ne décolère pas. Il souhaite débrancher Vanneste, lui retirer l'investiture accordée par le conseil national. Jean-Claude Gaudin, maire de Marseille, est chargé du sale boulot : « Christian, tu ne vas pas pouvoir y aller. Tu comprends... » Les choses sont dites au condamné avec l'onctuosité méridionale, mais sans aucune possibilité de négociation.

Jean-François Copé contacte Gérald Darmanin par téléphone. Ce dernier a perdu aux cantonales l'année précédente, mais reste le meilleur candidat pour la droite. D'autant qu'aux yeux du patron de l'UMP, ce jeune type dans la roue de Vanneste est réputé proche de Xavier Bertrand – qu'il déteste – mais n'a aucune chance de devenir député. D'une pierre, deux coups ? « Je lui ai annoncé que je venais de retirer l'investiture à Vanneste et qu'il fallait qu'il fonce[13] », raconte Copé. Auparavant, Jérôme Lavrilleux, bras droit de ce dernier, a donné son feu vert : « J'ai fait passer un petit mot à Jean-François en lui conseillant d'investir Darmanin pour ne pas se créer un front supplémentaire avec Xavier Bertrand[14]. » Gérald Darmanin, de son côté, soutient que, dans un premier temps, c'est Vanneste qui lui a passé le relais : « Il m'a d'abord dit : "Je ne veux pas finir ma vie dans l'opprobre, allez-y Gérald." » Une version qui fait bondir l'intéressé : « C'est totalement faux dans la mesure où je n'ai jamais accepté que l'on m'accuse de quoi que ce soit ! »

13. Entretien avec l'un des auteurs le 4 octobre 2021.
14. Entretien avec l'un des auteurs le 18 mai 2021.

Exécution

Le soir de l'élection présidentielle, Christian Vanneste se rend au P'tit Quinquin, le grand café un peu rococo aux airs bruxellois de la place de la République de Tourcoing, où l'on se rassemble pour fêter les grands succès ou se consoler des défaites devant une bière du Nord. Vanneste, dans les habits de futur candidat aux législatives, monte au premier étage où sont rassemblés des militants de l'UMP. Les mines sont déconfites, car c'est le portrait de François Hollande qui s'affiche sur le téléviseur. Morgane, la première épouse de Gérald Darmanin, fusille du regard le député qui devine que la victoire du socialiste n'explique pas à elle seule cet accueil glacial. L'ancien prof de philo comprend qu'il est lâché. Qu'il ne figurera pas sur la photo de famille. Il n'y a même pas été invité.

Quelques jours plus tard, Gérald Darmanin invite son mentor à prendre un café. « Je vais me présenter comme candidat aux législatives », lui annonce-t-il. Vanneste s'empourpre. Sans lâcher aucun mot, il tourne les talons et quitte la brasserie. L'entretien n'aura pas duré plus de deux minutes. Le fils vient de tuer le père droit dans les yeux, entre deux gorgées de café.

Julien Sorel

Les deux hommes qui ont passé tant de temps ensemble, à préparer des campagnes, à arpenter les villes de la Xe circonscription du Nord, à relire des discours à l'Assemblée tard dans la nuit ne se reverront plus après ce jour de mai 2012. Clap de fin.

Christian Vanneste assure qu'il aurait aimé transmettre en douceur le témoin à celui qu'il avait formé, comme un notaire cède son étude à son fils aîné. « On ne mord pas la main qui vous a nourri », avait déclaré son cher Gérald après le premier coup de semonce : cette phrase, il la ressasse en boucle. « Darmanin, c'est Julien Sorel dans *Le Rouge et le Noir*. À chaque fois qu'il voit un mec qui réussit, il essaie de prendre sa place », rage l'ancien édile, amer.

La morsure est encore plus vive quand Vanneste découvre que toute son équipe se range sans préavis ni hésitation derrière son ancien bras droit. Le député de la Xe circonscription du Nord pense un moment jeter l'éponge. Dit en avoir soupé, de ces interminables campagnes, des réunions nocturnes à n'en plus finir, des manœuvres souterraines pour s'assurer du soutien de X ou Y. « Cette politique ne correspondait plus à ma façon de penser », soupire-t-il avec tristesse et emphase à la fois. Il jure avoir rêvé alors de prendre une semi-retraite pour s'accorder le temps de lire les grands auteurs et d'écouter des opéras de Wagner. Mais il aurait préféré pouvoir choisir le jour et l'heure.

L'un de ses anciens collaborateurs, Vincent Ledoux, alors maire de Roncq, l'aurait poussé à ne pas renoncer : « C'est lui qui m'a convaincu d'y aller[15] », insiste Vanneste. Quatre maires non socialistes sur les six communes que compte la Xe circonscription du Nord seraient prêts à le soutenir. Alors, c'est décidé, il se présentera mais avec le parrainage du RPF (Rassemblement pour la France), l'ancien parti de Charles Pasqua et Philippe de Villiers.

De son côté, Gérald Darmanin peut compter sur les militants et le groupe d'opposition de la mairie, passés

15. Vincent Ledoux nie être à l'initiative de cette démarche.

dans son camp sans coup férir. Tous ont appris à le connaître lors des élections précédentes, lui qui a longtemps servi de tampon quand Vanneste se laissait aller à des colères noires. La machine UMP envoie au jeune loup ses ténors. Xavier Bertrand, l'ancien ministre du Travail, se déplace pour inaugurer le QG de campagne de son ami Gérald. D'autres suivront. L'OPA sur l'électorat de Vanneste a commencé.

Lors de cette campagne éclair, les deux meilleurs ennemis du monde se toisent mais évitent toute attaque frontale, affichant une splendide indifférence. L'équipe de Darmanin dispose de peu de temps pour renverser la vapeur. « On boîtait[16] nos documents de nuit[17] », se souvient Cécile Collin, l'une de ses plus proches collaboratrices. Les copains de Sciences Po viennent aider le week-end, l'épouse de l'époque du candidat ravitaille tout le monde en pizzas. Son père, avec qui il s'est rabiboché, quadrille les quartiers en compagnie de militants. Rien n'est laissé au hasard. La méthode Darmanin.

Au final, il n'y aura guère de suspense. Le 10 juin 2012, Christian Vanneste est sèchement battu lors du premier tour (13,11 %). Les électeurs ont voté pour des idées, non pour un homme. La candidate socialiste Zina Dahmani (30, 77 %) devance Gérald Darmanin (24,93 %) mais ne dispose que d'un maigre réservoir de voix pour le second tour face à lui. Le 17 juin, ce dernier – qui a su draguer les électeurs de Vanneste et du FN – l'emporte sur sa concurrente avec près de 54,88 % des suffrages contre 45,12 %.

L'ancien stagiaire et directeur de campagne devient, à vingt-neuf ans, le plus jeune député de l'hémicycle

16. Distribuer dans les boîtes à lettres.
17. Entretien avec l'un des auteurs le 7 décembre 2021.

après Marion Maréchal-Le Pen (vingt-trois ans). Neuf ans après son entrée à la permanence de Vanneste comme étudiant de Sciences Po, il accède au poste de son mentor. « Mon plus beau souvenir. Jusqu'à ce qu'on m'annonce les résultats, je ne pouvais y croire », confie-t-il.

Amnésie

« Il s'est joué de moi », rumine son prédécesseur, qui a ensuite abandonné toute fonction politique. Un doute, comme une gêne, subsiste néanmoins sur les liens entretenus entre le professeur et l'élève. Darmanin a-t-il totalement adhéré aux thèses extrémistes de son premier mentor ou a-t-il agi, comme Julien Sorel, par opportunisme et ambition ? Jean-René Lecerf, ancien président du conseil départemental du Nord, penche pour la seconde option : « Aussi longtemps que Christian Vanneste était fréquentable, il l'a fréquenté. Il s'est servi certes du fait que Vanneste était député, élu et réélu, pour faire partie de l'équipe, gérer l'équipe derrière lui. Après, je ne peux pas considérer comme une trahison de se présenter contre quelqu'un qui est devenu un facho[18]. » Ou, en tout cas, quand cela a arrangé tout l'appareil de le considérer comme tel. Vanneste, comme il le revendique d'ailleurs, n'a-t-il pas toujours été le même ? Gérald Darmanin, lui, semble partiellement amnésique à l'évocation de ses « années Vanneste ». Comme si le mentor, une fois avalé, avait été effacé d'un trait de plume de sa biographie.

---

18. Entretien avec l'un des auteurs le 15 juillet 2021.

4

La poloche

C'est ce qui s'appelle un homme de l'ombre. Pas de notice Wikipédia. Pas d'article sur lui ou presque. Michel Bettan a pour règle de ne jamais apparaître au grand jour. Condition nécessaire à sa longévité, pense-t-il, autant qu'à sa tranquillité. Longtemps conseiller de Xavier Bertrand, il a désormais pris ses distances avec la politique pour travailler dans le privé. « Gérald est mon petit frère[1] », concède-t-il néanmoins. Ils se sont appelés au téléphone tous les jours pendant des années, jusqu'à ce que le projet présidentiel de Xavier Bertrand, en 2020, ne les conduise à couper les ponts. Sans toutefois briser leur lien. Ils restent amis et partagent une telle proximité qu'ils n'ont pas besoin de se parler pour savoir ce que l'autre pense.

Coup de foudre

En 2007, Michel Bettan travaille aux côtés de Xavier Bertrand au ministère du Travail, rue de Grenelle,

1. Entretien avec l'un des auteurs le 9 novembre 2021.

quand Jacques Toubon appelle le ministre pour lui recommander un jeune de Sciences Po Lille dynamique. « Il est du Nord, de ta région, tu ne perdras pas ton temps à le recevoir », dit l'ancien titulaire de la Culture sous Jacques Chirac à Bertrand. Celui-ci charge son conseiller Michel Bettan de recevoir l'étudiant. Au cas où... Rendez-vous est pris.

Bettan se souvient de chaque détail de l'entrevue à presque quinze ans de distance. « C'était un vendredi soir, raconte-t-il. J'étais rincé, comme on est toujours rincé à Grenelle les vendredis soir. Il était 20 heures. J'en avais plein les bottes et on avait glissé ce rendez-vous dans un agenda surchargé. Pour dire les choses franchement, je le vivais comme une corvée. La secrétaire me dit qu'il est arrivé, je ne sais plus si je l'ai fait attendre, en tout cas je descends. »

Dans le hall, le conseiller du ministre tombe sur « un gamin de douze ans »... Gérald Darmanin en a le double mais fait bien plus jeune que son âge. Bettan soupire intérieurement à l'idée de perdre son temps si près du week-end. D'emblée, il avertit son visiteur qu'il n'a malheureusement « guère plus de dix minutes » à lui consacrer. « Gérald est finalement resté une heure et demie dans mon bureau. À la fin, je lui ai même dit : "Vous ne bougez pas d'ici !" » Un coup de foudre.

« Je commence toujours par demander aux gens que je ne connais pas de me raconter leur vie privée », précise Michel Bettan, qui a tendance à « se foutre de leurs études », lui qui a reçu « beaucoup de crânes d'œuf sortis de l'ENA qui savent tout sur tout ». « Sans faire pleurer dans les chaumières, Gérald m'a parlé de sa famille, de sa mère concierge, de son père bistrotier, je crois. Un milieu populaire. Il m'a aussi dit qu'il avait été aux Francs-Bourgeois, qu'un de ses grands-pères était harki, un autre juif... Et qu'au final, il considérait qu'il avait beaucoup de chance. Il m'a plu tout de suite. » Michel Bettan vient de Créteil et, comme tout gamin de banlieue astucieux, sait reconnaître le cran et le mérite. « J'ai vu qu'il avait les deux... »

Gérald Darmanin vient de passer avec succès la première épreuve. Le conseiller du ministre du Travail peut entamer le second volet de l'entretien, sur l'engagement politique. « Gérald était manifestement passionné par ça, il avait commencé à seize ans. Je lui ai posé quatre ou cinq questions générales, et aussi sur le Nord, sa région. » Deuxième épreuve réussie. « Je ne me souviens plus du détail parce que j'ai oublié mes questions, mais ses réponses m'ont indiqué qu'il avait un bon sens politique, qu'il était intelligent. Doué. Malin. Très doué et très malin », se reprend Bettan.

À la fin de l'entrevue, le *spin doctor* de Xavier Bertrand raccompagne son visiteur. Sous le charme. Impossible de l'embaucher au ministère où, avec la règle des vingt collaborateurs de cabinet maximum imposée par François Fillon, Xavier Bertrand a déjà atteint le plafond. Mais il lui promet, en lui serrant la main, de ne pas l'oublier : « Dès que je peux, je t'appelle. » Il tiendra parole.

Conseiller juridique

Moins de deux ans plus tard, en janvier 2009, Xavier Bertrand a quitté le gouvernement pour prendre la présidence de l'UMP et Bettan contacte Darmanin : « J'ai un job pour toi. » Le diplômé de Sciences Po, devenu conseiller municipal d'opposition de Tourcoing l'année précédente, est bombardé directeur des Affaires juridiques de l'UMP. Il a vingt-six ans et n'a pas perdu son temps. C'est un job en or pour noircir son carnet d'adresses. Sans rien y connaître, il apprend vite. « Gérald est comme Xavier. N'ayant pas fait de longues études, ils ont quelque chose en plus d'indéfinissable que la plupart des énarques n'auront jamais », glisse Michel Bettan. Évidemment, le jeune conseiller municipal et directeur des Affaires juridiques tape dans l'œil du nouveau patron du parti. Gérald Darmanin vouvoie Xavier Bertrand aujourd'hui encore, comme il l'a vouvoyé au premier jour de leur rencontre à l'UMP. « Il y a toujours eu, entre eux, beaucoup de respect et d'estime », insiste Bettan.

Du judo

Fin 2009, Xavier Bertrand va permettre à son protégé de prendre un nouveau train. Et Gérald Darmanin ne va pas le rater. Il s'appelle David Douillet.

Ce dernier mesure 1,96 mètre, soit 26 cm de plus que le futur ministre de l'Intérieur. Une sommité, au propre comme au figuré. L'ancien judoka, deux fois champion olympique dans la catégorie poids lourds, à Atlanta en 1996 et à Sydney en 2000, est un proche des Chirac, un fervent soutien de l'opération Pièces jaunes de Bernadette. Son cœur penche à droite. Xavier Bertrand a fait de lui son secrétaire national à la Vie sportive.

Or David Douillet souhaite entrer dans l'arène politique – un nouveau départ. « Dans la tête des gens, je n'étais qu'un athlète. Personne ne savait que j'avais investi dans des sociétés, que je travaillais dans le monde de la télé et des droits sportifs, que j'avais en fait une vie dans les affaires[2]... » raconte ce dernier. Qui s'ouvre de ses ambitions à Xavier Bertrand en octobre 2009. « J'ai envie de me présenter », lui dit-il. Le patron de l'UMP hoche la tête : « Oui mais où, David ? » Douillet répond qu'il y a une circonscription qui se libère près de chez lui, dans les Yvelines.

L'ancien député-maire de Poissy, Jacques Masdeu-Arus (UMP), vient d'être déchu de son mandat après une condamnation dans une affaire de corruption[3]. Pour Douillet, sur ces terres de droite, « le coup est jouable ». Problème, le parrain des Pièces jaunes ne connaît rien à la politique locale. Xavier Bertrand lui propose alors de rencontrer son responsable juridique pour déterminer ce qui est compatible entre ses activités privées et une éventuelle vie de parlementaire. « Là, je vois un jeune mec qui se montre pointu. » Les deux hommes échangent longuement. Le courant passe. À la sortie du rendez-vous, Bertrand interpelle Douillet :

« Bon, t'es toujours sûr d'y aller ? – Pas de problème. – Il va te falloir un directeur de campagne. – Je crois que j'en ai trouvé un. – Ah bon ? Mais qui ? – Je viens de parler deux heures avec Gérald Darmanin, je crois que c'est lui. »

Cette fois-ci, les rôles changent. Gérald Darmanin, vingt-sept ans mais expérimenté après deux élections avec Vanneste, devient le mentor de David Douillet, quarante ans mais novice en matière de campagne électorale. « Il m'a apporté son savoir-faire », assure l'ancien champion. Dans cette partielle sans aucune dynamique

2. Entretien avec l'un des auteurs le 29 octobre 2021.

3. Jacques Masdeu-Arus a notamment été condamné le 12 décembre 2006 à deux ans de prison avec sursis et dix ans d'inéligibilité pour corruption passive dans le cadre d'un dossier de marchés publics et a été déchu de son mandat en août 2009.

nationale, le candidat UMP rame : « On a gagné au corps-à-corps. On s'est coltiné tous les marchés. On partait de loin et on a bossé comme des fous pendant un mois. Gérald est toujours dans les détails. Il va cibler les cages d'escalier, réfléchir à l'intervention la plus efficace... »

Le politique et le champion s'apprécient. Il y a avec eux comme un petit air d'Astérix et Obélix en goguette dans les Yvelines. Visage poupin, allure bonhomme et bises chiraquiennes, l'« empereur des tatamis » parade sur les marchés auprès d'électeurs ravis – « Ah, mais je vous ai vu à la télé » – tandis que son directeur de campagne, roublard, privilégie la proximité, éloignant les médias nationaux. La polémique suscitée par l'accession annoncée de Jean Sarkozy, fils de Nicolas, à la tête de l'Epad, l'organisme qui gère le quartier de la Défense, risque d'accentuer l'abstention de droite, et l'éviction du député sortant pour corruption fait aussi désordre, donc mieux vaut garder profil bas et labourer le terrain.

En ce mois d'octobre 2009, David Douillet remporte son pari. Il obtient 52,1 % des suffrages face au maire socialiste de Poissy, Frédérik Bernard, crédité de 47,9 % : « On gagne de 1 000 voix. » Darmanin a effectué une pige gagnante dans ce département. Mieux, son image de « faiseur de rois », de « super directeur de campagne » s'étend au-delà des Yvelines et du Nord. Dans *Le Figaro*, avant le résultat, Nicolas Sarkozy a félicité le judoka pour son score du premier tour, y voyant à mi-mandat un signe encourageant pour sa propre politique.

Au lendemain de l'élection, David Douillet considère son jeune stratège comme indispensable. À l'Assemblée, le judoka ne brille pas par sa présence, mais il attend mieux : un ministère. Il l'obtient en juin 2011 à la faveur d'un jeu de chaises musicales. Pour remplacer Christine Lagarde, ministre de l'Économie partie au FMI, Nicolas Sarkozy choisit François Baroin au détriment de Bruno Le Maire, alors ministre de l'Agriculture, qui guignait (déjà) le poste. Valérie Pécresse, jusque-là à l'Enseignement supérieur, remplace Baroin au Budget, Laurent Wauquiez devient ministre de l'Enseignement supérieur et Georges Tron, accusé de viols, quitte la scène politique nationale. David Douillet, lui, est nommé secrétaire d'État des Français de l'étranger. Un poste clé à un an des législatives où seront désignés les onze députés chargés de représenter les deux millions de Français vivant hors des frontières. Le judoka impose Gérald Darmanin, vingt-neuf ans, comme chef de cabinet.

Quai d'Orsay

Le 29 juin 2011, les deux hommes passent la grille du Quai. Alain Juppé, leur ministre de tutelle, est en déplacement. Il a confié à Gilles Boyer, son plus proche collaborateur, le soin de les accueillir. « Je n'avais jamais entendu parler de Gérald, c'était la première fois que je le rencontrais », raconte ce dernier. Dans les semaines qui viennent, ils se croisent à plusieurs reprises. « Je comprends très vite que Gérald prend le lead sur le cabinet, qu'il est toujours à l'initiative », analyse le proche d'Édouard Philippe. Pour lui, pas de doute, si Darmanin n'est pas le directeur de cabinet en titre sur le papier, il en occupe, de fait, la fonction. Et d'entrée, sans aucun complexe vis-à-vis des nombreux énarques et diplomates du Quai.

Le second du secrétaire d'État a emmené dans ses bagages une jeune étudiante. Vive, bosseuse, efficace, d'un enthousiasme inaltérable, elle est devenue l'assistante indispensable de Gérald Darmanin depuis qu'il l'a engagée dans le cadre d'un stage pour son école de management public et politique en 2009. Cécile Collin accompagnera son directeur de stage dans toutes ses aventures politiques... jusqu'au ministère de l'Intérieur.

Cette première expérience au quai d'Orsay leur réserve quelques surprises. « J'étais l'assistante de Gérald, raconte la jeune femme. Là-bas, quand on n'avait pas fait l'ENA, on était regardés comme des ovnis. C'était un ministère très protocolaire. Je me suis retrouvée à dresser des plans de table où il fallait connaître l'âge, la fonction de chaque invité, savoir s'il était à gauche ou à droite... »

Un gymnase au Havre

Le job permet à Gérald Darmanin de voyager, de sortir hors de son Nord natal et de consolider sa relation avec David Douillet. Le 26 septembre 2011, l'ex-judoka, après la démission de l'ex-karatéka Chantal Jouanno, est nommé ministre des Sports, le maroquin qu'il réclamait depuis des mois. Gérald Darmanin sera son directeur de cabinet, « le plus jeune de France ». « Ce poste est un tournant pour lui, car normalement ce sont des énarques, des inspecteurs des finances qui l'obtiennent », avance Cécile Collin. En cette fin du quinquennat Sarkozy, la nomination d'un bizuth provoque toutefois des grincements de dents au ministère des Sports. Le « nouveau » est-il un bouffeur de N+1 ? « Ce n'est pas une volonté de manger le N+1 pour prendre sa place, se défend Darmanin, mais je bosse beaucoup. J'arrive avant tout le monde, je repars après tout le monde. Je ne dors pas beaucoup. Il y a tout simplement une prime à ceux qui bossent. Je pense que le travail rend indispensable. »

Durant ses sept mois et demi au ministère, David Douillet fait voter un projet de loi antidopage, un autre sur la retraite des sportifs de haut niveau. Gérald Darmanin, lui, s'assure, avant la fin du mandat de Nicolas Sarkozy, que toutes les subventions pour les associations ont été reçues par les élus.

L'un d'entre eux s'appelle Édouard Philippe. Maire du Havre depuis 2011, il a un jour besoin d'une subvention du ministère des Sports pour boucler le financement du complexe Valmy, un stade situé dans les quartiers sud de sa ville. Aussi prend-il son téléphone et appelle-t-il le directeur de cabinet du ministre. C'est la première fois qu'il parle à Gérald Darmanin. « Je me souviens de quelqu'un de très attentif, très sympathique et très malin, raconte celui qui deviendra Premier ministre d'Emmanuel Macron et qui a obtenu la subvention qu'il réclamait. Je lui ai promis de citer son nom quand j'inaugurerais l'ensemble sportif ! Deux ans après, j'ai tenu parole. J'ai cité Gérald Darmanin, que personne ne connaissait, un illustre inconnu, en inaugurant l'espace Valmy[4] ! »

Benjamin

En l'espace de deux ans, l'élu de Tourcoing a accumulé une expérience considérable et bousculé son plan de carrière. Il s'est formé chez Vanneste, a exporté sa méthode chez Douillet et s'est initié au fonctionnement d'un ministère. Et en 2012, il n'a « que » vingt-neuf ans

4. Entretien avec l'un des auteurs le 19 novembre 2021.

lorsqu'il devient député grâce à sa victoire homérique contre Christian Vanneste dans la Xe circonscription de Tourcoing. Le 26 juin 2012, jour de l'installation de l'Assemblée nationale, il peine à dissimuler une certaine fébrilité, celle qui précède les adoubements et les honneurs de la nation. Avec les cinq autres plus jeunes parlementaires, il doit se soumettre à un rite immuable du Palais-Bourbon.

Les six benjamins se retrouvent dans le cabinet du Départ, là même où Napoléon signa son abdication. « Depuis, plus personne ne travaille là, plus personne ne s'assoit là, plus personne ne signe un courrier sur ce maudit bureau. La France a ses superstitions, la République les respecte », écrit Gérald Darmanin dans ses *Chroniques de l'ancien monde*.

Sous les roulements de tambour « résonnant dans la grande salle en marbre des pas perdus[5] », les six novices de l'Assemblée élue accompagnent le doyen d'âge vers l'hémicycle. Le fils de la concierge prend conscience qu'il entre dans un livre d'histoire. Avant la procession, il a salué Marion Maréchal-Le Pen, la benjamine. Son geste lui sera reproché. Les autres jeunes élus ont évité de le faire, il a trouvé cela stupide. Son opposition avec l'élue se situe sur le champ des idées, « ce qui n'empêche pas les règles élémentaires de courtoisie », estime-t-il. « Marion Maréchal-Le Pen est dangereuse. Bien plus redoutable que sa tante. Leur grande différence, c'est que la nièce travaille. À coup sûr, c'est par elle que le scandale arrivera »[6].

Les souvenirs de la Garde républicaine, de son passage protocolaire sous les cinq lustres majestueux de

5. Gérald Darmanin, *Chroniques de l'ancien monde*, *op. cit.*
6. *Ibid.*

la salle des fêtes, du vote solennel pour le président de l'Assemblée nationale[7], le jeune élu du Nord les gardera à jamais. Comme la fierté d'avoir résisté à la vague rose, alors que la droite sarkozyste compte ses troupes, rétrécies comme peau de chagrin. Avec 229 députés, elle a perdu 116 sièges par rapport au scrutin précédent. Une bérézina. Les bizuths UMP de l'Assemblée, qui souhaitent sortir de l'anonymat, ne peuvent espérer que quelques postes de seconde zone dans des commissions obscures, ou de rares interventions sur des questions d'actualité. « On n'a pas tout de suite ce qu'on veut, admet Virginie Duby-Muller, élue députée UMP en 2012. Donc, souvent, on vous met au Développement durable, aux Affaires sociales, pas dans les commissions les plus prestigieuses. »

Amitiés biélorusses

Gérald Darmanin tente d'exister comme élu d'opposition en faisant feu de tout bois. Demandes de rapports parlementaires, présence à toutes les séances budgétaires... « Il fallait établir le record de questions écrites, montrer qu'on était engagés. La méthode Darmanin, c'est le travail », observe Cécile Collin.

Pour exister un peu plus, le jeune député réclame la commission des Finances, suscitant les ricanements des historiques de l'Assemblée et le veto tranchant de son aîné Éric Woerth. Tant pis pour les Finances, il décroche la présidence du groupe d'amitié France-Biélorussie. « Personne n'en voulait », s'esclaffe Cécile Collin.

7. Claude Bartolone est élu président de l'Assemblée nationale le 26 juin 2012 dès le premier tour du scrutin face au président sortant Bernard Accoyer.

Sur les bancs de la droite, Darmanin devient une coqueluche, le M. Vannes. « On s'est bien entendus très vite, raconte Édouard Philippe. On est devenus très proches. Nous étions députés et avions tous les deux des fonctions dans le parti. Et puis il a une caractéristique : on se marre bien avec lui ! »

Les Cadets-Bourbon

Si, par son activisme, Gérald Darmanin acquiert une légitimité et une notoriété au sein de l'hémicycle, il demeure un parfait inconnu pour l'opinion publique. Aussi, avec six autres parlementaires UMP[8] âgés de moins de quarante ans et élus pour la première fois, il décide de faire un coup. « On s'était retrouvés dans un restaurant pas loin de l'Assemblée nationale comme les miraculés d'une hécatombe, explique Guillaume Chevrollier. Et nous voulions montrer qu'il existait une nouvelle génération capable d'incarner le renouveau des idées de droite. Cherchant quelque chose qui symbolisait la jeunesse et le renouvellement, nous sommes tombés d'accord sur l'idée de monter le club des Cadets-Bourbon[9]. » Tribunes dans la presse, déplacements dans leurs circonscriptions respectives..., le groupe s'active. Darmanin partage son carnet d'adresses à ses collègues, en retour il découvre les territoires des autres cadets. Le métier rentre.

Entre eux, ils appellent cela la « poloche ». Ou la « popol ». En d'autres termes, la cuisine, les petits trucs qui font les bons amis. Le savoir-faire qui permet de

8. Damien Abad (Ain), Julien Aubert (Vaucluse), Guillaume Chevrollier (Mayenne), Alain Chrétien (Haute-Saône), Virginie Duby-Muller (Haute-Savoie) et Laurent Marcangeli (Corse-du-Sud).

9. Entretien avec l'un des auteurs le 29 octobre 2021.

durer. Les échanges de services qui s'appellent aussi des renvois d'ascenseur. Le quotidien à l'Assemblée a un côté vie de régiment, avec cantine, huissiers qui traversent les régimes, bons et mauvais bureaux, kilomètres de couloirs et recoins... Impossible de durer en politique dans cet univers sans acquérir la culture parlementaire.

Gérald Darmanin, du haut de ses vingt-neuf ans et de son expérience chez Vanneste, Bertrand et Douillet, possède trois atouts indispensables : il dort peu, ce qui est l'idéal pour traîner la nuit dans cette maison qui ne ferme jamais vraiment ; apprend vite, notamment tous ces codes à maîtriser pour savoir où et quand intervenir dans l'hémicycle et dans les multiples commissions ; enfin, sait faire parler de lui... Quoi de mieux que la tribune de cette vieille maison pour partir à l'assaut du pouvoir, sabre haut ?

Takieddine à la Santé

Les mousquetaires de l'Assemblée s'affichent dès qu'ils le peuvent, quitte à pousser le bouchon un peu loin. « Un soir, on déprimait à cause de l'affaire Copé-Fillon[10], se rappelle Julien Aubert, l'un des Cadets-Bourbon. On a décidé, avec Gérald, d'aller se faire la gauche, un peu comme des Gaulois. On leur a mené une vie d'enfer toute la nuit sur un texte choisi au hasard – c'était sur les réseaux de soins – qui m'a valu d'être, ensuite, convoqué par le président des Mutuelles de France[11]. »

10. Une bataille homérique entre les deux hommes pour la tête de l'UMP en 2012.

11. Entretien avec l'un des auteurs le 27 octobre 2021.

Gérald Darmanin a une réputation d'emmerdeur public ? Il s'en amuse et en joue, pinaille sur les moindres détails, jusqu'à rendre fou le plus placide des ministres socialistes. « Sa méthode était d'énerver l'adversaire. C'est la stratégie de la tête à claques, décrypte Julien Aubert. "Vous avez dit cela mais je ne comprends pas, monsieur le Ministre, c'est vert ou c'est rouge ? Vous n'avez pas répondu, monsieur le Ministre." »

En dehors de l'hémicycle, les Cadets multiplient les gasconnades comme de sales gosses fêtards. Un soir de juillet 2014, après un dîner sur l'île de la Cité, Guillaume Chevrollier disserte, entre fromage et dessert, sur le fait que les députés ont toute liberté pour visiter les prisons et vérifier les conditions de détention des détenus. Ni une ni deux, Darmanin emmène tout le monde en taxi à la Santé. Vers 23 h 30, les Cadets tambourinent à la porte du centre pénitentiaire. « Ouvrez, nous sommes des députés de la République », tonnent-ils. Un surveillant observe la scène surréaliste derrière l'œilleton. « Je dois en avertir mon directeur », bredouille-t-il. « Au bout de dix minutes, le directeur affolé est arrivé et nous a fait la visite, raconte Alain Chrétien, l'un des Cadets-Bourbon, aujourd'hui maire de Vesoul. On est même passés devant la cellule de Ziad Takieddine[12]. »

Haro sur Taubira

Mais le pitre Darmanin ne provoque pas les rires chez tout le monde. Derrière ses pochades d'étudiant

12. Entretien avec l'un des auteurs le 30 octobre 2021. Ziad Takieddine est un homme d'affaires franco-libanais poursuivi dans le tentaculaire dossier libyen du financement supposé de la campagne présidentielle de Nicolas Sarkozy en 2007.

en médecine, le député du Nord cogne fort sur le gouvernement et sur la politique pénale de sa garde des Sceaux, cible privilégiée de la droite. Sur LCI, le 3 mars 2015, il qualifie Christiane Taubira de « tract ambulant du FN mis en avant par François Hollande ».

La réplique ne tarde pas. Visage grave, regard noir et coups de menton, Manuel Valls, Premier ministre, n'a pas d'autre choix que de défendre sa ministre à l'Assemblée nationale : « Jamais nous n'avons tenu les propos que vous avez tenus, tonne-t-il. Ce n'est ni la jeunesse, ni la campagne électorale, ni le combat politique qui doivent vous permettre de tenir de tels propos et nous ne le permettrons jamais. »

La garde des Sceaux, connue pour son verbe fort et son talent oratoire, se fâche à son tour contre l'impudent à la sortie du Conseil des ministres avec une formule on ne peut plus assassine : « Lorsqu'une personne est à ce point pauvre, indigente moralement, politiquement, culturellement, lorsqu'une personne est à ce point indifférente aux dégâts considérables qu'elle peut produire par ses paroles qui sont des insultes, qui sont surtout des déchets mêmes de la pensée humaine, je n'en attends rien. »

En moins de quarante-huit heures, Gérald Darmanin a mis le feu à l'Assemblée, entre demande de démission de la ministre de la Justice lancée par la droite et excuses exigées par la gauche. Clivant et cassant, comme Sarkozy avant lui.

« Pas de dîner, pas d'info »

Ses excès lui jouent parfois de mauvais tours. Et ce sur un terrain jusqu'ici inconnu de l'opinion publique.

Deux mois après ses attaques contre la garde des Sceaux, le député doit affronter une autre controverse, cette fois sur des propos jugés déplacés envers des femmes de médias. Avant la vague MeToo, dans une tribune publiée le 5 mai 2015 dans *Libération*, quarante journalistes politiques dénoncent le comportement machiste et sexiste de certains hommes politiques. Parmi eux, Gérald Darmanin. Si le jeune Cadet n'est pas cité nommément, il est visé par les signataires pour être l'auteur de la phrase « Une info, un apéro » glissée à une journaliste d'un grand quotidien, ou plus exactement « Pas de dîner, pas d'info ». Un autre passage de la tribune évoque « l'étoile montante d'un parti qui insiste pour nous voir le soir, hors des lieux et des horaires du pouvoir ». Aucun doute sur l'identité de l'élu en quête de rencontres nocturnes.

Le 6 mai, alors qu'il est l'invité de la matinale de France Inter, Gérald Darmanin est interpellé par la chroniqueuse star de la radio, Charline Vanhoenacker : « Vous n'êtes pas concerné par l'article, vous ? Le fameux "Pas de dîner, pas d'info", rassurez-moi, ce n'est pas vous ? » le titille-t-elle. Sourire forcé du porte-parole de l'UMP. L'humoriste insiste, précisant que certaines signataires du texte sont d'anciennes collègues. Nouveau démenti de Gérald Darmanin, qui se dit « plutôt du matin » : « Je n'ai pas été nommé, non. »

La gêne est palpable. Va-t-il trop loin en la matière, n'ayant pas saisi que le temps des années étudiantes était révolu ? Journaliste politique, Astrid de Villaines se souvient d'un rendez-vous, à la même époque, dans un restaurant parisien chic pour un déjeuner professionnel avec le député du Nord. Et du fait qu'au moment où elle franchissait le seuil, Gérald Darmanin l'a toisée de la tête aux pieds avant de déclarer : « T'as pas mis tes talons aiguilles. » D'emblée, le politique avait engagé la conversation sur des sujets grivois et elle s'en était sentie mal à l'aise. « Après ce rendez-vous, il ne me donnera plus d'infos », constate-t-elle.

Fin 2017, dans un portrait très documenté de Gérald Darmanin[13], Astrid de Villaines rappelle l'épisode à celui qui est, depuis, devenu ministre du Budget. « Le sexisme m'est étranger, se justifie l'intéressé. Mais après, comme tout le monde, culturellement, je suis marqué par la société et j'ai moi-même dû avoir des réflexions sexistes. Ma cheffe de cabinet me le fait remarquer souvent. » Une première grosse alerte quant à son rapport avec les femmes.

13. Astrid de Villaines, « À Bercy, je ne suis pas extrêmement heureux », *Charles*, n° 24, janvier 2018.

5

La sale bataille de Tourcoing

Il connaît ses classiques. La politique possède des règles immuables. Il lui faut un fief, « son Neuilly » à lui. Un territoire. Un lieu où se tisse le lien direct avec les électeurs. Une base arrière stable tant les destins nationaux fluctuent. Un terrain où poussent des réalisations concrètes, solides, durables... Un endroit où une rue, une place, voire un lieu, porteront un jour son nom.

Le point de chute pour Gérald Darmanin, né à Valenciennes, est tout trouvé : ce sera Tourcoing, à 61 km de sa ville natale, la cité de son premier mentor Christian Vanneste. Il y siège comme conseiller municipal à partir de 2008 et est élu député de la circonscription en 2012. Ville frontalière de la Belgique, Tourcoing, avec ses 97 000 habitants, est la quatrième ville de la région, derrière Lille, Amiens et Roubaix sa voisine. Un bastion à prendre.

Historiquement à gauche

À trente et un ans, le jeune député s'attaque à l'« Everest » – la mairie – en sandalettes. « Honnêtement, on la pensait impossible à gagner. C'était une ville qui avait toujours voté à gauche », se souvient Cécile Collin. Tourcoing est, de fait, un fief socialiste tenu depuis vingt-cinq ans par Jean-Pierre Balduyck puis par Michel-François Delannoy, une agglomération imprégnée de culture ouvrière qui peine à se détacher de son âge d'or, de ses prospères filatures, de ses générations de tisserands, fileurs et peigneurs.

Christian Vanneste, né là en 1947, a déjà trébuché à deux reprises aux municipales et a juré qu'on ne l'y reprendrait plus. À droite, peu nombreux sont ceux qui donnent crédit à la candidature de son poulain, considéré comme un outsider, un cheval à la grosse cote venu de nulle part. Le jeune député va pourtant renverser la table grâce à un contexte national défavorable à la gauche et à une campagne ultra-agressive que son rival Michel-François Delannoy qualifiera de « succession de coups portés en dessous de la ceinture[1] ».

Maires rocardiens

Jean-Pierre Balduyck, maire historique de Tourcoing, a pu observer au plus près la révolution de palais, qui s'est déroulée en deux temps.

Dans la pizzéria Axiome, place Roussel, en centre-ville, il plie son mètre quatre-vingt-dix pour s'asseoir à une table libre. L'homme, né en 1941, y a ses habitudes et ses admirateurs qui ont vieilli comme lui. Dans ce restaurant un brin suranné, entre deux bouchées de sa quatre-saisons, on lui donne encore du « monsieur le Maire », on l'informe de la mort d'un administré – « il était malade depuis un moment » –, on interroge sa

1. Entretien avec l'un des auteurs le 19 mai 2021.

mémoire sur l'histoire du textile, lui qui se sait intarissable sur le sujet.

Son œil bleu s'éclaire à l'évocation de son premier emploi, à « quatorze ans et dix mois[2] », chez Moch et Odelin, négociant en laine à Tourcoing « au stock permanent de plus de 140 tonnes ». La laine était achetée en Australie, en Nouvelle-Zélande et en Argentine avant d'être acheminée dans les peignages pour y être transformée en rubans revendus aux filatures. Jusqu'aux jours où le filon s'est tari et où des pans entiers de l'économie locale se sont effondrés avec des plans sociaux en cascade à la clef. Une catastrophe.

Au plus fort de la crise économique, en 2009, à Tourcoing, le chômage a flambé à 13,5 %. Roussel Frères, Réquillart, Vanoutryve, les grandes maisons de textile du XIXe siècle, ont rejoint les livres d'histoire et les souvenirs des anciens. Le glorieux passé s'est transformé en lourd passif. Malgré l'implantation de Booking.com, le site de réservation de voyages – 350 salariés à l'époque –, la création de La Plaine Images à la limite avec Roubaix et Wattrelos, site consacré aux industries créatives, la ville peine à sortir de ce marasme économique. À côté de ses deux encombrantes voisines – Lille la rayonnante et Roubaix l'insoumise –, Tourcoing, la discrète, a courbé l'échine, se résignant à attendre des jours meilleurs.

Durant toutes ces années, Jean-Pierre Balduyck, biberonné à la Jeunesse ouvrière chrétienne (JOC), formé chez les rocardiens du Parti socialiste unifié (PSU), a pu sonder l'âme des quelque 100 000 habitants, pétris par cette histoire industrielle : « Si les Tourquennois étaient une équipe de basket et si j'étais leur coach, je devrais les mettre en confiance. C'est une ville qui en manque,

2. Entretien avec l'un des auteurs le 14 juillet 2021.

qui n'a pas conscience de ses qualités ni de ses atouts. Cela vient d'une tradition d'ouvriers du textile, d'humilité. Les gens, ici, ont vécu avec cette simplicité dans le travail, cette compétence non reconnue, cette valeur jamais expliquée et donc ils sont complexés. »

Après trois mandats à la mairie (1989-2008), l'enfant de Tourcoing – qui aura vécu trente ans au cœur de la ZUP de la Bourgogne, quartier populaire à l'époque enclavé – désire passer le relais. « J'avais décidé d'arrêter là, explique-t-il. Je ne voulais pas que mon engagement se termine sur une défaite. Quand j'ai descendu les escaliers de la mairie en 2001[3], je me suis dit : "C'est mon dernier mandat." »

Virile mais correcte

Celui qui lui succède s'appelle Michel-François Delannoy. Il fut son premier adjoint et ancien assistant parlementaire. Rocardien comme lui, il veut s'émanciper de la figure tutélaire de Tourcoing. Coordinateur de la Marche des beurs en 1983, l'homme a le verbe rond, les bonnes manières de la nouvelle gauche, et promet de tourner « Tourcoing vers l'avenir ».

Pour le scrutin municipal de 2008, il fait face à Christian Vanneste, l'éternel représentant de la droite locale. Rien ne rapproche ces deux hommes, excepté leur ancrage local.

« Ce fut une campagne virile mais correcte. Un affrontement dans les règles, se souvient Michel-François Delannoy. Nous étions tous les deux sur le ring. Les coups étaient donnés mais pas en dessous de la ceinture. »

3. Après sa troisième victoire aux municipales.

Vanneste traîne une réputation sulfureuse après ses déclarations sur l'homosexualité qui ont suscité une vaste polémique[4]. Mais le député du Nord, accompagné de son jeune directeur de campagne Gérald Darmanin, ne croit pas que celle-ci nuira à sa campagne municipale. Bien au contraire même, car par son positionnement très à droite, il pense pouvoir mordre sur l'électorat du FN. N'a-t-il pas été réélu haut la main député en 2007, obtenant 57 % des voix à Tourcoing ? N'est-il pas une sérieuse chance pour la droite de faire basculer la métropole européenne de Lille ? « Christian Vanneste s'imaginait gagner assez facilement. Il avait des positions très dures », confirme Michel-François Delannoy.

L'élu socialiste, de son côté, décline des thèmes chers à la gauche locale : éducation, culture et développement économique de la ville. « Les références permanentes au passé faisaient qu'on définissait toujours Tourcoing comme une ancienne ville. Quelle cité veut-on construire ? Quelle contribution Tourcoing peut apporter au rayonnement de la métropole ? Voilà les questions que je posais », se rappelle Delannoy.

Dans sa permanence de la rue Brun-Pain, Vanneste, lui, développe des argumentaires contre « le laxisme de la mairie ». Gérald Darmanin, son bras droit, s'occupe de l'organisation de la campagne, de son intendance, et n'hésite pas à exploser le budget communication. « Ça nous a coûté un fric fou, cette campagne », reconnaît le candidat de l'UMP. Bourgogne, Gambetta, Croix-Rouge..., son équipe laboure les seize quartiers de la cité. Les militants connaissent le boulot : porte-à-porte systématique, marchés, collage d'affiches. Du classique.

4. Voir le chapitre 3, p. 55.

Vanneste n'a pas à se plaindre de « Gérald ». Tout juste un jour ose-t-il le critiquer sur sa lenteur à répondre aux demandes personnelles des habitants : « Quand quelqu'un vous demande quelque chose, il faut répondre très vite », ordonne-t-il ; son élève corrigera le tir.

La presse locale se délecte du duel explosif Vanneste-Delannoy. « Blair contre Thatcher », titrent les journaux. Le suspense se dégonfle comme un soufflé quand l'« homme de fer » essuie un cuisant échec. Au premier tour de l'élection, le socialiste, allié aux écologistes, remporte la quatrième ville de la région avec 53,58 % des voix. Vanneste est sèchement battu, recueillant seulement 31 % des suffrages exprimés.

Prêt à faire céder les digues entre la droite et l'extrême droite, le candidat malheureux était allé jusqu'à parier, sans être contredit ou désavoué par son directeur de campagne, sur une alliance avec le candidat du Front national au second tour afin de battre Delannoy. Son scénario n'a pas pu se réaliser. « J'ai été aveuglé. Je n'ai pas vu le coup arriver », admet-il aujourd'hui.

Mais les défaites sont porteuses de victoires pour qui sait en tirer les leçons. Gérald Darmanin, lors de ce tour de chauffe, a rempli des carnets de notes en pagaille, serré des mains à n'en plus finir, tendu l'oreille aux doléances des électeurs. Il en a tiré une photographie fidèle de la population tourquennoise et a gardé dans un coin de sa tête cette prophétie de son mentor : « Tourcoing est prenable mais il faut un mouvement général de mécontentement en France contre le pouvoir installé pour que cela bascule. Il faut juste attendre le coup de vent... » La bourrasque arrivera six ans plus tard.

En dessous de la ceinture

2014. François Hollande a succédé à Nicolas Sarkozy deux ans plus tôt. Le nouveau président de la République éprouve ses premières grosses difficultés, entre mauvais chiffres du chômage, divisions criantes au sein de son parti et révélations de sa relation extra-conjugale. Les astres s'aligneraient-ils enfin, comme l'avait prédit Christian Vanneste, pour que des bastions de gauche tombent dans l'escarcelle de la droite ?

De manière assez subtile, pour sa campagne municipale, Gérald Darmanin mêle des thématiques nationales aux sujets locaux. Il utilise le « mariage pour tous[5] » pour envoyer une première grenade en direction de l'hôtel de ville. Le député de la Xe circonscription du Nord poste un tweet le 2 juin 2013 disant : « Si je suis maire de Tourcoing, je ne célébrerai pas personnellement de mariages entre deux hommes ou deux femmes[6]. » Sur un tract distribué par ses équipes, on peut aussi lire : « Le PS est l'ennemi de la famille. Hollande, Delannoy, Taubira et le socialisme soutiennent depuis deux ans toutes les dispositions contraires à votre modèle familial. » Le ton est donné.

Auprès de ses proches, Michel-François Delannoy s'insurge contre « le petit-fils de tirailleur algérien » qui se rend à la sortie des mosquées pour dire aux musulmans : « Vous ne pouvez pas être d'accord avec cela. » Les oreilles du maire sifflent un peu plus encore quand lui parviennent des rumeurs sur sa vie privée. Des soupçons de détournement d'argent mettant en cause une

5. La loi ouvrant le mariage aux couples de personnes de même sexe a été promulguée le 17 mai 2013.

6. Dans une interview à *La Voix du Nord* le 20 mai 2017, Gérald Darmanin s'excusera pour cet engagement.

famille proche des siens apparaissent. Le clan Darmanin jure qu'il n'est pas à la manœuvre pour distiller ces ragots, mais le mal se propage.

Dans son bureau assiégé, Delannoy s'étrangle et cite la formule de Léon Blum après le suicide de son ami Roger Salengro : « Il n'y a pas d'antidote contre le poison de la calomnie[7]. » Dans l'équipe du jeune candidat de l'UMP, on se défend de « tous coups portés en dessous de la ceinture ». Pourtant, la campagne fleure bon les batailles municipales des années 1990 où RPR, PS et FN s'envoyaient sans vergogne peaux de banane et boules puantes. « Ce que je n'aime pas chez Delannoy et les socialistes, c'est l'hypocrisie, se défend Gérald Darmanin aujourd'hui. Il allait dans les mosquées dire qu'il soutenait le mariage traditionnel et, devant les socialistes, il soutenait le mariage homo. Et puis, ils m'ont fait aussi beaucoup de saloperies. Mais c'est normal, c'est la vie politique. »

Théorie du genre

Un autre sujet s'invite dans la campagne de Darmanin.

En janvier 2014, à trois mois des élections municipales, Najat Vallaud-Belkacem, ministre de l'Éducation, se retrouve empêtrée dans une polémique après avoir lancé les « ABCD de l'égalité », un dispositif mis en place par quelques académies pour aborder avec des élèves de l'école primaire les questions d'égalité entre hommes et femmes. Une rumeur, véhiculée par des associations catholiques intégristes, laisse croire que

7. Roger Salengro, alors ministre de l'Intérieur, s'est suicidé dans la nuit du 17 au 18 novembre 1936 après avoir été accusé par l'Action française d'avoir déserté en 1915. Une rumeur totalement infondée.

l'Éducation nationale voudrait généraliser l'enseignement d'une « théorie du genre » visant à « apprendre aux petits garçons à devenir des petites filles et aux petites filles à devenir des petits garçons ».

Illico, à Tourcoing, des tracts incendiaires fleurissent devant les écoles primaires. « Contre la théorie du genre, ne votez pas pour le candidat du PS », s'enflamme l'un d'eux. Dans un autre distribué par des militants de l'UMP aux parents d'élèves, Gérald Darmanin cogne sur la gauche en général et sur Michel-François Delannoy en particulier : « Alors que le sujet le plus important pour les Français c'est l'emploi, les socialistes jouent aux apprentis sorciers en demandant désormais à l'école de la République d'enseigner l'identité de genre, écrit-il. Cette théorie dangereuse consiste à enseigner aux enfants qu'ils ne sont pas nés garçons ou filles mais qu'ils doivent choisir leur sexualité [...]. Il est temps que chacun se mobilise pour dire stop à cette dérive du PS. Il y va de l'avenir de nos enfants et de notre société. »

L'ombre du Carlton

Après avoir « ventilé » les questions nationales, le candidat de droite cible la gestion du maire et de prétendues dépenses injustifiées, réalisées sur le dos des contribuables. Un tract titré « Le scandale de la gestion de Michel-François Delannoy » dénonce « l'utilisation des impôts des Tourquennois pour des frais de réception et de restauration mais aussi des hôtels étoilés comme cette nuit au Carlton pour 1 372 euros ». Au verso du document, l'équipe de Darmanin présente les factures aux administrés. Ambiance. D'autant que le Carlton de Lille défraie à l'époque la chronique pour une affaire de proxénétisme dans laquelle est cité le nom de Dominique Strauss-Kahn[8].

Le maire a beau expliquer que c'est dans le cadre de la donation au musée des Beaux-Arts d'un tableau d'un artiste local que le fils de ce dernier a été invité dans le prestigieux hôtel par la ville, le mal est fait. « Le tract laissait entendre que j'avais passé des nuits au Carlton. Ce qui bien sûr était faux », s'offusque Michel-François Delannoy.

Maxime Morice, jeune militant UMP séduit par l'énergie de Darmanin – et qui s'en éloignera quelques années plus tard –, se souvient de cet épisode houleux. « Delannoy organisait des événements qui ont été arrêtés par la suite. Comme il n'y avait pas d'hôtels assez luxueux à Tourcoing, il invitait les artistes dans de beaux établissements proches, sinon ils ne se déplaçaient pas. Or on avait relevé des notes de frais où il était indiqué Carlton, raconte-t-il. Dans ces cas-là, qu'est-ce que vous faites ? Vous imprimez la note, vous en faites des photocopies et vous les distribuez dans tous les quartiers de Tourcoing. Et le lendemain, vous entendez des gens dire : "Vous avez vu, ils invitent au Carlton. C'est pour des soirées." » Le jeune pharmacien marque une pause avant de reprendre : « C'était une campagne forte, peut-être trop forte. On n'en ferait plus des comme celle-ci aujourd'hui »[9].

Pendant des semaines, l'équipe de Darmanin épluche toutes les factures de la ville, quitte à passer par la Commission d'accès aux documents administratifs quand celles-ci leur sont refusées par l'équipe sortante.

8. Accusé de proxénétisme aggravé en bande organisée, Dominique Strauss-Kahn sera relaxé en juin 2015.

9. Entretien avec l'un des auteurs le 9 août 2021.

Les quelque 144 millions de dettes accumulés par la ville deviennent un angle d'attaque pour ses snipers. Peut-être trop sûr de lui, trop « parisien », trop installé, ne sentant pas le danger qui menace, Delannoy tarde à réagir face à un adversaire plus roué qu'il ne le pense.

Les bourgeois

Gérald Darmanin n'hésite pas à demander conseil à ses amis de l'Assemblée pour ruiner l'avenir de son rival. « À l'époque, j'étais déjà maire du Havre, commente Édouard Philippe, et il me posait beaucoup de questions dans la perspective des municipales de 2014. Moi, je préparais avec application ma campagne. Lui, ce qui l'intéressait, c'était comment faire du mal à un maire en place. »

Comme à son habitude, le candidat, méticuleux, méthodique, ne laisse rien au hasard dans sa conquête de Tourcoing. Grâce à ses batailles électorales auprès de David Douillet et de Christian Vanneste, il se comporte en vieux routier. La convivialité de Chirac, le culot de Sarko et le sens politique des deux en un seul homme. Jamais avare d'un bon mot, d'une réplique d'Audiard, d'un refrain de Brassens, il a l'accolade facile avec sa gueule de « bon copain », montre autant d'aisance avec un patron du CAC 40 qu'avec un allocataire du RSA. Populaire, disent ses amis ; populiste, répondent ses ennemis. En tous les cas, un provincial revendiqué. « Je n'aime pas les bourgeois, explique-t-il encore, j'ai appris très tard à manger du fromage à table. Je suis moins bien avec eux qu'avec les gens simples. »

Tous les dimanches, il reçoit chez lui, « avec chaleur et simplicité », des personnes de tous bords et de classes sociales différentes. On y croise sa mère, le boulanger du coin, un chef d'orchestre, un pizzaïolo, de grands dirigeants d'entreprise, un condensé de Tourcoing... Le candidat de l'UMP aime brasser large. Et ratisser large.

Son hussard

Malgré ces efforts, Gérald Darmanin accuse toujours un retard sur son adversaire du PS. Le challenger des municipales estime que sa victoire viendra des quartiers populaires, des « oubliés de la cité » qui sont peu allés voter aux scrutins précédents. Pour grappiller ces voix, il s'est entouré d'un cercle de fidèles dont deux anciens collaborateurs de Christian Vanneste, formés à sa rude école : Marie Tonnerre, candidate à la mairie de Neuville-en-Ferrain, une commune voisine, et Vincent Ledoux, maire de Roncq.

Darmanin peut également s'appuyer sur son hussard, Didier Droart, conseiller municipal depuis 1995. Cet ancien pâtissier, très implanté dans le milieu associatif, connaît Tourcoing comme sa poche et toutes les spécificités de sa carte électorale. Gaulliste de longue date, collectionneur de centaines de pièces liées au Général, l'homme ne manque aucun des grands rendez-vous de sa ville, comme la braderie de Saint-Louis début septembre et son lancer de couques à rogins (des brioches aux raisins).

Ex-lieutenant de Christian Vanneste, il s'en est éloigné après ses propos sur les homosexuels pour rejoindre Darmanin, en qui il voit l'homme providentiel dont Tourcoing a besoin. Droart transmet toutes ses astuces à son cadet, lui délivre son savoir-faire en matière de campagne. Le vieux renard et le jeune loup tissent des liens quasi filiaux qui dépassent le cadre politique[10].

Une promesse de musée

En fin de campagne, Droart et Darmanin pensent que le vent est en train de tourner. Les retours du terrain sont bons, l'intendance suit. « Contrairement aux élections législatives qui étaient plus courtes, on a fait beaucoup de porte-à-porte, des réunions d'appartement. On a été plutôt bien accueillis », se souvient Cécile Collin, la proche collaboratrice du ministre.

Dans l'ancienne permanence parlementaire, avenue de la Fin-de-la-Guerre, point de ralliement des militants, l'équipe Darmanin travaille chaque jour les différents angles d'attaque. Un journal est édité à destination de la population. Renforcement de la sécurité, emploi, baisse des impôts locaux : tout y est présenté. Les rédacteurs ont veillé à ce que le document soit compréhensible par tous, qu'il n'y ait pas trop de texte et pas trop de mots de plus de trois syllabes.

Fin manœuvrier, le candidat s'engage à créer un musée du textile, idée qu'avait abandonnée Michel-François Delannoy. « Il parlait du projet de musée Balduyck car il s'était rendu compte, en faisant du porte-à-porte, que j'étais bien vu par la population, se souvient l'ancien maire Jean-Pierre Balduyck. Mais finalement, une fois élu, il ne le créera jamais. » La stratégie du rassemblement, en somme.

10. Didier Droart est décédé le 24 janvier 2019. « Il aura été l'homme le plus généreux, le plus attentif et le plus amoureux de la vie que je connaisse. Les Tourquennois perdent un des leurs et, pour ma part, je perds un père », dira de lui Gérald Darmanin.

Le député de la Xe circonscription du Nord peut aussi verser dans le gros rouge qui tache, concède Marie Tonnerre : « Gérald avait fait un tract le vendredi avant le premier tour pour que Delannoy ne puisse pas répondre, les imprimeries étant fermées le week-end. C'était un carton rouge adressé au maire sur des gens du voyage installés sur un terrain de foot[11]. » Tous les coups semblent permis à celui qui veut faire passer un message : « Ce gars que vous avez rencontré au coin de votre rue pourrait être votre petit-fils. »

Le maire socialiste, lui, ne mesure toujours pas assez le danger que représente ce rival à la tête d'enfant de chœur et aux manières de polisson.

D'autant que, trois semaines avant le premier tour, un sondage réalisé pour *20 minutes*[12] douche les espoirs du candidat de l'opposition. Selon l'Ifop, Michel-François Delannoy sortirait vainqueur au second tour d'une triangulaire à 43 % contre 35 % à l'UMP et 22 % au FN. Le sondeur évoque même un « microclimat » propice à l'édile de gauche sortant.

Sondage déjoué

Pour autant, le 23 mars 2014, au soir du premier tour, les écarts entre les deux candidats sont moins importants qu'annoncé. À l'hôtel de ville, place Victor-Hassebroucq, à deux pas de la Grand-Place, on joue à guichets fermés. Dans une ambiance électrique, les partisans des deux clans, amassés dans le hall d'honneur Napoléon-III, font la claque. Gérald Darmanin, cravate

11. Entretien avec l'un des auteurs le 25 août 2021.
12. Sondage Ifop-20 minutes, 2 mars 2014.

bleu roi, entonne *La Marseillaise* avant de saluer ses militants, poing serré.

Sous les encouragements de ses partisans, Michel-François Delannoy, sourire contrit, annonce des résultats qu'il espérait meilleurs. Certes, il arrive en tête avec 39,25 % des voix mais il a perdu quatorze points par rapport à son score de 2008.

En face, Gérald Darmanin crée la surprise avec 37,69 % des votes. Le candidat du FN, Jean-François Bloc, déçu par ses 17,52 %, se maintient toutefois au second tour. La stratégie du candidat de l'UMP a payé. Comme Nicolas Sarkozy en 2012, il a siphonné les frontistes en surfant sur leurs thèmes de prédilection du moment, l'insécurité mais aussi la « théorie du genre » et le « mariage pour tous ».

Pour combler son retard, le natif de Valenciennes décide, dans l'entre-deux-tours, de cibler les quartiers historiques de Tourcoing qui ont voté à droite ou à l'extrême droite. Il n'y a pas de temps à perdre. Un seul mot d'ordre : éviter à tout prix une abstention trop importante dans ces secteurs cruciaux. Ses équipes tractent jour et nuit pour que la pièce tombe du bon côté.

Le dimanche 30 mars 2014, Gérald Darmanin se rend, anxieux, chez son amie Marie Tonnerre pour attendre les résultats. À trente et un an, une partie de son destin se joue sur ce scrutin. Le candidat de droite s'assoit d'abord, immobile, sur la balançoire des enfants avant de faire les cent pas dans le jardin familial. « Je lui disais : “Ça va aller. On ne peut pas avoir de regrets. On a tout donné” », relate Marie Tonnerre, elle-même candidate dans la ville voisine de Neuville-en-Ferrain.

Quelques heures plus tard, sur les marches du hall de l'hôtel de ville de Tourcoing, droit comme un I, le futur ministre de l'Intérieur entonne une deuxième fois *La Marseillaise* en huit jours. Des drapeaux tricolores flottent dans les airs, sous des « Gérald, Gérald » de plus en plus bruyants. À sa droite, sa porte-parole, Doriane Bécue[13], exulte, elle qui a été intronisée récemment dans l'équipe grâce à un drôle de hasard... L'infirmière des quartiers populaires de Phalempins avait écrit en 2012 à Michel-François Delannoy pour évoquer des problèmes de sécurité près de son cabinet. Un courrier resté lettre morte. Alors elle s'était tournée vers le député de la Xe circonscription du Nord qui l'avait recrutée pour la bataille de Tourcoing.

Le résultat tombe. Avec 45,61 % des suffrages, Darmanin renverse Delannoy (43,42 %). Un écart de six cents petites voix. Qu'importent cette différence minime et le taux d'abstention (50,62 %), plus important que la moyenne nationale, seule la victoire compte. « Gérald Darmanin a été élu en dézinguant la mandature de Michel-François Delannoy. Delannoy n'a pas compris ce qui lui arrivait. Il avait pris son adversaire de très haut », commente Pierre Mathiot, actuel directeur de Sciences Po Lille et analyste avisé de la vie politique locale.

Devant une forêt de micros, le nouvel élu quitte ses habits de candidat pour une posture plus rassembleuse dont il maîtrise le lexique : « Demain je ne serai pas le maire d'un parti politique, je serai le maire de tous les Tourquennois, ceux qui ont voté pour moi, et je les en remercie, et ceux qui ont voté pour M. Delannoy [...] et ceux qui n'ont pas voté, et ils sont nombreux », énonce-t-il.

13. En septembre 2020, Doriane Bécue sera nommée maire de Tourcoing en remplacement de Gérald Darmanin devenu ministre de l'Intérieur.

La mairie se vide bientôt. Les vainqueurs se rendent place de la République, à quelques centaines de mètres de l'hôtel de ville, pour fêter de façon moins protocolaire leur victoire sur les « socialos ». Au P'tit Quinquin, dans une ambiance de carnaval de Dunkerque, le nouvel édile, bondissant et hilare, chante à tue-tête *Les Sardines* de Patrick Sébastien tandis que la bière Duc d'Havré coule à flots.

Quelques jours plus tard, Gérald Darmanin montera l'escalier d'honneur de la mairie jusqu'au premier étage, traversera la galerie des Maires, où les portraits de tous les édiles de la ville sont accrochés, et franchira, juste après l'ascenseur, la porte de son nouveau bureau où est encore en place la chaise de Gustave Dron, médecin, résistant, inventeur des bureaux d'aide sociale et élu emblématique de Tourcoing du début du XXe siècle.

Tous les moyens sont bons

« Il a réalisé un coup parfait, analyse Jacques Toubon. Il savait bien quelles étaient ses forces et ses faiblesses dans un système comme celui de Tourcoing. Il possède des qualités de stratège assez remarquables, il réfléchit toujours au coup d'après. »

Gérald Darmanin n'a surtout pas froid aux yeux, comme le prouve cette campagne à l'ancienne où tous les moyens sont bons. Député puis maire d'une ville jugée imprenable, « le petit Gérald » brûle les étapes. Député à vingt-neuf ans et maire à trente et un, alors que Nicolas Sarkozy a été élu maire de Neuilly à vingt-huit ans et député à trente-trois. Le rapprochement sera souvent fait. Ces deux-là vont vite se trouver.

6

Le fils du parrain

Ils dégagent un même mélange de violence et de charme. Ont une même capacité à séduire ou à briser, à passer d'un état à l'autre en l'espace d'une seconde. « Gérald, si vous l'engueulez, il vous engueule encore plus fort », glisse un de ses amis. Nicolas Sarkozy n'a que pu reconnaître en lui une sorte de petit frère. Un héritier. Une ambition semblable, à vingt-sept ans d'écart. Une sorte de clone jeune, souple et audacieux lui aussi. Capable de jouer les mêmes jeux dangereux, à cheval entre ces deux familles recomposées que sont la vieille droite et le nouveau monde. En politique, seuls les grands fauves osent de telles acrobaties, prendre de tels risques.

Un animal

« Gérald est un animal. Comme Sarkozy. Ils sont peu nombreux dans ce registre », analyse Gilles Boyer, un fidèle d'Alain Juppé puis d'Édouard Philippe.

Physique de moine-soldat, voix calme et posée, mesurant chacun de ses mots, contrôlant chacun de ses gestes, Gilles Boyer a « beaucoup d'admiration pour Gérald ». « Je n'emploie pas le mot "animal" pour le désigner à la légère. À mes yeux, ces rares politiques sont ceux qui placent la politique au-dessus de tout, qui organisent leur vie autour, qui ont des objectifs toujours plus élevés à atteindre, et qui s'en donnent les moyens... » Il marque une pause pour mieux peser chaque mot. « Alain n'est pas comme cela. Il le dit lui-même d'ailleurs, lui qui reconnaît ne pas avoir été prêt à tout sacrifier, admet-il, un peu à contrecœur tant il regrette le rendez-vous manqué entre son mentor et les Français. Chez ces politiques un peu spéciaux – et je sens cela chez Gérald – il existe une sorte de pulsion animale. Ils sont prêts à tous les sacrifices. Ils n'ont pas peur du sang... » Nicolas Sarkozy et Gérald Darmanin se sont bien trouvés.

Le nid d'aigle

Leur première rencontre date de l'été 2012. Sarkozy a perdu au printemps la présidentielle face à Hollande, qu'il exècre. Les millions de Bygmalion et les fausses factures de sa campagne ratée ne sont pas encore entre les mains des juges[1]. Mais, au-delà des infractions pénales, le système témoigne d'une bataille au coût exorbitant, aux moyens démesurés, et qui a bien failli être couronnée de succès. « Il m'a manqué une semaine », a toujours prétendu le chef de l'État sortant, persuadé que la dynamique de ses meetings aurait fait se croiser les deux courbes, celle de son rival et la

1. Les protagonistes ont été condamnés en première instance – Nicolas Sarkozy à un an de prison ferme – et ont fait appel.

sienne, lui permettant un finish au poteau d'anthologie. L'incertitude des sondeurs était telle que, le dimanche matin du second tour, l'équipe du président envisagea, deux heures durant, d'installer une scène place de la Concorde pour fêter la victoire. C'est dire si la déception suscitée par cette défaite s'est avérée immense, à la mesure de la folle espérance du dernier matin.

Battu, voilà donc Nicolas Sarkozy installé rue de Miromesnil, dans des bureaux en surplomb de l'Élysée qu'il a choisis pour être le nid d'aigle d'une possible reconquête sans imaginer qu'ils puissent un jour devenir une sorte de Sainte-Hélène. En ce début du quinquennat de François Hollande, dans cet appartement bourgeois mis à disposition par la République, il panse ses plaies. Officiellement, tous les journaux le répètent, il s'est retiré de la vie politique. Officieusement, tous ceux qui attestent de son retrait savent pertinemment qu'il rumine déjà son retour. Son départ n'est que tactique et feinte. En coulisses, le chef de guerre de la droite ne cesse de voir de nouvelles têtes... L'air de rien, il recrute.

Est-ce lui qui souhaite faire la connaissance du nouveau député UMP de la Xe circonscription du Nord ? Ou ce fringant élu, vainqueur surprise, benjamin de la nouvelle Assemblée avec Marion Maréchal-Le Pen, qui a voulu rencontrer l'ancien président ? Comme toujours dans les récits politiques, les deux versions cohabitent.

« Le président vous a vu à la télé, il veut vous voir[2] », fait savoir à Darmanin l'entourage de l'ancien chef de l'État. Cécile Collin, fidèle collaboratrice du député, se souvient au contraire d'une demande de ce dernier : « Après son élection, Gérald Darmanin a rapidement

2. Rapporté dans Ludovic Vigogne, *Tout restera en famille*, Fayard, 2019.

souhaité rencontrer l'ancien président et les anciens Premiers ministres, à la fois par respect et pour se faire connaître. Il a demandé à voir Nicolas Sarkozy et ils se sont vus. »

Reptilien

Que se sont-ils dit, ce jour-là, sinon des banalités de circonstance ? « Les animaux se flairent, se reniflent, s'attirent », dit Boyer. Le Sarkozy de cet été 2012 est encore auréolé de son parcours mais garde dans sa chair l'empreinte de la défaite. L'exact inverse de Darmanin, couronné de sa victoire surprise dans le Nord au milieu d'une vague rose, et qui a devant lui une vie politique à construire. Alors, l'ancien chef de l'État lui fait son grand numéro de charme.

Avec l'ex-président, les termes des conversations peuvent s'oublier, mais un souvenir reste, indélébile, en chacun de ses visiteurs : son regard. Chez Sarkozy, ce sont les yeux qui comptent. Ils roulent, encerclent, lancent un regard enveloppant si intense qu'il envoûte presque, cajole, flatte, donne à l'autre l'impression de douce importance. Comment le minot du Nord aurait-il pu ne pas tomber sous le charme du grand fauve blessé que les Français venaient de mettre en quarantaine ? Comment l'ancien président aurait-il pu passer à côté du diamant d'ambition encore mal poli qu'était ce jeune député ? Un non-énarque, comme lui. Un métèque au père absent, sans lignée, sans autre atout que sa volonté... Comment imaginer que, dans cette première rencontre, les deux hommes n'aient pas détecté chez l'autre les mêmes signes d'une vocation aussi brutale que solidement enracinée ? « On reste en contact », glisse l'ancien président à son interlocuteur en le raccompagnant, formule qu'il affectionne.

Darmanin est vampé. « Il y a quelque chose d'incroyable chez lui, écrit-il à propos de Nicolas Sarkozy. Une admirable politesse. Une sensible prévenance[3]. » Quand il est de bonne humeur, le futur ministre décrit même l'ancien président comme toujours « attentif et à l'écoute ». Nicolas Sarkozy est « un gros lion, tout en énergie, qui essaye de se contenir. La partie reptilienne de son cerveau doit parfois l'emporter sur toutes les autres. C'est un instinctif. Mais Sarkozy, c'est aussi un charisme. Sa présence marque une pièce, une salle, une réunion. Même quand il ne dit rien, il est là. Pesant et impressionnant. Séduire, bien sûr, être aimé, sûrement, mais surtout convaincre. [...] Convaincre, c'est le but de chacun de ses rendez-vous, de chacune de ses rencontres. L'homme qui aimait convaincre ne s'arrête jamais. Il a ça dans le sang[4] ».

« Je veux Gérald »

Pour l'heure, en cet été 2012, pas question de quoi que ce soit. De toute façon, Gérald Darmanin « appartient » à un autre baron de la droite, Xavier Bertrand. C'est à lui qu'il doit, à l'encontre des élus locaux UMP, d'avoir été élu aux régionales de 2010.

« Cela ne s'est pas fait tout seul, se souvient Michel Bettan, proche de Xavier Bertrand. Avant les régionales, Xavier avait imposé à l'UMP la règle de 60 % de nouveaux. Il disait qu'il fallait arrêter avec les copains, les

3. Gérald Darmanin, *Chroniques de l'ancien monde*, *op. cit.*
4. *Ibid.*

copines, les belles-mères et les maîtresses, renouveler un peu le personnel pour préparer la relève. Il y a eu pas mal de grincements de dents. Xavier avait ainsi dit à la fédération UMP qu'il voulait Gérald, qui n'était alors que conseiller municipal de Tourcoing, autrement dit rien. »

Mais dans la première liste qui lui revient de la fédération, le nom de ce dernier ne figure pas. « Xavier leur répond qu'il manque un nom, poursuit Michel Bettan. La liste repart et revient avec Gérald en dernière place ! Xavier la renvoie en disant : “Vous ne m'avez pas bien compris, je veux Gérald en position éligible !” Ils n'ont pas eu le choix. Ils rechignaient parce que, comme toujours, ils ne voulaient personne qui leur fasse de l'ombre. Gérald a été imposé par Xavier. »

C'est dire si, en 2012, le jeune député de la Xe circonscription du Nord est lié à Xavier Bertrand. Or Nicolas Sarkozy déteste son ancien ministre du Travail, qui le lui rend bien et a pris ses distances. La garde rapprochée de l'ancien président l'a même affublé d'un vilain surnom, « Séraphin Lampion », l'assureur nunuche des *Tintin*, en référence au premier métier de Bertrand. « Dès qu'il a rencontré Gérald, Sarkozy s'est mis en tête de le piquer à Xavier », assure Bettan.

Mais en ce début de quinquennat Hollande, les circonstances ne s'y prêtent pas encore. Dès cette année-là, Xavier Bertrand annonce qu'il se prépare à la présidentielle de 2017. Quant à l'ex-président, il a officiellement pris ses distances.

Le boss

L'ancien chef de l'État multiplie les rencontres dans son nid d'aigle de Miromesnil. Julien Aubert, un des jeunes députés des Cadets-Bourbon, se souvient de déjeuners chez le parrain de la droite. « Sarko, c'est le monstre sacré. Un des éléments fondateurs, pour nous, est d'aller le voir dans ses bureaux, même si à cette époque – en 2013 – nous avons des copéistes, des fillonistes, des lemairistes et des sarkozystes... » Julien Aubert se souvient précisément d'un « truc » entre Darmanin et Sarkozy le jour d'une rencontre en décembre 2013 : « De toute évidence, selon moi, c'est à ce moment-là que Darmanin a été repéré. Cela m'a frappé parce que, moi, j'avais piqué Sarko, qui déteste ça. Comme il est susceptible, cela ne lui avait pas plu. En revanche, il était enjôleur avec Gérald. Et pour ce dernier, Sarko c'était le boss. »

Même impression chez Virginie Duby-Muller, députée LR de Haute-Savoie, et elle aussi membre des Cadets-Bourbon : « Nous sommes tous des bébés Sarkozy. Lors des déjeuners rue de Miromesnil, nous sommes admiratifs, impressionnés. Nicolas Sarkozy sait s'intéresser aux uns et aux autres, nous met à l'aise, nous livre un certain nombre de conseils : "Profitez de votre mandat de député pour voyager, pour aller voir ce qui se passe ailleurs, ouvrez-vous au monde." » Mais elle a aussi conscience que leur figure tutélaire prête davantage attention au benjamin de leur bande : « Il voyait que Gérald était ambitieux, qu'il percutait vite. Entre eux, cela se voyait que cela matchait. » Alain Chrétien, maire de Vesoul (membre d'Agir depuis 2017), présent aux mêmes déjeuners, a senti que les deux hommes étaient faits du même bois : « Nicolas Sarkozy disait : "Le pouvoir ne s'hérite pas, il se prend." Eh bien, c'est la même chose pour Gérald. À mes yeux, il y a une filiation entre eux. Dans la façon de faire de la politique, mais aussi sur le fond. Darmanin incarne la même droite populaire et c'est sa grande force. Ce n'est pas un jeu. Sarkozy, quand il voit Darmanin, se voit plus jeune. Cela saute aux yeux. »

L'ancien président surveille donc de près les jeunes pousses, dont il aura sans doute besoin si d'aventure il doit former un jour un nouveau gouvernement... Qui sait ?

Le retour

Septembre 2014. Les « circonstances » ont ouvert une fenêtre. Les héritiers de l'UMP, Jean-François Copé et François Fillon, à la façon des fils de Charlemagne, se sont entretués, incapables de s'entendre, même sur le dos de Nicolas Sarkozy qu'ils détestent pourtant intimement tout autant l'un et l'autre. Leur lutte pour la présidence du parti, sur fond de soupçons de triche, avec ses huissiers et ses noms d'oiseau, a fait rire la France entière. « La honte s'installait chez les militants (chez ceux qui osaient encore rester adhérents), chez les élus, et même chez les Français, raconte Gérald Darmanin. Notre groupe parlementaire de l'Assemblée nationale, fait unique dans l'histoire de la droite, se scinda en deux : UMP et RUMP[5], absurde comportement qui transforma, dans un cauchemar apocalyptique, la droite la plus bête du monde en la plus folle de l'univers. Le monde se riait de nous. Il avait bien raison[6]. »

L'ancien chef de l'État a-t-il joué la division, en coulisses de ce psychodrame, se refusant à arbitrer entre son

5. Rassemblement-UMP.
6. Gérald Darmanin, *Chroniques de l'ancien monde*, *op. cit.*

ex-Premier ministre, qu'il méprise, et l'ex-chiraquien, qu'il déteste de même ? En tout cas, la division ne profite qu'à lui. Un espace s'ouvre à nouveau. Il va revenir pour rassembler sa « famille ». Par la base. Cette base militante qu'il aime tant et avec laquelle il peut tout. Sa Grande Armée à lui... La campagne pour la présidence de l'UMP sera une guerre éclair. Exit les dauphins, Fillon et Copé, il ne fera qu'une bouchée du candidat qui ose le défier : Bruno Le Maire[7].

Garde alternée

Pour ce retour qui doit s'achever devant le grand écran plat du petit appartement de fonction de l'Élysée, l'Ex veut de nouvelles têtes. Pas question de repartir avec les mêmes. Le nouvel homme fort de cette *reconquista* s'appelle Frédéric Péchenard. L'ancien « grand flic » et directeur général de la police nationale sous Sarkozy a quitté ses fonctions au sein de la police. Pour Nicolas Sarkozy, qu'il connaît depuis l'enfance, Péchenard a accepté de changer de métier et de se lancer en politique. Le voilà donc directeur de la campagne pour la présidence de l'UMP. À ses côtés, le candidat a convaincu Gérald Darmanin de devenir son porte-parole. Une belle prise aux dépens de Xavier Bertrand que celle de ce député qui, aux municipales du printemps, a remporté de haute lutte la ville de Tourcoing face au PS. Pour la première fois, l'élu du Nord est donc sur la même photo que le « boss » et ses barons. Dans le numéro de *Paris Match* du 24 septembre 2014, autour de Sarkozy, Laurent Wauquiez,

7. Hervé Mariton, troisième candidat, est aussi en lice.

Nathalie Kosciusko-Morizet, Brice Hortefeux, Christian Estrosi, Frédéric Péchenard, le jeune Gérald Darmanin se retrouve aux premières loges[8]. Une sacrée promotion.

Bertrand a donné son feu vert. Le député-maire de Tourcoing en rigole avec ses proches : il va désormais vivre une « garde alternée » entre ses deux « papas » politiques, Xavier et Nicolas.

Vexé

La reconquête de l'UMP se veut une formalité. Le directeur de campagne et le porte-parole sont de tous les meetings. « On ne se connaissait pas, et nous avons fait entre quinze et vingt déplacements ensemble », confie Frédéric Péchenard, marqué par ce « jeune homme très sympathique, très talentueux, très malin, au parcours étonnant avec des aïeux qui viennent d'un peu partout et une maman qui est elle-même militante des Républicains à Paris »[9]. L'ancien policier découvre aussi, dès 2014, un « pro » : « Nicolas Sarkozy dit toujours : “J'ai la politique dans le sang.” D'une certaine manière, Gérald Darmanin aussi. Il percute. Un truc tout bête, il m'a dit un jour : “Je ne comprends pas les maires qui ne célèbrent pas les mariages. Le mariage, c'est très important pour les gens qui sont en face. Vous avez à chaque fois entre 30 et 100 personnes qui sont là, qui sont heureuses, généralement originaires de la ville. C'est l'occasion pour le maire de faire les discours. C'est le job !” » Et accessoirement la bonne occasion pour séduire de nouveaux électeurs.

8. Élisabeth Chevalet, « Nicolas Sarkozy. À nous deux l'UMP ! ».
9. Entretien avec l'un des auteurs le 28 septembre 2021.

L'ancien chef de l'État remporte la présidence du parti haut la main. Mais quand il s'installe dans le bureau de l'UMP, il doit choisir son secrétaire général. Sa décision en dira long, il le sait, sur l'orientation de la campagne de sa probable présidentielle. Laurent Wauquiez et la ligne dure à droite ? Nathalie Kosciusko-Morizet et une droite plus verte ? Celui qu'il désignera, si tout se passe comme prévu, prendra de l'avance pour Matignon 2017. Au culot, Gérald Darmanin tente de le convaincre d'opter pour une troisième voie... la sienne. « Pour contrer cette ligne politique que je trouvais mortifère pour la droite, énonce-t-il dans ses *Chroniques de l'ancien monde*, j'avais candidaté au poste de secrétaire général, histoire de rééquilibrer un peu. » Mais Nicolas Sarkozy opte finalement pour Laurent Wauquiez.

Darmanin, « vexé », comme il l'admet lui-même, claque la porte. « Avec un peu trop de fracas sans doute. » « Ce jour-là, Sarkozy a perdu Gérald. Il savait qu'entre Wauquiez et lui, c'est une rivière de sang, ils ne se supportent pas[10] », confie Thierry Solère, expert des arcanes de la vie politique et Républicain devenu conseiller d'Emmanuel Macron. Les raisons de cette animosité ? « En politique, il faut toujours aller au plus simple : Laurent a toujours pensé qu'en 2027 il pouvait avoir Gérald sur sa route », suggère Michel Bettan.

Qu'à cela ne tienne. Froissé avec l'ancien président de la République, le député-maire de Tourcoing retourne à temps plein chez Xavier Bertrand début 2015. Deux ans avant la présidentielle de 2017. « Gérald va jouer un grand rôle auprès de Xavier », rapporte un proche des deux hommes.

10. Entretien avec l'un des auteurs le 26 octobre 2021.

Le plan Bertrand

L'enjeu du moment, ce sont les régionales, reportées à décembre 2015 pour cause de grand redécoupage. Le Nord-Pas-de-Calais a été fusionné avec la Picardie pour former les Hauts-de-France. La plupart des élus du Nord, Martine Aubry et les socialistes en tête, pestent contre ce qu'ils qualifient d'« aberration économique et sociale ». Le FN de Marine Le Pen se tient en embuscade sur ces terres de friches industrielles. Le scrutin s'annonce comme une plongée dans l'inconnu. Le genre de situation que les politiques en place détestent...

Premier acte : Gérald Darmanin, contre l'avis initial de Xavier Bertrand, qui envisage de voter contre à l'Assemblée, propose de voter en faveur de la fusion. Impossible, pense-t-il, de se présenter ensuite à la tête d'une région dont on aurait refusé le principe au Palais-Bourbon. Du bon sens. Xavier Bertrand se range à son avis. Mais le plan d'ensemble qu'il envisage pour son mentor est bien plus ambitieux.

Deuxième acte : renoncer à la prochaine présidentielle. Après la campagne de l'automne 2014 pour la tête du parti auprès de Nicolas Sarkozy, Gérald Darmanin a mesuré combien l'ancien chef de l'État était animé par l'esprit de revanche contre François Hollande. Il est persuadé qu'il n'y aura aucun espace pour Xavier Bertrand. « Gérald a joué un grand rôle auprès de Xavier à ce moment-là, confie Michel Bettan, qui connaît très bien les deux hommes. C'est lui qui lui a dit, et ce n'était pas facile : "La présidentielle de 2017, ce n'est pas ton tour." » Darmanin pensait-il que, face à Sarkozy, le coup était injouable ? Croyait-il que le parti ne désignerait jamais Bertrand à l'issue d'une primaire ? Quoi qu'il en soit, le député-maire de Tourcoing « vend » un plan simple mais terriblement risqué : prendre plutôt la région Hauts-de-France. « Il faut se remettre dans le contexte de l'époque, poursuit Michel Bettan. Marine Le Pen avait fait 40 % ici au premier tour, le conseil régional sortant était socialiste. C'était donc loin d'être gagné. C'est Gérald qui, le premier, a dit à Xavier qu'il y avait quelque chose à jouer ici, dans le Nord. Il a vu qu'il existait une voie de passage étroite, face au FN, pour battre la gauche. Il a posé l'équation gagnante. »

Pour évaluer l'hypothèse, Xavier Bertrand organise un dîner. Autour de la table de ce conseil stratégique, ses huit ou neuf fidèles. L'ancien ministre du Travail commence par cette phrase : « Gérald, vas-y, dis-leur ce que tu proposes. » L'élu de Tourcoing se lance. Michel Bettan et plusieurs autres le coupent assez vite, disant que « c'est n'importe quoi ». Darmanin leur demande de le laisser aller jusqu'au bout. « À la fin du dîner, cela se tenait », admet aujourd'hui Bettan en souriant. Bertrand, après avoir laissé parler tout le monde, se donne le temps de la réflexion. Le lendemain matin, il appelle ses amis. « Je me souviens bien de ce coup de fil, continue Michel Bettan. Il m'a dit : "Michel, j'ai pris ma décision, on y va. On fait ce qu'a dit Gérald." » Xavier Bertrand part à l'assaut de sa région.

Campagne de terrain

Le troisième acte, c'est une longue campagne régionale, commencée dès le mois de juin, dont Gérald Darmanin est le directeur. Ainsi, il supervise avec minutie trois déplacements par jour. Objectif : prendre du temps sur le terrain avec « les gens ». Pas de grand meeting dans les grandes villes. Pas de ténors nationaux.

Pas même Sarkozy. Surtout pas Sarkozy. Du concret. Du régional. Du local. Du terrain. Des questions de vie quotidienne, d'emploi. Rien sur les sujets d'identité qui passionnent la droite et l'extrême droite.

Le soir du premier tour, Marine Le Pen culmine à 40 %. Xavier Bertrand atteint 25 %. Le PS est à 17 %, le PC frôle les 5 %, les écologistes sont à 4 %. Le pari n'est pas encore tout à fait gagné, mais presque. Le score, avec le recul, raconte la fragilité des destins, puisqu'une union des gauches aurait probablement inversé le résultat. Toujours est-il que le PS, déconfit, appelle à un désistement au nom du front républicain. Xavier Bertrand est élu.

Le « plan Darmanin » s'est donc réalisé. Son mentor coiffe le FN et envoie le PS aux oubliettes sur les terres de Pierre Mauroy et de Martine Aubry... « Il faut voir la part de risque que cela représentait, poursuit Michel Bettan. Le soir de la victoire de Xavier, j'ai vu de vieux militants pleurer. La région n'avait jamais été à droite. Gérald avait vu que c'était possible. »

Le n° 2 de la région

En décembre 2015, voilà donc Darmanin n° 2 de la région, en charge des transports mais aussi bras droit de Xavier Bertrand, conseiller, dauphin, fidèle... « C'est par lui que tout passait », se souvient Michel Bettan. Le n° 1 a une confiance aveugle en son stratège. Depuis ce coup de poker gagnant, la relation grand frère-petit frère a laissé la place à un dialogue d'égal à égal.

Jean-René Lecerf, valenciennois comme Gérald Darmanin, président à l'époque du conseil départemental du Nord, a observé l'influence grandissante du député de la Xe circonscription du Nord. « Xavier Bertrand n'acceptait réellement la discussion qu'avec Gérald, raconte-t-il. Le seul vice-président qui pouvait être entendu de lui, c'était Gérald. Il avait l'oreille, la sympathie, l'amitié du patron. » Ce dont Xavier Bertrand ne s'est jamais caché : Gérald est « le meilleur de sa génération[11] », dit-il de son cadet de dix-sept ans. Un hommage.

11. Christine Ollivier et Sarah Paillou, « Entre Macron et Bertrand, Darmanin joue les funambules », *Le Journal du dimanche*, 23 mai 2021.

7

La bande à Édouard

Nicolas Sarkozy l'ignore encore, mais sa victoire à la présidence de l'UMP porte les germes de sa future déroute. Ce qu'il avait conçu comme un marchepied va se transformer en chausse-trappe. Le piège porte un nom : la primaire. « Le soir même de sa désignation, Bruno Le Maire, battu ce 29 novembre 2014 avec 29 % des voix, prévient Sarkozy qu'il va falloir organiser des primaires », se souvient Thierry Solère, alors soutien du futur ministre de l'Économie. La réponse de Nicolas Sarkozy fuse dans un sourire froid qui signifie, chez lui, que la discussion s'arrête : « Tu ne veux pas non plus mon bureau ! » lance-t-il à Le Maire en le congédiant. Ce dernier insiste. Sinon, Alain Juppé quittera le parti, prévient-il. Le Maire glisse le nom de Thierry Solère comme possible organisateur d'un système à l'américaine pour départager les candidats. En arguant que le nouveau président de l'UMP n'aura pas le choix.

Le mardi suivant, réunissant le groupe, Nicolas Sarkozy annonce que le parti organisera bien des primaires et qu'il en confie l'organisation à Thierry Solère. Le député de Boulogne, présent dans la salle, apprend sa nomination en direct. En ce mardi 2 décembre 2014, jour anniversaire d'Austerlitz et du sacre de Napoléon, plusieurs destins basculent.

Sarkozy s'est résolu à cette solution à contrecœur et ne s'y pliera qu'avec réticence. « Vous voulez que je baisse mon pantalon pour que vous puissiez m'enculer[1] ? » lancera-t-il à Anne Levade, la présidente de la haute autorité en charge des primaires, venue en novembre 2015 réclamer le chèque convenu de 5 millions d'euros pour l'organisation du scrutin. « Il faut bien l'avouer. La primaire, ce n'était pas notre truc, écrira de son côté Gérald Darmanin. Notre truc, à l'UMP, c'était le culte du chef. On aime bien ça. Et depuis toujours. Le chef, il est le patron du parti, il est en responsabilité, il assume de mener les troupes à la victoire ou à la défaite. Il est fait pour "cheffer", comme disait Chirac[2]. »

Sarkozy n'a qu'une seule chose en ligne de mire, son match annoncé avec Alain Juppé. Les deux écuries se préparent au duel, à l'opposition classique des deux droites. Les autres, pense-t-il, feront de la figuration.

Rendez-vous bordelais

Dans le camp du maire de Bordeaux, Gilles Boyer porte un projet : « rallier Gérald ». « Je connais sa valeur. Il venait d'être élu maire d'une ville de 100 000 habitants, ce n'était pas si courant. » Il soumet l'idée à Juppé : « Je vais voir Alain, je lui dis de rencontrer Gérald, que c'est quelqu'un de très bien, qui a envie de valoriser ses idées mais aussi d'avoir des responsabilités

1. Rapporté dans Ludovic Vigogne, *Tout restera en famille*, *op. cit.*
2. Gérald Darmanin, *Chroniques de l'ancien monde*, *op. cit.*

opérationnelles dans une campagne. J'ai même proposé de nommer Gérald directeur de campagne. » Réaction intriguée du maire de Bordeaux : « Mais enfin, le directeur de campagne, c'est vous Gilles... » « Comme pour moi le plus important était de faire venir Gérald, j'ai insisté, rassurant Alain, lui disant que je travaillerais avec lui de toute façon. » C'est dire si, en offrant son propre poste, Gilles Boyer était allé loin.

Alain Juppé et Gérald Darmanin vont pourtant se rater. Sur le papier, rien d'étonnant. La droite « popu » du second est plus proche de celle de Sarkozy que de celle du premier. Pourtant, en ce début 2016, le député-maire de Tourcoing, en froid avec Nicolas Sarkozy depuis la nomination de Laurent Wauquiez au secrétariat général du parti, aurait eu une raison de pencher en direction du chiraquien Juppé. Darmanin vient d'écrire un document intitulé « Plaidoyer pour un islam français, une contribution pour la laïcité », qui commence par mettre en garde sur un « risque de rupture » : « Il n'est plus exceptionnel d'entendre que l'islam serait incompatible avec la République. Il n'est plus extraordinaire d'entendre qu'un bon musulman ne peut vivre selon les lois de la France. Les ingrédients du drame français sont là », se désole-t-il, à contre-courant de la ligne dure de son propre parti. Nous sommes en 2016, Éric Zemmour n'est encore qu'éditorialiste au *Figaro*, mais l'élu du Nord, petit-fils de tirailleur algérien, propose un nouveau concordat avec l'islam de France et plaide pour des relations apaisées. Un plaidoyer dédié à son grand-père, l'adjudant-chef Moussa Ouakid.

Alain Juppé applaudit des deux mains. « Son analyse de l'islam de France est exactement la mienne », dit celui qui prône l'« identité heureuse », en opposition aux thèses sarkozystes d'alors[3]. Le maire de Bordeaux et celui de Tourcoing, à l'initiative de Gilles Boyer, se retrouvent donc en tête-à-tête. « Juppé avait lu son texte, il y avait des phrases soulignées, des questions en marge, tout était annoté. Quand il a vu ça, Gérald a fait "waouh"... Juppé lui a posé une batterie de questions précises », se souvient Michel Bettan, à qui son copain Darmanin a raconté la scène. « Alain lui a dit qu'il trouvait ses propositions intéressantes, mais ne lui a proposé aucun poste dans la campagne, restitue Gilles Boyer. Alain ne peut travailler qu'avec des gens qu'il connaît bien. »

Même récit de la part d'Édouard Philippe, alors dans l'équipe du maire de Bordeaux : « Il n'y a jamais eu entre Gérald Darmanin et Alain Juppé cette espèce de petite chose qui va créer une relation. Entre eux, il existe seulement du respect et de l'estime. Peut-être aussi Alain Juppé n'a-t-il pas su le comprendre. Il a toujours trouvé Darmanin très malin, très intéressant, mais sans doute n'a-t-il pas eu immédiatement confiance. Et puis Gérald voulait des fonctions importantes. Alain Juppé n'aurait pas confié les clés du camion à quelqu'un à qui il n'accorde pas une confiance totale. »

Dans ses *Chroniques de l'ancien monde*, Gérald Darmanin campe en quelques lignes le maire de Bordeaux : « Cela fera rire bien du monde, mais j'ai toujours trouvé Alain Juppé sympathique, écrit-il. En tout cas avec moi, il l'a toujours été [...]. Évidemment, ce n'est pas la franche rigolade et le serrage de mains est un peu expéditif, mais l'intelligence de la conversation et le jugement rapide du regard cachent mal une

3. « Alain Juppé sur RTL : "Il faut prêcher en français dans les mosquées" », RTL, 15 juin 2016.

extrême timidité et une manière réservée de gérer les relations humaines. » Traduction : Juppé n'est pas sa tasse de thé.

Le député-maire de Tourcoing a aussi narré mille fois l'anecdote, où, après une visite dans sa ville, le maire de Bordeaux enregistre une vidéo sur son site internet dans laquelle il raconte sa « Journée avec Gérald DARMINAN ». « Entre eux tout réside dans ce lapsus », sourit Michel Bettan. Car durant plusieurs mois, les copains du futur ministre de l'Intérieur l'ont appelé « M. Darminan »...

« De toute façon, Gérald était attiré par l'animal Sarkozy », pondère Gilles Boyer. D'un côté, un « homme-lion », comme dit Darmanin, de l'autre le professeur de Bordeaux. Une antithèse. Deux façons de faire de la politique. Deux façons de respirer.

Casino

Juppé s'éloigne, Sarkozy se rapproche. L'ancien président appelle l'élu de Tourcoing. Lui aussi le veut à ses côtés pour la primaire. L'entretien a lieu en juillet 2016, au nouveau siège de l'UMP, rebaptisé Les Républicains. Gérald Darmanin a été invité à déjeuner. Il fait chaud comme un jour d'été en Sicile. Une table a été dressée avec deux couverts sur une petite terrasse en béton. Depuis plusieurs semaines, les deux hommes, en froid, ne se parlent plus. Le jeune Darmanin, en avance, un peu tendu, appréhende ces retrouvailles et redoute une de ces séances orageuses dont l'Ex a le secret.

Nicolas Sarkozy, qui déteste les retardataires, arrive à l'heure. « Ça te dérange pas si nous déjeunons dehors ? Hein ? Franchement, avec ce soleil, j'ai trouvé que c'était plus sympa, non[4] ? » lance-t-il à son invité en souriant. Darmanin comprend dans la seconde. Ouf, le boss n'est pas de mauvaise humeur. Au contraire. Il en fait des tonnes, demandant même à son hôte, à nouveau, si cela ne le dérange pas qu'il mette ses lunettes de soleil. Une délicate attention. Darmanin, « évidemment », n'est pas dérangé. « T'es sûr ? Tu vas pas encore dire que je suis bling-bling ? Tu sais, à mon âge, on a les yeux sensibles. »

Une entrée en matière typique de l'Ex. En évoquant son côté « bling-bling », comme pour s'en moquer, il fait allusion à la demande d'« inventaire » de son quinquennat réclamée par le maire de Tourcoing. « Une petite vacherie en passant. Le petit coup de tibia dans les genoux, en début de match, pour marquer le coup. Il sait que j'ai compris », décode Darmanin. Violence et charme. Sourire et fermeté. L'ancien président se débarrasse en deux phrases du premier sujet à l'ordre du jour : « J'ai lu ton texte sur l'islam. C'est très bien. J'ai tout lu, tu sais. Je suis content que tu aies laissé tomber cette idée de concordat. Le concordat, c'est intéressant intellectuellement, historiquement... Mais t'as compris que c'était pas possible politiquement ? Bien sûr que t'as compris. Pour le reste, t'as raison. Y a des bonnes idées. »

Hors de question, comme avec Alain Juppé, d'entamer une analyse détaillée agrémentée de questions précises sur chacune des propositions avancées. Gérald Darmanin observe l'ancien président tourner sa fourchette dans son assiette avec délicatesse. Il sait que le principal sujet du déjeuner reste à venir. Sarkozy,

4. Tout l'échange est rapporté dans Gérald Darmanin, *Chroniques de l'ancien monde*, *op. cit.*

derrière ses lunettes de soleil, fiche alors ses yeux dans les siens : « La campagne présidentielle arrive. Quelqu'un comme toi ne peut pas s'en désintéresser. C'est comme si un athlète ne voulait pas faire les JO. Tu comprends ? Parce que toi, t'as deux solutions : soit tu soutiens personne, soit tu soutiens quelqu'un. Si tu soutiens quelqu'un, il faut y aller à fond. Si tu soutiens personne, tu n'auras rien. Ni amusement, ni aventure, ni récompense. Pour gagner au casino, il faut prendre des risques. Les risques, c'est la vie. Celui qui joue tous les numéros en même temps, le zéro et les deux couleurs, il risque pas de gagner quelque chose... Tu comprends ? »

Une tirade digne du *Parrain*, le film de Coppola. Gérald Darmanin répond avec déférence, à celui qu'il appelle « monsieur le Président », qu'il « comprend ». Le monologue du boss se poursuit : « Ce qui arrive, c'est la présidentielle. Bon, je prendrai une décision à la fin de l'été, mais il se peut que je sois candidat. Tu le gardes pour toi, hein ? Je te fais confiance, tu es mon ami. C'est très important de se dire les choses. » Sarkozy, sur le ton de la confidence, fait mine qu'il n'y a pas d'autre solution : « Être candidat, c'est pas que ça m'amuse, mais, excuse-moi, c'est de la France qu'il s'agit. L'identité heureuse de Juppé, c'est une folie. T'es pas d'accord ? Bon, la politique, c'est le rassemblement. C'est une aventure, ensemble. Et toi, tu dois faire partie de l'aventure. C'est très important. T'es un de nos meilleurs espoirs. Tu dois y participer. On a eu des désaccords, c'est vrai. OK, je t'ai pas donné ce que tu voulais, je t'ai pas nommé secrétaire général. C'était mon choix. T'as été déçu, je comprends. C'est pas moi qui vais te reprocher d'avoir de l'ambition, hein ? »

Là encore, le jeune élu de Tourcoing raconte qu'en guise de réponse à ce dernier monologue, il « balbutie une phrase idiote et prétentieuse du genre : “Je vais réfléchir, monsieur le Président” ». Le patron des LR lui lance alors : « Mais bien sûr, prends ton temps. Appelle-moi cet été. Viens me voir dans le Sud ! Appelle-moi. Tu m'appelles plus ! C'est dingue, tu es mon ami... Restons en contact. »

Tout y est. Flatteries et menaces feutrées. Le monde selon Sarkozy. Sa définition de la politique, celle d'un casino où il faut jouer gros pour gagner gros. Ses règles du jeu, avec ses risques et ses récompenses. Une philosophie simple : tu joues, tu gagnes, tu perds... Et sa vision du monde : avec moi ou contre moi.

Le terrain ne ment pas

Le député du Nord n'hésite guère. Le voilà bombardé coordinateur de campagne de Nicolas Sarkozy parce que le titre officiel de directeur de campagne est réservé à l'ami historique Brice Hortefeux. En cette fin 2016, même si les sondages demeurent tous favorables au maire de Bordeaux, « Gérald est persuadé que Sarkozy gagnera la primaire », se souvient Michel Bettan. Le terrain, selon lui, ne peut pas mentir.

« Gérald a une conviction qui tient à une philosophie politique liée à la connaissance de son terrain. Selon lui, la droite gagne quand elle sait parler au peuple. Il a une fibre populaire. Il y croit très fort. Probablement n'a-t-il pas assez senti cela chez Juppé », relève Édouard Philippe. « Il était persuadé que l'électorat de droite était trop attaché à Sarko pour qu'il puisse perdre », ajoute Thierry Solère.

Aux manettes du barnum des primaires ouvertes à tous, le rond député de Boulogne-Billancourt, Thierry Solère. Sourire charmeur mais grosses paluches d'étrangleur, l'élu des Hauts-de-Seine possède plusieurs cordes à son arc. Avant tout, ce grand fumeur est un calme, d'une placidité à toute épreuve. Il va en avoir besoin pour cheminer sur le volcan qui l'attend. « Je revois Sarkozy, énervé à cause d'une histoire concernant les Français de l'étranger, me regarder dans les yeux, à quelques centimètres, presque à touche-touche, et me dire d'un ton glaçant : "Regarde-moi bien, je ne suis pas déterminé, je suis très déterminé." Mon but à moi, poursuit Solère, c'était que tous ceux qui voulaient voter puissent voter, qu'il n'y ait surtout pas de fraude, et pas de contestation ensuite. »

Les deux finalistes potentiels affichent des intérêts opposés. Faire voter au maximum les Français pour Juppé, convaincu que les voix du centre pencheront pour lui. Se limiter aux Républicains pour Sarkozy, assuré que l'électorat militant lui est largement acquis. Dans cette primaire, les seconds couteaux présents et en quête de suffrages (Bruno Le Maire, François Fillon, Nathalie Kosciusko-Morizet, Jean-Frédéric Poisson et Jean-François Copé) ne sont là, pense-t-on, que dans le but de se positionner pour la suite... Le président qui succédera à François Hollande ne sera-t-il pas nécessairement LR ?

Vin et blagues

Chaque candidat délègue auprès de Thierry Solère une sorte d'ambassadeur permanent. « Chez Juppé, ils ont désigné Édouard Philippe, qui avait pour unique mission de me surveiller. Édouard, mon commissaire politique », sourit le « monsieur Primaire ». Élus députés en 2012 en même temps, les deux hommes se connaissent de longue date par le biais de leurs épouses.

Un autre duo entre en scène : Sébastien Lecornu et Gérald Darmanin, qui s'entendent comme larrons en foire depuis un mémorable week-end à La Baule en septembre 2005. Ces deux inséparables ont quelques points en commun. Ils ont milité tous les deux dès seize ans. Ils n'ont pas fait l'ENA (Lecornu a une licence en droit). Ils se sont lancés en politique auprès d'un parlementaire. « Seb », assistant de Franck Gilard, ex-maire des Andelys et député de l'Eure, a par la suite vu arriver dans son département Bruno Le Maire avec lequel il a sympathisé. En 2016, quand Lecornu devient directeur de campagne de ce dernier pour la primaire, ils se connaissent donc bien. « Sébastien n'est pas simplement mon ami. Il est le plus doué[5] », écrit d'ailleurs Darmanin à son sujet.

Édouard Philippe et Sébastien Lecornu, eux, se connaissent *via* la Normandie où ils sont tous deux élus. Les deux duos, Philippe-Solère et Lecornu-Darmanin, se retrouvent. Depuis 2012, et au gré de repas au restaurant Bellota-Bellota, dans le 7e arrondissement, autour d'assiettes de charcuterie espagnole, un club s'est en effet formé, composé de Bruno Le Maire, Édouard Philippe, Thierry Solère, Sébastien Lecornu, Gérald Darmanin, Gilles Boyer, Benoist Apparu et quelques autres. Puis des dîners chez Solère, dont la cave ronronne à quelques mètres de la table de la salle à manger, ont pris le relais. « Chez moi, il y avait toujours Édouard, Seb, et mon Gégé », plaisante le député de Boulogne. Le vin et les blagues comme antidote...

5. Gérald Darmanin, *Chroniques de l'ancien monde*, *op. cit.*

Brice à l'os

« Cette primaire était tendue, mais n'a pas dérapé parce qu'en coulisses, nous nous sommes bien entendus entre nous, assure Gilles Boyer. À nous cinq, Gérald, Sébastien, Thierry et Patrick Stefanini pour Fillon, nous avons déminé plein de problèmes. Quand les patrons ne se parlent pas, si les entourages n'y mettent pas du leur, tout peut dégénérer très vite. »

Et les feux à éteindre n'ont pas manqué. Concrètement, quand un élu sarkozyste a un mot un peu lourd sur Alain Juppé, Gilles Boyer téléphone aussitôt à Gérald Darmanin pour lui demander de le rappeler à l'ordre. Et réciproquement. « On a beaucoup fait ce genre de choses, sinon ça partait dans les tours... », concède le Nordiste. « Il a fallu jouer les pompiers. On sait faire », confirme Solère. D'autant que, dans cette primaire tendue où tant de destins se nouent, les « patrons » ne se parlent guère. C'est l'époque où Alain Juppé ne détient même pas le numéro de portable de Nicolas Sarkozy.

La joyeuse bande partage aussi le sens de la fête. « Gégé », comme ses acolytes l'appellent, ne fait que pousser la chansonnette et rode plusieurs numéros d'imitation. Son « Sarkozy » fait pleurer de rire la troupe... Son « Louis de Funès » est légendaire. Dans les intonations, mais aussi les dialogues. « Des textes inracontables », sourit un membre du groupe. Comme le futur ministre de l'Intérieur adore ronger les os des côtes de bœuf et que l'habitude a été prise de les lui donner à finir, la scène a été intitulée « Gérald fait une Hortefeux ». « Durant ces primaires, Brice était le directeur de campagne en titre et Gérald le simple coordinateur, mais comme en fait il s'occupait de tout, pour rigoler entre nous, explique un convive, on disait qu'il avait mis ce pauvre Brice à l'os... »

La droite Pinay

En marge de ces soirées potaches, qui mêlent politique, saucisson, cornichon et vin rouge, la joyeuse bande est confrontée à un imprévu. Il s'appelle François Fillon. « On s'en est rendu compte assez vite, en comparant nos impressions, se souvient Thierry Solère. Dans les meetings, il y avait un désir de Fillon. On a vu qu'il prenait de l'avance, qu'il devenait une alternative au vote Juppé, lequel était comme usé d'avoir été donné trop longtemps favori. »

L'autre grand favori, Sarkozy, s'effondre doucement mais sûrement. Le jour du premier tour, Gérald Darmanin s'est déplacé à Tourcoing et arpente nerveusement la ville à la recherche de signes pouvant lui indiquer une tendance. Les bureaux de vote ne font pas le plein. Tant s'en faut. De bon augure, se dit-il d'abord, assuré qu'une faible participation profitera à son candidat. Il va déchanter. Dans les communes plus huppées de son département, au contraire, les bureaux ne désemplissent pas. C'est même la ruée.

C'est la « droite Pinay » qui a voté, analyse-t-il. C'est selon lui la bourgeoisie de province qui a fait l'élection. Dans sa ville de Tourcoing (où 43 % de ménages sont imposables), seulement 3 % de la population s'est exprimée à midi quand dans la plus bourgeoise Marcq-en-Barœul, malgré le crachin, les bureaux de vote, après la messe, ont fait le plein : 25 % de participation à la même heure. « Les classes populaires, majoritaires dans le pays, ne viendront pas. L'électorat qui s'est déplacé en masse n'est pas celui qu'on attendait. Sarkozy a perdu », constate le coordinateur de la campagne de l'Ex dès le milieu de journée.

La semaine suivante, la « droite Pinay » départage Juppé le favori d'un an et le fringant outsider de sept jours. Fillon est élu.

La chute de l'homme-lion

Gérald Darmanin, longtemps certain de la victoire au finish de l'ancien président, est estomaqué de le voir mordre la poussière dès le premier tour. Pour autant, il n'a rien perdu de la dernière campagne de l'« homme-lion ». Il était à Nîmes pour son ultime meeting, devant une salle à peine remplie. Cette nuit-là, ils sont rentrés à Paris en avion dans une ambiance lugubre. Nicolas Sarkozy sentait les choses lui échapper, et donc la vie le quitter peu à peu. À la façon du général Bertrand notant tout à Sainte-Hélène, Darmanin noircit des pages de notes sur les derniers jours politiques de l'ancien chef de l'État. « C'était humiliant pour Sarkozy de finir à la troisième place à 20 %, observe Thierry Solère. Gérald nous a dit tout de suite qu'il s'agissait de la primaire des riches, qu'à Saint-Cloud la moitié du corps électoral avait voté... » Une façon de se rassurer. Mais sans primaire, le rejet des Français vis-à-vis de Nicolas Sarkozy ne se serait-il pas exprimé quand même ?

Là encore, rien ne s'est passé comme prévu. En politique, « la seule règle, c'est qu'il n'y a pas de règles », constate Gilles Boyer.

François Fillon nommé, la bande se reconfigure cahin-caha. Le lendemain de sa victoire, le nouveau leader de la droite demande à Thierry Solère de devenir son porte-parole. Ce dernier suggère de prendre Sébastien Lecornu comme directeur de campagne adjoint. Fillon ne « calcule » ni Édouard Philippe, ni Gilles Boyer, ni Gérald Darmanin. Les membres du Bellota-Bellota s'éparpillent. Boyer part préparer ses législatives dans la VIIIe circonscription des Hauts-de-Seine (Chaville, Meudon et Sèvres). Édouard Philippe rentre au Havre. Darmanin, lui, file à Tourcoing. « Autant Fillon n'a pas d'atomes crochus avec Édouard, autant je pense qu'une fois élu, il aurait fini par appeler Gérald », suppute Solère.

En attendant, Darmanin figure dans l'organigramme de l'équipe victorieuse : sous l'autorité de la direction de campagne, il rejoint le groupe « Faits, chiffres, arguments » avec six autres élus (Damien Abad, Valérie Boyer, Maël de Calan, Éric Ciotti, Bernard Debré et Stéphanie Von Euw). Comme Édouard Philippe et quarante-trois autres barons de la droite, il devient aussi membre du « conseil stratégique » qui entoure le candidat.

Chat noir

Le mardi 24 janvier 2017, Gérald Darmanin se trouve au QG de campagne pour la galette des rois. C'est aussi le jour de sortie du *Canard enchaîné*, pas encore arrivé à ce moment-là. Il observe François Fillon s'avancer sans charisme ni chaleur, saluant à peine le personnel d'une molle poignée de main. Le député-maire de Tourcoing a longtemps conservé dans son téléphone une photo de la fève qu'un pâtissier facétieux – ou le hasard – avait choisie pour les galettes des LR : un chat noir. De circonstance ?

Lorsque les premières révélations sur le « PenelopeGate » interviennent, l'UMP s'est en fait déjà fissurée[6]. « Très tôt, Gérald m'a assuré que Fillon ne gagnerait pas, se souvient Édouard Philippe. “Il ne peut pas gagner”, disait-il dès décembre. Et c'était avant les affaires, au moment de ce qu'on a appelé entre nous “les petits risques”. » Les escarmouches, de fait, n'ont déjà pas manqué. Lors du débat de la primaire, François Fillon a suggéré de dérembourser des petits soins médicaux et Darmanin « a tout de suite vu que c'était une faute de carre. Il a pensé que Fillon partait sur une base pas assez populaire pour gagner », insiste l'ancien Premier ministre. Dans ses *Chroniques de l'ancien monde*, où il fustige « la droite qui ne s'est pas préparée », l'élu de Tourcoing évoque d'ailleurs un coup de fil courroucé de son père lui disant que « son Fillon, son truc de la Sécu », il ne le sentait « pas du tout ».

Dans la foulée de sa victoire, François Fillon a aussi laissé filer le mois de décembre. Sans appeler ses anciens rivaux. Sans ouverture, ni main tendue. Ni à Sarkozy, ni à Juppé, ni aux autres. Pis, le téléphone de l'élu de la Sarthe sonne parfois dans le vide et des messages restent sans réponse. Les Fillon sont au ski. Ses « amis » s'inquiètent d'être sans nouvelles de celui qui, pense-t-on, sera élu au printemps président dans un fauteuil. Est-ce pour ramener ce favori à de meilleures intentions qu'un messager a transmis au *Canard enchaîné*, dans un bistrot parisien proche de la statue de Jeanne d'Arc, les montants exacts des salaires de

6. Penelope Fillon a été rémunérée comme assistante parlementaire de son mari à de nombreuses reprises depuis 1981. La justice soupçonne une série d'emplois fictifs. En juin 2020, les époux Fillon ont été condamnés en première instance, lui, à cinq ans de prison dont trois avec sursis, et elle, à trois ans avec sursis. Ils ont fait appel.

Penelope à l'Assemblée ? Les « affaires » ont toujours été la continuation de la politique par d'autres moyens, pour paraphraser la phrase de Clausewitz, général prussien et stratège militaire sur la guerre. Et cette affaire-là va être un tsunami.

Le SMS à Juppé

Le 17 février, en visite à Tourcoing où l'attendent le maire et ses adjoints, le candidat LR est accueilli sur les marches de l'hôtel de ville par un concert de casseroles et des affiches « Fillon en prison ». Des CRS interviennent. Le vainqueur de la primaire doit entrer dans la mairie par une porte dérobée. Ses déplacements ne seront désormais annoncés qu'à la dernière minute. Un non-sens pour une campagne présidentielle. « Gérald était consterné, se souvient Virginie Duby-Muller, députée de Haute-Savoie. On tombait tous de notre chaise, et on s'est très vite dit qu'on allait droit dans le mur. Gérald, pourtant intégré dans l'organigramme Fillon, était mal à l'aise. La campagne devenait de plus en plus dure. On se faisait insulter. Il y avait un rejet de Fillon, y compris localement. »

La suite rivalise avec les meilleures séries télévisées. La mise en examen de celui qui n'avait pas imaginé celle du général de Gaulle, sonne le glas de ses ambitions. Et les costumes sur mesure à 10 000 euros resteront dans les annales de cette présidentielle folle comme le symbole d'une campagne déconnectée et ratée. « Après les costumes, Gérald a arrêté de faire le taf, confie l'une de ses proches, Marie Tonnerre, maire de Neuville-en-Ferrain. Il écoutait beaucoup son père, qui a été écœuré par ce dernier épisode. Aussi, quelque chose s'est brisé, c'était terminé : il n'est même plus allé aux meetings de Fillon. »

Aux premières loges, la bande de la primaire assiste à la bérézina de la droite française. L'élection imperdable est en train de partir en torche. Le climax de cette déroute a lieu le 5 mars 2017, sur l'esplanade du Trocadéro. Il pleut des cordes. Sous un parapluie, François Fillon galvanise ses troupes qu'il conduit à la défaite. Convoqué par le juge Tournaire aux fins de mise en examen[7], le vainqueur de la primaire, contrairement à ce qu'il a toujours annoncé[8], n'entend pas renoncer. Le « monsieur Primaire », Thierry Solère, a démissionné de son poste de porte-parole du candidat LR le 3 mars, deux jours avant le Trocadéro. Le soir même, chez lui, les mines sont décomposées. La bande est là : Gilles Boyer, Édouard Philippe, Sébastien Lecornu, Benoist Apparu et Gérald Darmanin. Lecornu aussi a démissionné de sa fonction de directeur adjoint de la campagne. « Sa décision est courageuse. Si jeune, à un poste si élevé qui lui promettait, en cas de victoire comme en cas de défaite, des postes clés dans l'appareil ! Il n'a pas renié ses convictions, il n'a pas oublié d'où il venait, il n'a pas accepté l'inacceptable », dit de lui Gérald Darmanin. Bruno Le Maire, Michel Bettan et Jean-Louis Borloo sont présents aussi. Un quasi-gouvernement... mais pour l'heure, une brochette de vaincus.

Avant de changer de vie, tous veulent au moins tenter une opération de la dernière chance : débrancher

7. François Fillon sera condamné pour détournement de fonds publics à deux ans de prison ferme en première instance, 75 000 euros d'amende et dix ans d'inéligibilité. Il a fait appel.

8. « Il n'y a qu'une seule chose qui m'empêcherait d'être candidat, c'est si mon honneur était atteint, si j'étais mis en examen », avait-il dit au 20 heures de TF1 le 26 janvier 2017.

Fillon. Durant tout le week-end, un plan B un peu fou s'esquisse. « On savait que Sarko était à deux doigts de basculer. Qu'il allait proposer une rencontre à trois, ce qu'il n'avait jamais fait, avec Juppé et Fillon », raconte Gilles Boyer. Sauf que ce dimanche soir, Alain Juppé ne parvient pas à joindre Nicolas Sarkozy, qui assiste à un match de foot. Alors quand, à 20 h 20, un peu à la surprise générale, le maire de Bordeaux annonce par communiqué qu'il tiendra une conférence de presse le lendemain matin, dans l'appartement de Thierry Solère, chacun comprend le message : Juppé jette l'éponge. Les esprits entrent en surchauffe.

À 22 h 05, après de longues palabres, un SMS est envoyé à Alain Juppé depuis l'iPhone de Thierry Solère : « Je suis chez moi avec Gilles Boyer, Édouard Philippe, Gérald Darmanin, Sébastien Lecornu, Benoist Apparu, Bruno Le Maire et Jean-Louis Borloo. Nous avons une proposition à te faire pour ta conférence de presse de demain matin », dit le texte. L'appareil annonce « distribué », preuve que le maire de Bordeaux a reçu le message. Puis il se met en mode « écrit », signe que l'ancien Premier ministre de Jacques Chirac est en train de répondre. L'iPhone de Solère vibre à 22 h 22. Le message est laconique et sans appel : « Désolé. J'ai pris ma décision. Amitiés AJ. » Une douche froide. Les convives de Thierry Solère comprennent en direct que c'est fini. Qu'Alain Juppé a jeté le gant et mis un terme, par SMS, devant ses amis, à sa vie politique. Solère insiste pour la forme : « Tu ne peux pas faire ça. Tu es un homme d'État. Le FN est aux portes du pouvoir, ta responsabilité est historique. » Le Bordelais ne répondra jamais à cet ultime message. « Alain avait compris, avec raison, que ce n'était pas jouable. Que c'était fini. Il ne voulait pas de l'Élysée avec le programme de Fillon ni de Baroin, imposé par Sarkozy, comme Premier ministre », confie Gilles Boyer avec le recul.

Orphelins

Ce 5 mars 2017 règne dans la salle à manger du député de Boulogne un mélange de consternation et de tristesse. « Tout le monde était persuadé que la droite était morte, raconte Michel Bettan. Qu'on allait dans le mur. On sortait de cinq ans d'opposition et on en reprendrait pour cinq ans. Dix ans, c'est long. On a tous refait le monde. Pour chacun des participants au dîner, les carottes de la politique nationale étaient cuites. Gérald et Sébastien envisageaient d'aller dans le privé, Apparu d'arrêter la politique. Édouard Philippe annonça qu'il retournerait au Conseil d'État. Thierry Solère et Bruno Le Maire se voyaient dans l'opposition. »

Vers minuit, à l'heure où les carrosses redeviennent citrouilles, Gilles Boyer et Benoist Apparu se lancent néanmoins dans un pari désespéré. Ils décident de partir pour Bordeaux en voiture (600 km) afin de parler une dernière fois à leur homme d'État avant sa conférence. Édouard Philippe leur a dit qu'ils pouvaient « bien y aller mais que cela ne changerait rien ». Le maire du Havre ne s'est pas trompé. Une page se tourne – la bande se trouve désormais sans parrain...

8

Le félon

Le rapprochement se fait une quinzaine de jours avant le premier tour de l'élection présidentielle. Dans le plus grand secret, un contact est pris avec Bruno Le Maire. L'équipe d'Emmanuel Macron propose une rencontre. Mais Le Maire hésite. L'ancien candidat malheureux à la primaire, arrivé cinquième avec un petit 2,4 %, est tenté de franchir le Rubicon. Mais même si les sondages ne sont pas bons pour François Fillon, rien ne permet encore d'affirmer avec certitude que le champion de la droite ne sera pas au second tour. Malgré sa mise en examen et ses costumes, il reste crédité de 20 %, à quelques points derrière le duo Macron-Le Pen. Tout reste possible. Que faire ?

Énarque, normalien, ancien directeur de cabinet de Dominique de Villepin à Matignon, puis ministre de l'Agriculture sous Fillon, Bruno Le Maire s'est toujours rêvé un grand destin national. Mais à quarante-huit ans, cet homme né à Neuilly, prudent, aux manières policées, peut-il quitter sa famille politique sur un coup de dés ? Ce cérébral aurait besoin de temps pour réfléchir. Il n'en a pas. Le camp d'en face est pressé. En toute confidentialité, il décide de s'ouvrir de ses hésitations à Thierry Solère. Le Maire connaît bien le « monsieur Primaire », qui l'a rejoint en 2014 lors de la campagne pour la présidence de l'UMP. Comme lui, Solère a quitté l'équipe Fillon au moment de la mise en examen de ce dernier. « Que faire ? » l'interroge-t-il. Aller discuter avec Macron ? Maintenant ? Plus tard ? Fermer la porte ? Les deux hommes évaluent la situation, le risque. Leur dilemme est simple : en partant du principe qu'Emmanuel Macron sera élu président, aura-t-il ensuite une majorité ? Le rejoindre, c'est la certitude pour Le Maire de devenir ministre auprès de lui le temps de la campagne des législatives de juin, mais si la droite gagne ensuite ces élections, il risque de perdre sur les deux tableaux... En ce mois d'avril 2017, l'avenir reste incertain et l'horizon, encore mal dégagé.

Alexis et Édouard

Le Maire et Solère l'ignorent mais leur discussion amorce l'édification du nouveau monde à venir avec sa logique du « en même temps » – en même temps à droite, et en même temps à gauche –, que va réussir à imposer Emmanuel Macron.

« Bruno Le Maire a été le premier à quitter François Fillon, dont on connaissait le programme puisqu'il l'avait présenté à la primaire. Le candidat m'a demandé de mener une approche », confie Philippe Grangeon, alors l'un des plus proches collaborateurs d'Emmanuel Macron. Le « candidat » mise beaucoup sur cette rencontre secrète. Encore faut-il que Le Maire se décide à venir discuter. Thierry Solère soupèse le pour et le contre et parvient à la conclusion qu'il ne doit pas y aller seul : « Je lui ai conseillé qu'on s'y rende à plusieurs et j'ai suggéré, ce jour-là, le nom d'Édouard Philippe. » L'avenir de Bruno Le Maire aurait-il été autre s'il avait conduit ces pourparlers sans ce dernier ? Le futur ministre de l'Économie donne en tout cas sa réponse au camp Macron : d'accord pour un dîner discret, mais à plusieurs.

Rendez-vous est pris dans un appartement entre Bastille et République, chez un homme qui n'appartient pas au sérail. Bruno Le Maire est accompagné d'Édouard Philippe et de Thierry Solère. Ils sont reçus par Alexis Kohler, le futur secrétaire général de l'Élysée, Philippe Grangeon, le conseiller politique d'Emmanuel Macron, et Stéphane Séjourné, un ancien socialiste qui pilote les législatives pour En Marche. « L'idée de ce dîner était de poser un jalon, mais surtout de voir où en était la droite », se souvient Grangeon. Le plan de table est simple : les trois macronistes, Kohler, Grangeon et Séjourné, d'un côté ; les trois LR, Philippe, Le Maire et Solère, de l'autre. « Alexis et Édouard étaient assis en face l'un de l'autre et ont parlé de Sciences Po en début de repas, mais les deux groupes ne se connaissaient pas. C'était une rencontre pour se découvrir un peu. Aucun nom n'a été cité, rien de très concret n'a été dit. Les discussions sérieuses n'étaient, de toute façon, envisageables qu'après le premier tour », précise Grangeon, qui se rappelle avoir noté chez ses interlocuteurs LR la trace d'un profond traumatisme : « On était avant le premier tour, mais ils avaient déjà pris leurs distances avec Fillon, très clairement. » Thierry Solère, de son côté, estime que « beaucoup de choses se sont jouées durant ce dîner » : « Bruno était peut-être un peu crispé, alors qu'Édouard, lui, était rassurant. Ce soir-là, le courant est passé entre Alexis Kohler et lui. »

D'ailleurs, le lundi matin qui suit le premier tour, le 24 mai 2017, Alexis Kohler appelle Édouard Philippe : « Emmanuel voudrait vous voir, Thierry et toi. » Les discussions continueront sans Bruno... « Un temps, il a été question de faire entrer Nathalie Kosciusko-Morizet au gouvernement, et pas Bruno Le Maire », se souvient un des proches du président.

La suite est connue. Alexandre Benalla vient chercher les deux premiers transfuges de la droite, Philippe et Solère, pour les conduire, *via* un parking souterrain, jusqu'au vainqueur du premier tour et futur président. Ils ne se connaissent pas. Pendant les deux ans à venir, ils ne vont plus se quitter.

Discussions secrètes

« Gérald n'était jamais avec moi dans les discussions initiales avec Alexis Kohler, révèle Édouard Philippe. Mais il a fait partie du petit cercle de ceux à qui j'ai dit que cela pouvait se faire... » Les discussions entre Édouard Philippe et le futur président se poursuivent entre les deux tours, dans ces quinze jours où s'affrontent Macron et Marine Le Pen. « Gérald était de ceux qui éventuellement accepteraient de venir avec moi, poursuit Édouard Philippe. Il était de ceux, si je devenais Premier ministre, à qui je pouvais demander de venir. J'ai d'ailleurs dit au président que si je venais, je venais avec eux... »

De son côté, Thierry Solère, partie prenante des discussions engagées avec le camp Macron, « en informe Sébastien et Gérald ». « Seb avait les infos par moi, même pas par Bruno. » Comment imaginer que les deux inséparables, « Seb et Gégé », ainsi que les appelle affectueusement l'élu de Boulogne, n'aient pas discuté entre eux des négociations secrètes qui allaient engager le destin du pays et le leur ?

La bascule

« La politique est aussi un art de l'adaptation : il faut être prêt quand l'occasion se présente, écrit Darmanin dans ses *Chroniques de l'ancien monde*, publiées en novembre 2017 dans le but de donner une cohérence à son parcours. Certains appellent cela l'opportunisme, d'autres le sens politique. Et faire de la politique, c'est avoir un esprit d'équipe et une forte individualité. Être capable de chasser en meute tout en étant solitaire. Aimer l'aventure personnelle et faire partie d'un groupe. La politique, c'est l'art de manier les contraires, de résoudre les paradoxes, de dompter les contradictions. »

Quand il rédige ces lignes, à l'été 2017, il se remémore les journées du printemps où ses « contradictions » avec l'ovni politique qu'est le nouveau président ne lui ont pas semblé si nombreuses : « On a regardé le débat de l'entre-deux-tours de la présidentielle, ensemble, raconte Cécile Collin, sa proche collaboratrice, qui situe, ce soir-là, le premier "déclic". Gérald est venu à la maison, j'étais avec mon mari. À un moment il me regarde et me dit : "En fait, il n'y a pas beaucoup de différence entre Macron et nous..." Il paraissait même troublé. »

Vincent Ledoux, député de la Xe circonscription du Nord, qui a pris le relais de Darmanin en 2016, se souvient aussi d'une fêlure avec LR : « Après le premier tour, Gérald a appelé à voter Macron contre Le Pen. Pour lui, élu du Nord, il n'y avait aucune hésitation à avoir, pas comme pour son ennemi de toujours, Laurent Wauquiez, qui a refusé de choisir[1]... »

Au bureau politique de LR, certains échanges ont été orageux sur ce thème et le parti de droite, déboussolé, a préféré ne pas trancher. « Ils sont dingues[2] », aurait lâché dans sa barbe Édouard Philippe à Gérald Darmanin, assis à ses côtés lors d'une réunion.

Marie Tonnerre conserve un souvenir précis de ces moments de bascule : « C'était le jour de la mort d'un conseiller municipal. Gérald m'a dit qu'il fallait qu'on se parle, qu'Édouard Philippe œuvrait pour qu'il entre au gouvernement. Il m'a demandé mon avis, je lui ai répondu : "T'es seul, t'as pas de gosse, tu vas servir ton pays, ça va être le bordel, mais vas-y, ne te pose pas de questions." Sur le coup, il ne m'a rien dit. »

Mais à l'évidence, tout ne s'est pas décidé en un jour...

Big bang

Avec le recul, cette chronologie embarrasse Gérald Darmanin. Entre l'élection d'Emmanuel Macron, le 7 mai 2017, et la passation de pouvoir avec François Hollande, le 14, sept jours s'écoulent pendant lesquels le nouveau chef de l'État consulte et s'organise en vue de nommer un Premier ministre, et surtout de lancer la campagne des législatives qui devra lui donner une majorité. La charpente du quinquennat va être posée durant cette semaine. Philippe Grangeon, l'un des « cerveaux » de l'opération, en convient : « Une des conditions du succès

1. Entretien avec l'un des auteurs le 23 septembre 2021.
2. Gérald Darmanin, *Chroniques de l'ancien monde*, *op. cit.*

de ce big bang était que les choses aillent vite… Et donc que ceux du camp d'en face se décident vite. »

Le nom d'Édouard Philippe commence à fuiter pour Matignon. Selon Michel Bettan, dont Gérald est le « petit frère », c'est au lendemain du second tour que celui-ci a appelé Gérald et lui a posé la question de confiance : « Si j'y vais, tu viens ? »

Virginie Duby-Muller, qui restera fidèle au parti LR, téléphone à son ami Gérald. « Tu te rends compte ? Macron va prendre Édouard Philippe et ça sera une catastrophe pour les législatives. Notre électorat va être perdu… » Elle se souvient d'un blanc au bout du fil. « Il n'a rien dit pendant quelques secondes et m'a répondu : "Et si on te l'avait proposé, tu aurais fait quoi ?" À mon tour, je n'ai rien dit. Mais j'ai pensé en raccrochant qu'un truc était en train de se passer. Quand on a appris qu'il partait dans le gouvernement, pour moi, il s'agissait d'une trahison. C'était trahir sa famille pour un ministère. »

Gérald Darmanin peut-il ignorer les dernières tractations de cette semaine charnière ? Charles Hufnagel, futur porte-parole d'Édouard Philippe à Matignon, alors en poste au Brésil pour Saint-Gobain, raconte : « Le 11 ou le 12 mai, Édouard m'écrit en me disant : "Il se passe quelque chose. Est-ce que tu viendrais avec moi à Matignon ?"[3]. » Pour lui, il est clair qu'avant même la passation de pouvoir du 14, Édouard Philippe prépare son cabinet et son futur gouvernement. « Très tôt, il a voulu faire venir Gérald, dit-il. La certitude, c'est qu'Édouard ne voulait pas y aller seul. C'était une force d'emmener des gens de droite mais aussi des gens de confiance, et des gens différents. » Pour Hufnagel, le

3. Entretien avec l'un des auteurs le 1er octobre 2021.

futur Premier ministre a plusieurs raisons de recruter l'élu de Tourcoing : « D'abord, Gérald est très proche d'Édouard humainement mais aussi personnellement. Ils sont amis. » En outre, il est « de la même génération municipale qu'Édouard et ils sont, l'un et l'autre, des élus de terrain, impliqués, agissants ». Enfin, Darmanin, contrairement à Édouard Philippe venu de chez Juppé, incarne « une droite populaire et gaulliste ». Soit au moins quatre raisons pour que le futur Premier ministre insiste afin qu'il rejoigne l'aventure : ils sont amis (1), en confiance (2), mais surtout Darmanin est un élu local (3) qui incarne l'aile droite de la droite (4).

Le LR hésite-t-il ? « Entre les deux tours, Édouard Philippe m'a proposé de rencontrer Emmanuel Macron, j'ai répondu non à plusieurs reprises. J'ai toujours dit : "Le jour où il est président, on verra" », se défend-il. Se méfie-t-il des promesses du candidat envers son ami ? Pense-t-il qu'au dernier moment un autre Premier ministre pourrait sortir du chapeau présidentiel ? « Oui, jusqu'à la dernière minute, je n'étais certain de rien », jure-t-il.

Avec Baroin

Quoi qu'il en soit, alors qu'il semble évident qu'il est parfaitement informé des discussions secrètes menées en coulisses, le 11 mai, à trois jours de l'investiture, le maire de Tourcoing effectue un déplacement que ses anciens amis de droite ne lui pardonneront pas de sitôt. Ce jeudi-là, pour Christian Jacob et François Baroin, présents à ses côtés, cela ne fait aucun doute : Darmanin reste avec eux et s'engage dans la campagne.

Tout commence tôt ce matin-là. Le TGV pour Lille quitte la gare du Nord avec à son bord l'état-major de la droite. Sont assis, dans un carré de quatre, François Baroin, Éric Woerth, Christian Jacob et le journaliste de *Paris Match* Bruno Jeudy. Celui-ci effectue un reportage sur ce voyage des trois leaders de la droite qui se rendent dans la circonscription de Gérald Darmanin pour lancer la campagne des législatives. L'élu de Tourcoing, qui devait les retrouver sur place, les rejoint finalement quelques minutes avant le départ. Attendu dans le Nord, il surgit dans le TGV. Bruno Jeudy lui cède sa place afin qu'il puisse s'installer face à François Baroin. Durant le trajet, le moral des responsables de LR est « moyen ». Les législatives s'annoncent difficiles, mais « jouables », pronostique Bruno Jeudy dans son papier[4]. « Sortie sonnée de la présidentielle, la droite n'est pas encore coulée. [...] Mais à court terme, [elle] doit faire face à la recomposition politique qu'Emmanuel Macron est en train d'imposer. [...] plusieurs personnalités de l'opposition ont fait des offres de service : l'ancien candidat à la primaire Bruno Le Maire en tête. Mais le meilleur est à venir : on sait en effet que le nom d'Édouard Philippe, maire du Havre et lieutenant politique d'Alain Juppé, est sérieusement avancé comme futur Premier ministre », annonce le journaliste de *Paris Match*.

Dans cet article, d'autres noms sont cités, mais pas celui de Gérald Darmanin. Durant le voyage pour Lille, François Baroin développe sa stratégie : résister le mieux possible aux législatives et obliger Macron à discuter. Bien sûr, une dynamique va naître de son succès à la

4. Bruno Jeudy, « Législatives : la droite organise la résistance », *Paris Match*, 11 mai 2017.

présidentielle, mais les candidats engagés sur le terrain par son parti sont pour la plupart d'illustres inconnus. « Pourquoi pas une surprise en notre faveur ? » pensent à mots couverts les rescapés de la dramatique campagne Fillon. « La stratégie de François Baroin était de ne pas répondre aux appels du pied du nouveau président mais de le contraindre par une victoire ou un résultat serré à faire appel à la droite. Pour cela, il fallait éviter les discussions individuelles et jouer un rapport de force collectif afin d'éventuellement imposer à Macron un projet de gouvernement[5] », analyse Bruno Jeudy. En vue de ces législatives, Éric Woerth a écrit un programme. Ils sont plusieurs à imaginer une cohabitation avec une droite aux commandes et l'« enfant », comme l'appellent sèchement plusieurs briscards de la droite, enfermé dans sa chambre à l'Élysée.

Ce jeudi 11 mai 2017, la journée de campagne se déroule sans que Gérald Darmanin lâche François Baroin d'une semelle. Un pot avec tous les députés LR du Nord organisé à Lambersart par Marc-Philippe Daubresse, puis une visite d'usine à Bousbecque, dans la circonscription de Darmanin, s'enchaînent. Le maire de Troyes, chef de file de la droite depuis le départ de Fillon, promet une « écoute plus attentive de la France populaire ». Un tacle à la campagne du vainqueur de la primaire. Le Nordiste ne peut qu'apprécier ce recadrage « social ». Même si les perspectives ne sont guère réjouissantes, les élus en campagne s'efforcent tous de sourire.

« Gérald semblait très impliqué, grince une petite main ayant participé à cette journée des dupes. D'ailleurs, en raccompagnant François Baroin le soir

5. Entretien avec l'un des auteurs le 21 décembre 2021.

à la gare, il a dit qu'il voulait s'investir à fond dans la campagne et prendre des responsabilités. Pas une seconde, ce jour-là, il n'a fait part de ses hésitations sur la ligne à suivre ni de ses discussions avec Édouard Philippe. »

« Opportunisme pur »

Ceux qui étaient présents ce 11 mai, Christian Jacob et François Baroin en tête, seront estomaqués quatre jours plus tard d'apprendre le ralliement de l'élu de Tourcoing au camp présidentiel. Particulièrement Jacob. Le patron des députés LR ne décolère pas.

Dans le Nord, un de ceux qui en veulent probablement le plus à Gérald Darmanin est Daniel Fasquelle, le maire du Touquet, où les Macron ont une villa. « Darmanin a été le premier à accueillir François Baroin dans le cadre de la campagne des législatives, raconte-t-il. Après, quand il a vu que c'était foutu, il est parti chez Macron. Et ça, je ne peux pas le lui pardonner. Il nous a trahis. Non par conviction. Si c'était par conviction, il l'aurait dit... Il l'a fait par pur opportunisme. L'opportunisme n'est pas grave quand il n'a pas de conséquences pour les autres, mais là, en l'occurrence, en rejoignant Macron, il a déstabilisé notre électorat. Et il nous a fait perdre une centaine de députés. C'est grave d'envoyer les copains avec lesquels vous avez siégé au tapis[6]... »

La députée Virginie Duby-Muller est tout aussi amère : « Au soir des législatives, partis deux cents, on s'est retrouvés à cent parlementaires. Le groupe a été divisé par deux... Gérald et Édouard Philippe étaient

6. Entretien avec l'un des auteurs le 21 avril 2021.

responsables de cet échec. À cause d'eux, on a perdu des amis... »

Lorsqu'il apprendra le ralliement du futur ministre du Budget, Éric Woerth s'étranglera. Au point de lui envoyer un SMS furibard : « Dis-moi que ce n'est pas vrai. » Et d'ajouter au téléphone : « Tu pourrais au moins attendre la fin des législatives ! Il y a trois jours, on était dans le même train avec Baroin et Jacob pour aller chez toi dans le Nord soutenir nos candidats face à ceux d'En Marche[7] ! »

Julien Aubert, ancien acolyte de Darmanin aux Cadets-Bourbon, élu de 2012 comme lui, n'est pas plus tendre. « Gérald Darmanin n'est pas à vendre mais avec lui, la question, c'est le prix. C'est un type qui est parti de Vanneste et qui a fini par tutoyer Pompili. Voilà qui demande une forme de flexibilité idéologique », ironise le député du Vaucluse, resté pour sa part sous l'étiquette LR en 2017 et réélu de justesse (459 voix) face au candidat LREM, le sociologue Jean Viard. Aubert trouve *a contrario* plusieurs bonnes « raisons » à Édouard Philippe, « rocardien au départ et juppéiste ensuite », d'avoir rallié Macron : « Premier ministre, cela ne se refuse pas, admet-il. Et puis Juppé étant "mort", pour lui, c'était ça ou rien. S'il n'allait pas chez Macron, c'était terminé. » Même constat à propos de Bruno Le Maire : « À la primaire, il avait tenté d'incarner l'espérance à droite, mais cela s'était terminé à 2 % et Macron lui avait piqué la formule. Lui non plus n'avait guère le choix... D'autant qu'il risquait de perdre sa circonscription à Évreux. » En revanche, il ne trouve aucune excuse à Gérald Darmanin : « Il était jeune, il pouvait rester député, sa circonscription ne risquait rien,

7. Rapporté dans *Le Journal du dimanche* du 29 mai 2017.

ni sa ville. Il n'a jamais été centriste. Il avait donc le choix. Il pouvait parfaitement attendre... »

Aux yeux de la jeune garde des Républicains, génération élue pour la première fois en 2012 et qui voit en 2017 les portes du pouvoir se refermer, le départ de « Gérald » se révèle le coup le plus dur... « Pour un parti politique, le pire n'est pas de vous piquer les vieux, mais de débaucher vos jeunes. Cela équivaut à piquer l'avenir », se désole Julien Aubert.

En ce printemps 2017, Gérald Darmanin, que le même Aubert surnommait amicalement « Darmalin », hérite d'un nouveau surnom : « le félon ».

9

Le hold-up du provincial

C'est simple, tout les oppose. L'un a toujours été de droite, l'autre de gauche. L'un est fils d'une femme de ménage, l'autre de médecins. L'un possède un diplôme de Science Po Lille, l'autre est sorti de l'ENA, dans les tout premiers[1]. L'un a gravi un à un tous les échelons de la politique locale, de simple militant à conseiller municipal, départemental, régional, puis député et maire, l'autre n'a gagné qu'une seule élection, la mère des batailles, la présidentielle, et n'a jamais collé la moindre affiche. Sans parler de leur vie privée. L'un coche toutes les cases de l'ancien monde et l'autre, aucune. Comment ces deux-là ont-ils réussi à se trouver ?

Welsh

La question semble le faire sourire. Gérald Darmanin se cale dans le fauteuil en cuir beige de son bureau de ministre de l'Intérieur. Face à la cheminée, les mains jointes devant le menton, il regarde un instant le feu

1. Cinquième de la promotion Léopold-Sédar-Senghor (2002-2004).

qui crépite derrière une vitre impeccable. La réponse claque en trois mots : « C'est un provincial. »

Explications. « J'ai constaté que j'avais du mal avec les Parisiens. Et lui, c'est un provincial du Nord. Quand je parle de vacances avec Emmanuel Macron, que je lui dis que j'ai été élevé en partie dans une petite commune de Picardie, il comprend. Il voit très bien ce qu'est une plage de galets. Il voit ce que c'est que de passer ses étés au bord de la mer du Nord. Il voit ce que c'est que de manger un welsh[2]. C'est un provincial de chez moi. Il a quatre ans de plus, a vu les Inconnus, les Nuls à la télé. On connaît les mêmes films, on a les mêmes références, on aime le même type de chansons, on a appris le même programme scolaire. On vient du même humus culturel. » L'un est né en 1977, Macron, l'autre en 1982, Darmanin.

Ils se sont donc trouvés à l'instinct. Sur un terreau commun, géographiquement et culturellement. L'humus du Nord...

Le ministre de l'Intérieur revient à la chronologie des sept jours ayant précédé sa nomination, conscient que ses anciens amis de droite lui en veulent de cette journée de campagne avec François Baroin le 11 mai 2017.

« Quelle était la solution ? s'agace-t-il. J'étais le président de la fédération LR du Nord, je n'allais pas accueillir François Baroin en disant : "Attention, il y a un nouveau président et vous savez quoi, il va nommer Édouard Philippe Premier ministre !" » Gérald Darmanin, plus sérieusement, admet qu'il avait « tout le temps Édouard Philippe au téléphone » : « Oui, il m'avait posé la question de Macron ou pas Macron,

2. Tranche de pain grillé avec du cheddar et un œuf.

mais il ne m'a jamais dit que je serais ministre. Celui qui m'apprend que je serai ministre, c'est le président, le dimanche de son investiture. » À l'entendre, avant ce dimanche 14 mai, rien n'était donc sûr... « Je me doutais qu'on allait me proposer quelque chose, mais j'ignorais quoi et je ne savais pas avec qui, ce qui changeait tout. En fonction de cela, j'aurais pu refuser la proposition du président... »

Il insiste sur cette journée du 11 mai : « Le jour où François Baroin vient dans le Nord, je lui demande en le raccompagnant s'il va prendre la tête du parti. Il me répond : "Non, pas du tout, après j'arrête." Et c'est d'ailleurs ce qu'il a fait. Ce qui était sûr, c'est que si Baroin arrêtait, Wauquiez allait reprendre le parti. » Pour l'élu de Tourcoing, Laurent Wauquiez est un repoussoir, le patron de la région Auvergne-Rhône-Alpes et lui s'étant toujours tenus à distance l'un de l'autre, ennemis intimes. « Wauquiez me déteste », affirme Darmanin dans un sifflement. Il se reprend et précise : « Wauquiez a du talent, mais il est faux. » Pause. « C'est un homme rempli d'insincérité. »

Les Mephisto de Xavier Bertrand

Autre raison de son ralliement à Macron, un isolement qu'il sentait venir au sein de LR. Isolement politique et même culturel, à l'entendre. « Ils m'ont toujours vu comme le petit-fils de rebeu de Tourcoing », dit Gérald Darmanin en évoquant ses anciens compagnons – Christian Jacob, Valérie Pécresse, Laurent Wauquiez – avec une touche d'amertume. « Tous sont élus de coins bourgeois : Woerth à Chantilly, Pécresse à Versailles... On n'est pas du même monde. »

Le ministre de l'Intérieur en sourit aujourd'hui : « J'ai du mal avec les bourgeois. D'ailleurs, j'ai l'impression que cela me fait un autre point commun avec le président : lui n'aime pas non plus les bourgeois. Je pense aussi qu'il n'aime pas l'argent. Sarkozy, paraît-il, n'aime pas les bourgeois. Moi non plus, profondément, culturellement. Je suis moins bien avec eux qu'avec les gens simples. Xavier Bertrand de même. Il met vraiment des Mephisto et, quand il écoute de la musique, écoute vraiment Starmania. Et il aime les Miss France. Sarko, lui, il aime réellement le foot et la course cycliste... »

Fin de l'entrée en matière.

Gérald Darmanin en arrive au matin du dimanche 14 mai 2017. Chaque instant de cette journée où son parcours prend un virage en épingle reste imprimé dans sa mémoire.

Il n'est pas encore 10 heures et, depuis Tourcoing, il s'apprête à suivre à la télévision, comme des millions de Français, ce rare moment de direct qu'est l'arrivée d'un nouveau président au palais de l'Élysée. Il se souvient des images très fortes de Valéry Giscard d'Estaing quittant les lieux à pied, sous les huées, de François Mitterrand, malade, rejoignant la rue de Solférino pour des adieux à la politique et à la vie, de Chirac agitant sa longue main noueuse depuis la portière de sa voiture, de Nicolas Sarkozy et Carla Bruni descendant seuls le tapis rouge... Comment Hollande va-t-il quitter la scène ? Comment le jeune Macron va-t-il, lui, faire son entrée ?

Installé en compagnie de son inséparable ami Sébastien Lecornu, il attend donc lorsque son téléphone sonne. « Vous avez rendez-vous avec le président... », dit une voix. « Sur le coup, j'ai cru qu'il s'agissait de

Sarkozy, s'amuse le futur ministre. – Mais il n'y a pas son investiture aujourd'hui ? plaisante-t-il. – Si, mais il veut vous voir juste après, une voiture passera vous prendre pour vous conduire à l'Élysée par la grille du Coq. » « C'est Macron, il veut me voir aujourd'hui », lance Darmanin à Lecornu en raccrochant. Tous deux regardent sans en rater une miette la cérémonie puis foncent en voiture vers Paris.

Les dés roulent, les téléphones crépitent... L'élu de Tourcoing appelle son ami Michel Bettan. Mille et un scénarios s'échafaudent. Thierry Solère : « On lui recommandait tous de demander le Budget, c'était l'idéal pour lui... » Giscard, Chirac, Sarkozy, Baroin, Copé, Cazeneuve ont déjà eu ce poste, présenté comme l'un des meilleurs sites d'observation de l'État, comme un tremplin aussi pour la suite. « Sarkozy lui a toujours dit qu'il fallait commencer par le ministère du Budget, qu'il s'agissait du meilleur maroquin pour apprendre le fonctionnement de l'État », confirme Sébastien Lecornu.

Premier rendez-vous

À la télévision, le programme officiel se poursuit. Après une heure de tête-à-tête, Emmanuel Macron raccompagne, seul, sur les marches du Château François Hollande, qui semble quitter les lieux comme il y était rentré, imperturbable. Puis il remonte les Champs-Élysées en command-car pour un premier hommage au Soldat inconnu. Le nouveau président et chef des armées se rend ensuite à l'hôpital militaire de Percy, auprès de militaires blessés au combat, et à la mairie de Paris, autre rituel républicain. Le tout premier rendez-vous qui l'attend en rentrant à l'Élysée est donc avec ce jeune élu du Nord, plus jeune que lui, qu'il ne connaît pas mais dont lui a tant parlé Édouard Philippe.

Les choses sérieuses commencent. Gérald Darmanin se souvient de son état d'esprit : « S'il voulait me nommer secrétaire d'État à la Ville avec un Premier ministre de gauche, je lui aurais dit non. Pendant longtemps, je n'ai pas cru qu'Édouard Philippe aurait Matignon. Je pensais qu'Emmanuel Macron nommerait plutôt Cazeneuve, Castaner ou Ferrand. En tout cas pas un type de droite. » N'ayant pas de contact direct avec le nouveau pouvoir, l'élu du Nord raisonne depuis quelques jours avec les « infos » de ceux qui en ont, Édouard Philippe et Thierry Solère. Or le premier, s'il a discuté avec le président, n'a jamais entendu de sa bouche qu'il serait nommé Premier ministre. Alexis Kohler le lui a laissé entendre, mais rien n'est sûr. Emmanuel Macron est un taiseux. « Darmanin au Budget, c'était mon idée, confie Édouard Philippe. Je voulais à ce poste quelqu'un de très rapide et de très bosseur. Politiquement aligné et fidèle avec moi. Un vrai politique aussi. L'idée s'était imposée très vite avec le président. Il savait que quand on est Premier ministre, on a besoin de quelqu'un à soi au Budget. »

Le fils d'Annie Darmanin franchit pour la première fois la grille du Coq, cette entrée gardée nuit et jour qui se trouve le long des Champs-Élysées et donne sur le fond du parc de la présidence de la République. Un huissier vient le chercher pour le guider dans ce dédale qu'est le Château et qu'il découvre pour la première fois.

C'est aussi la première fois que Gérald Darmanin se trouve en présence du nouveau chef de l'État. « Je vois quelqu'un de lumineux », dit le futur ministre. Les yeux du président ne le lâchent pas. « Il me serre la main, et me dit assez vite : “Avec le Premier ministre, nous souhaiterions vous nommer ministre du Budget et de la Fonction publique...” » Gérald Darmanin assimile l’information et demande, pour en avoir le cœur net : « Qui sera Premier ministre ? – Édouard Philippe », répond le président. Il est donc le premier à l’entendre de sa bouche.

« Là, poursuit Darmanin, je me dis qu’il se passe vraiment quelque chose. Que ce n’est pas juste une ouverture à la Sarkozy, avec nomination de deux ou trois ministres du camp d’en face comme on le fait tous dans un conseil municipal. Dans ce registre, Emmanuel Macron aurait pu proposer à Édouard Philippe le Budget et à moi un secrétariat d’État à la Ville. Or ce n’est pas ce qui arrive : il donne Matignon à quelqu’un de droite. Oui, dans le bureau avec le président, je suis peut-être un peu vieux jeu mais je me suis dit qu’il se passait quelque chose. »

Sa décision se cristallise comme un précipité chimique. Même si le futur ministre va faire mine de « consulter », il a déjà répondu oui dans sa tête. Ce sera le choix de l’aventure avec son complice Édouard et sa bande. Aux orties les LR, Baroin, Jacob, Woerth, ceux du train pour Lille du jeudi précédent. « La droite perdue », comme il l’appellera par la suite...

Autre question du visiteur : sera-t-il ministre « plein » ou secrétaire d’État sous les ordres d’un autre ? Ministre plein. En revanche, il n’obtiendra pas du chef de l’État le nom de celui ou de celle qui sera bientôt en charge de l’Économie, avec qui il devra partager les locaux de Bercy. Ce dimanche soir, soit Emmanuel Macron l’ignore encore, soit il ne souhaite pas en parler avec le nouveau venu, mais jamais il ne cite le nom de Bruno Le Maire.

Consultations

Gérald Darmanin quitte l'Élysée par où il est venu. La grille du Coq. À pied. Il a besoin de marcher. De marcher et de téléphoner. Il appelle Édouard Philippe. « Alors, qu'est-ce qu'il t'a dit ? » lui demande le maire du Havre. Le maire de Tourcoing ne boude pas son plaisir : « Que tu seras Premier ministre. »

« Il y a eu un blanc au téléphone », se souvient-il. Édouard Philippe digère l'information sans piper mot, en Normand pudique qu'il est. Emmanuel Macron et lui ne déjeuneront ensemble que le lendemain. « Effectivement, Gérald m'annonce que le président a mentionné le fait qu'il allait me nommer à Matignon. Mais dans ce genre de situation je sais, par expérience, que tant que les choses ne sont pas faites, elles ne sont pas faites... Cela ne valait pas nomination », nuance Philippe à l'évocation de ce coup de fil. « On n'a été sûrs pour Matignon qu'avec le coup de fil de Gérald », se souviennent, chacun à peu près dans les mêmes termes, Gilles Boyer, Thierry Solère et Charles Hufnagel.

Darmanin, dans sa traversée de Paris le portable à la main, entreprend de consulter ses amis. « C'est vrai que j'ai repensé à ma demande d'intégrer la commission des Finances de l'Assemblée en 2012 et au refus d'Éric Woerth, grosso modo parce qu'il estimait que je n'avais pas le niveau. Je trouvais même un peu dingue cette proposition, à moi qui ne connaissais rien à cette matière à l'époque. »

Gérald Darmanin admet, dans un grand sourire, avoir vécu ce jour-là « deux choses dingues ». Sa rencontre avec le président. Et, dans la foulée, son coup de fil à un autre président, Nicolas Sarkozy. Dont il se souvient dans les moindres détails.

« Bonjour, Gérald, commence l'ancien chef de l'État en décrochant. – Je ne vous dérange pas ? » Gérald Darmanin a toujours vouvoyé Sarkozy. « Tu es mon ami, tu ne me déranges jamais. – Voilà, je viens de rencontrer le président de la République. » Un silence se fait. Évidemment, Nicolas Sarkozy a regardé l'investiture à la télévision et suivi le discours de son successeur et cette phrase : « Les Français ont choisi l'espoir. » En drogué de la politique qu'il est, il sait décoder chaque détail, mesurer le poids de chaque geste, détecter le moindre écart.

« Où l'as-tu rencontré ? demande-t-il à son jeune protégé. – À l'Élysée, répond l'élu de Tourcoing qui ne perçoit pas le sens de la question. – Évidemment à l'Élysée, pas au bar-tabac du coin ! Mais où, à l'Élysée ? » s'impatiente l'Ex qui sait que dans la géographie du pouvoir, les lieux ont leur importance. Une visite au rez-de-chaussée n'aura pas le même poids qu'une visite à l'étage. Surtout, il est curieux de la façon dont le nouvel occupant investit le Château. « Je suis rentré par-derrière, il y a un petit ascenseur en bois. Ensuite je suis monté à l'étage et me suis retrouvé dans un grand bureau lumineux, poursuit celui qui, jusqu'au matin même n'avait jamais mis les pieds à la présidence. – Ah oui, le bureau des fous ! » visualise aussitôt Nicolas Sarkozy, qui vient de comprendre qu'Emmanuel Macron a reçu son visiteur dans l'ancien bureau qu'ont occupé Valéry Giscard d'Estaing, Henri Guaino sous son propre quinquennat et Aquilino Morelle, tombé pour une histoire de cireur de chaussures, sous celui de François Hollande. L'ancien chef de l'État poursuit l'interrogatoire : « Qu'est-ce qu'il t'a proposé ? – Ministre du Budget et de la Fonction publique, révèle Darmanin. – Ministre délégué ? questionne Sarkozy, qui connaît l'enjeu de chaque titre. – Non, ministre plein.

– C'est qui le ministre des Finances ? déroule l'Ex, du tac au tac. – Je ne sais pas. J'ai posé la question, mais il ne m'a pas répondu. » L'ancien Président embraye : « C'est qui le Premier ministre ? » Le presque transfuge hésite. Le nom révélé par Emmanuel Macron ce dimanche soir doit rester secret au moins jusqu'au lendemain quand, sur le perron de l'Élysée, Alexis Kohler, un peu avant 15 heures, l'annoncera. Sarkozy flaire l'hésitation. « Je ne sais pas », répond Gérald Darmanin, tentant de couper court, coincé entre deux loyautés, celle, ancienne, qu'il a envers l'ex-patron de la droite, et celle qui n'a pas une heure, envers le nouveau président de la République.

Mais l'« homme-lion », ainsi que l'appelle Darmanin, démasque le mensonge dans la demi-seconde. Sa réplique fuse : « Y a deux choses. Soit tu es un abruti et tu n'as pas demandé. Soit tu sais et tu veux pas me le dire, donc t'as pas confiance et tu m'appelles... » Là encore, une réplique pour scénariste de film noir. Au bout du fil, Gérald Darmanin sent le poids de chaque mot sur ses épaules. Il sait que la formule « t'as pas confiance » promet, chez Sarkozy, plusieurs mois de brouille. Et que la chute, « et tu m'appelles », a valeur de quasi-excommunication. Son cerveau turbine. Question loyauté, Darmanin a pris la précaution de demander à Emmanuel Macron, dans son bureau, la permission d'appeler son prédécesseur. Il a obtenu son feu vert. Alors il lâche le morceau, sachant le risque qu'il prend si Sarkozy évente l'information : « Édouard Philippe. »

Cette fois-ci, c'est Nicolas Sarkozy qui marque un silence. Son interlocuteur le perçoit à sa respiration. « Édouard Philippe Premier ministre », articule lentement l'ancien président en détachant chaque mot, parlant au ralenti. Avant d'ajouter, médusé : « Je ne comprends plus rien à la politique. » Nouveau blanc. Puis Sarkozy se reprend, histoire de terminer cette conservation avant d'aller analyser tranquillement la grande nouvelle du jour. « Pourquoi tu m'appelles ? demande-t-il brutalement. – Ben, c'est pour savoir si je dois accepter. – Bah, évidemment tu dois accepter ! » rétorque Sarkozy, avant de faire remarquer à son correspondant, comme à regret, qu'il sera un ministre du Budget « plus jeune que lui ». Il l'avertit aussi, façon boutade, qu'en cas de refus, « il ne lui adressera plus la parole »...

Mais, au-delà de ces deux dernières formules qui avaient fuité à l'époque, histoire de montrer aux LR que le transfuge avait reçu le feu vert de l'Ex, l'ancien président démontre aussi à Gérald Darmanin pourquoi il a tout intérêt à accepter la proposition du nouveau pouvoir : « Wauquiez va prendre le parti, analyse-t-il. Toi, tu es contre, tu n'auras plus d'espace. Maintenant, y a trois choses que tu vas faire. Un, tu prends un directeur de cabinet, et quelqu'un à toi. C'est toi qui le choisis, même si c'est un nul. Deux, tu prends l'appartement du 6e étage à Bercy. Trois, il te faut un bureau à Matignon, le ministre du Budget passe son temps à dégainer entre Bercy, Matignon et l'Assemblée nationale. Un ministre du Budget passe 50 % de ses journées à Matignon et 50 % à l'Assemblée. »

« Il me dit : "Bon courage, tu seras bon." Et il raccroche », conclut le LR en transhumance vers la Macronie. C'est ce qui s'appelle un coup de fil utile. Non seulement l'élu du Nord obtient un feu vert de poids, qui calmera ses anciens amis, mais il a glané au passage trois précieux conseils. Qu'il suivra à la lettre.

À presque cinq ans de distance, le ministre de l'Intérieur se souvient de chaque mot de la conversation. Il souligne combien Nicolas Sarkozy « a gardé le silence » sur le nom du Premier ministre et reste admiratif du sens du détail de son « parrain ». Nul autre que ce dernier ne l'aurait interrogé de la sorte. L'Ex a d'ailleurs obtenu, en échange de son feu vert et de conseils, une foule d'informations sur les premières heures du nouveau locataire de l'Élysée.

Coups de fil

Dans la foulée, Gérald Darmanin contacte Alain Juppé. L'ancien favori des sondages éliminé de la primaire se trouve à Bordeaux. Lui aussi a dû regarder la cérémonie de passation de pouvoir qui aurait pu être la sienne. La conversation dure une poignée de secondes. « D'une grande chaleur humaine, raconte le nouveau ministre du Budget. Il me dit que c'est un beau poste et me souhaite bonne chance. » Par la suite, le directeur de cabinet du maire de Bordeaux, l'appelant pour le féliciter, lui confiera : « Alain a été très content que tu l'appelles. » « Cela ne s'est pas senti », en sourit encore le Nordiste.

Coup de fil ensuite à Xavier Bertrand, son autre mentor : « Qui me dit : "Tu as raison, vas-y." »

Puis à Édouard Balladur : « Oh, c'est un très beau poste, je l'ai occupé. Nicolas Sarkozy avait beaucoup insisté pour l'avoir à l'époque », glisse l'ancien Premier ministre, vacherie toujours à portée de main. Lucide, le rival malheureux de Jacques Chirac raisonne juste : « En faisant cela, vous allez empêcher la droite de se reconstruire. » Mais il demande aussi : « Que savez-vous de la politique des finances publiques du nouveau président ? » Gérald Darmanin est franc : « Rien. – Mais vous ne pouvez pas refuser », conclut Balladur.

Appels à Dominique de Villepin et Jean-Pierre Raffarin qui, tous les deux en Chine pour affaires, approuvent.

Appel à Éric Woerth qui n'est ni ancien président ni ancien Premier ministre, mais que Gérald Darmanin a envie de consulter, probablement en mémoire de la petite blessure d'orgueil occasionnée par l'épisode de la commission des Finances de l'Assemblée, en 2012. « Woerth est le seul à lui avoir dit de ne pas y aller », rapporte Michel Bettan, chez qui l'élu de Tourcoing s'est rendu ce soir-là. « Woerth ne m'a pas dit de ne pas y aller, mais d'attendre les législatives, corrige l'intéressé. Je lui ai répondu : "Éric, il n'y a aucun intérêt à attendre les législatives. Je ne serai pas ministre si j'attends puisque c'est pour gagner les législatives qu'il nous prend." Woerth m'a répliqué que j'allais les emmerder, qu'il y aurait une vague contre eux... »

Jalousies

De fait, cent députés LR vont aller au tapis. « C'est pour ça qu'on a été embauchés », redit aujourd'hui Gérald Darmanin, qui estime « avoir été correct en appelant tous les anciens de la maison ».

Mais l'étiquette du traître et du félon le tourmente : « C'est Édouard Philippe qui a mis cent députés au tapis, pas moi », se défend-il. Et d'expliquer sa vision des choses : « Moi, on ne m'a jamais rien donné. En 2012, il a fallu que je me batte pour décrocher ma circonscription. Pour Copé, j'étais l'homme de Bertrand et il ne m'a même pas reçu. Lavrilleux[3] m'a dit : "Si jamais

3. Jérôme Lavrilleux était alors directeur de cabinet de Jean-François Copé à la présidence de l'UMP.

tu gagnes, tu pourras dîner avec Jean-François Copé." Ça motive... J'ai été élu en pleine vague rose dans un secteur hyperpopulaire alors que tous les autres se retrouvaient soit battus, soit élus dans des quartiers bourgeois... Considérer que j'étais l'enfant prodige, le petit Maradona, revient à reconstruire l'histoire. J'étais proche de Sarko, certes, mais tous les autres voulaient me dézinguer. »

L'élu de Tourcoing n'a pas oublié – ni digéré, semble-t-il – « leur refus à tous » quand il a souhaité devenir secrétaire général de l'UMP et que Nicolas Sarkozy, à nouveau président du parti en 2014, lui a préféré Laurent Wauquiez. « Jacob ne m'a jamais aimé. Wauquiez me détestait. Pour Pécresse, je ne sais pas si je sais lire ou écrire... » En politique, les blessures d'amour-propre peuvent être vives, profondes. Et durables.

« Il faut se remettre dans le contexte, commente en outre Michel Bettan. La droite venait de perdre la présidentielle. Si Juppé avait gagné, Édouard Philippe aurait été, au mieux, secrétaire d'État ! Jamais de la vie secrétaire général de l'Élysée. Quant à Gérald, il aurait pu espérer une présidence de groupe à l'Assemblée. Je ne suis même pas sûr qu'il aurait été secrétaire d'État. Globalement, ils n'auraient rien eu. Nada. »

Le fils d'Annie et Gérard Darmanin entrevoit une autre explication au ressentiment de ses anciens compagnons : une forme de déception. Il se souvient de conversations entre Xavier Bertrand et Alexis Kohler pendant la campagne d'où il ressortait que d'autres espéraient un appel et un poste... « Je pense que Xavier a plus imaginé qu'il ne le dit que l'aventure Macron pouvait être intéressante, lâche-t-il. Lui aussi aurait pu être appelé. » L'élu de Tourcoing raconte en fait avoir souvent interprété « la guerre de la droite contre Édouard Philippe et nous » comme une forme de jalousie : « Certains se sont demandé : pourquoi eux et pas nous ? Plein d'élus de droite ont fait la guerre à Emmanuel Macron mais, dans le même temps, rêvaient d'entrer au gouvernement. Y compris dans la seconde partie du quinquennat. » Pas question de donner des noms, mais le ministre affirme pouvoir « en citer une bonne quinzaine ».

Cahuzac

Ce dimanche 14 mai 2017, toujours pendu au téléphone, Gérald Darmanin franchit la Seine et se retrouve dans le quartier de Saint-Germain. Alors qu'il parle avec Édouard Philippe, un type à scooter, casqué, lui fonce dessus. Paniqué, Gérald Darmanin annonce au maire du Havre qu'il va « se faire casser la gueule » mais l'agresseur supposé est en fait Jérôme Cahuzac, l'ancien ministre du Budget de François Hollande, balayé de la politique pour cause de compte en Suisse, qui l'a reconnu. Cahuzac ignore évidemment que Darmanin sort de l'Élysée où on lui a proposé son ancien bureau. Au contraire, le paria imagine l'élu LR de Tourcoing, notoirement proche de Sarkozy, relégué au moins pour cinq ans dans l'opposition. « Vous avez perdu, mais ce n'est pas grave, dans un quinquennat vous gagnerez », lui lance-t-il, hilare, ignorant à quel point il se trompe. L'histoire est facétieuse...

Et l'anecdote ne s'arrête pas là. La compagne du socialiste, qui observe la scène, prend l'interlocuteur de son mari, avec son téléphone en main, pour un paparazzi en planque devant chez eux et l'invective. Jérôme Cahuzac l'interrompt : « Mais non, tu ne comprends rien, ce n'est pas un photographe, mais

Gérald Darmanin, un jeune prodige de la droite. » Ils enfourchent leur scooter. En démarrant, l'ancien ministre du Budget dit à son successeur : « Appelez-moi un jour, on peut prendre un café. Et surtout ne désespérez pas. » Darmanin les regarde filer un sourire en coin.

Cet épisode, relaté dans son livre[4], apparaît comme un signe du destin. Un passage de relais décidé par le hasard, ce dieu complexe et imprévisible de la politique.

Le lendemain, lundi 15 mai 2017, à 14 h 53, Édouard Philippe est officiellement nommé à Matignon. Initialement prévue le mardi 16, l'annonce de la composition de son premier gouvernement, le quarantième de la Ve République, a lieu le mercredi 17 à 15 heures. Il compte dix-huit membres. Dont Bruno Le Maire, ministre de l'Économie. Et Gérald Darmanin, ministre de l'Action et des Comptes publics. Dans un communiqué sur le vif, Bernard Accoyer, secrétaire général de LR, considère que « les membres de sa famille politique qui ont choisi de rejoindre ce gouvernement ne font plus partie des Républicains ». Mais la procédure d'exclusion contre l'élu de Tourcoing attendra le mois d'octobre suivant.

« Quelle histoire ! »

En attendant, ce 17 mai, pour le nouveau ministre, l'heure est à la joie, à la douce euphorie mêlée d'appréhension qui précède toute prise de fonction. Le soir même, dans le bureau d'Édouard Philippe à Matignon,

4. Gérald Darmanin, *Chroniques de l'ancien monde*, *op. cit.*

un premier dîner rassemble le directeur de cabinet du Premier ministre, Benoît Ribadeau-Dumas, Thierry Solère, Gilles Boyer, Sébastien Lecornu et Charles Hufnagel. « Quelle histoire ! » plaisantent-ils, reprenant en riant la formule que répétait Nicolas Sarkozy pendant les affaires Fillon. En avril, aucun n'aurait parié un centime sur la possibilité de ce dîner... On n'attend plus que le benjamin de l'équipe. Or « Gérald » est en retard... L'élu de Tourcoing n'est encore jamais venu à Matignon. Il se présente à l'accueil. Bientôt un huissier l'accompagne. Il monte l'escalier. L'huissier ouvre la porte qui donne sur le splendide bureau du Premier ministre, où on s'impatiente. Le nouveau responsable des Comptes publics entre. Il fait un pas, puis s'immobilise brutalement. Les autres le regardent, interloqués. Et Darmanin lance à haute voix, en pointant les mains vers eux : « C'est un hold-up ! » Ce sera le premier fou rire des transfuges du gouvernement.

10

L'affaire Patterson

Sur le perron de l'Élysée, ce 15 mai 2017, avec un tempo de métronome, Alexis Kohler, nouveau secrétaire général d'Emmanuel Macron, égrène les noms des dix-huit ministres et quatre secrétaires d'État du gouvernement Philippe. « Ministre de l'Action et des Comptes publics : Gérald Darmanin. » Le treizième dans l'ordre protocolaire.

Quand elle entend ce nom, Olga, dite Sophie, Patterson sursaute. Dans son luxueux appartement parisien, cette grande brune de quarante-cinq ans, ancienne call-girl à l'élégance bourgeoise – elle est issue d'une famille d'avocats –, reste bouche bée devant sa télévision : « Mais pas lui, c'est pas possible ! » Dans la foulée, prise d'une colère noire, elle envoie un SMS à Pierre Spatz, son mari[1], ingénieur dans la finance qui rentre de Singapour – « Il est nommé, il faut faire quelque chose » – et appelle le standard de l'Élysée. D'une voix autoritaire, dans un mélange d'émotion et d'énervement, elle demande à parler à quelqu'un « tout de suite ». Ce

1. Mariés en 2002, Sophie Patterson et Pierre Spatz sont séparés depuis 2014 mais restent en bons termes.

qu'elle a à dire est de la plus haute importance. « On vous rappelle », répond la standardiste. La présidence de la République la recontacte sur son portable. Sophie Patterson raconte alors à son interlocuteur son « traumatisme » depuis une soirée passée avec Gérald Darmanin le 17 mars 2009. Après un dîner au restaurant Chez Françoise, elle affirme qu'ils se sont rendus au club libertin Les Chandelles puis à l'hôtel Montpensier où ils ont eu une relation sexuelle. Consentie selon lui. Contrainte pour elle, et d'après son récit, contrepartie d'un « chantage » et de la promesse du désormais nouveau ministre d'intervenir dans un dossier judiciaire... « Mais que voulez-vous exactement, madame ? » demande la voix à l'autre bout du fil. « Je veux qu'il démissionne ! » hurle l'appelante[2]. L'Élysée est désormais officiellement au courant de l'« affaire Patterson ».

Le planton de l'Élysée

Deux jours après ce premier coup de fil, le 17 mai, le mari de Sophie Patterson, Pierre S., écrit au garde des Sceaux, François Bayrou, faisant une référence explicite à Emmanuel Macron qui entend moraliser la vie politique : « Aujourd'hui, Gérald Darmanin est devenu ministre et il me paraît évidemment indigne de représenter cette République exemplaire prônée par le président de la République, dénonce-t-il. Je vous prie donc de diligenter une enquête par rapport à cet abus de faiblesse, abus de pouvoir, voire viol. »

Ce même jour, pendant que son époux rédige cette missive, Sophie Patterson sort promener son chien,

2. Entretien avec l'un des auteurs le 23 janvier 2022.

un shiba inu. À l'Opéra, elle change d'itinéraire et bifurque vers l'Élysée. Au poste de sécurité, elle se dirige vers le planton : « Je veux voir M. Macron », ordonne-t-elle, passablement énervée. Les hommes de la Garde républicaine tentent de la calmer et lui demandent de les suivre. Mais qui est cette femme ? Sophie Patterson n'a jamais ses papiers sur elle. L'un des membres de la sécurité récupère son portable et appelle son mari.

Pierre Spatz fonce à l'Élysée. Il vient récupérer son épouse qui s'est calmée. Bien sûr, elle n'a pas vu le président, mais a largement expliqué aux policiers qui l'entourent les raisons de son courroux. Pour la deuxième fois en moins de trois jours, l'Élysée est prévenu qu'une femme accuse de viol l'un des ministres du gouvernement Philippe.

Première plainte

Dans la foulée, le 6 juin 2017, Sophie Patterson dépose une plainte pour viol, laquelle est classée le 11 juillet par la vice-procureure de Paris. Elle a tout simplement refusé de se rendre aux quatre convocations des policiers, souhaitant être accompagnée d'un avocat. Le 11 juillet, le parquet de Paris lui écrit : « Face à votre refus d'être entendue et en l'absence de tout élément permettant de diligenter une enquête sur les accusations que vous avez portées, je vous informe que je procède ce jour au classement sans suite de la procédure, l'infraction n'étant pas établie. » Gérald Darmanin, lui, n'a pas été entendu.

Dans les semaines qui suivent, Sophie Patterson change de conseil et lance de nouvelles poursuites à l'encontre du ministre des Comptes publics. Comme dans toute affaire d'atteinte sexuelle, une enquête préliminaire est ouverte automatiquement en janvier 2018. Même résultat. Au bout d'un mois, la plainte est classée sans suite « pour absence d'infraction ». Le 28 février suivant, afin de relancer le dossier une troisième fois, Sophie Patterson dépose une nouvelle plainte et se constitue partie civile, mais la juge Aïda Traoré, en août 2018, refuse de poursuivre les investigations. « Le défaut de consentement de la partie civile ne suffit pas à caractériser le viol. Encore faut-il que le mis en cause ait eu conscience de lui imposer par surprise un acte de pénétration sexuelle [...]. En conséquence, il est manifestement établi que les faits de viol n'ont pas été établis », écrit la magistrate instructrice.

Une nouvelle bataille de procédure se déroule en coulisses. En juin 2020, après plusieurs recours, la justice décide finalement d'ouvrir une information judiciaire.

En face, les avocats de Gérald Darmanin ont déposé plainte dès le 17 juin 2017 pour dénonciation calomnieuse, soupçonnant un règlement de comptes politique. «Je pense qu'il y a un lien entre le dépôt de la plainte et ma nomination au gouvernement, dira le ministre devant la juge Mylène Huguet. Olga Patterson avait fait campagne pour François Fillon jusqu'au bout et je suis certain qu'elle m'en a voulu d'avoir rejoint l'équipe du président[3]. »

Le 25 janvier 2018, la plaignante est entendue par la police judiciaire parisienne. Devant les enquêteurs, elle

3. Première audition de Gérald Darmanin en tant que témoin assisté, le 14 décembre 2020.

raconte sa vie, admet avoir été escort girl à l'époque de ses vingt-cinq ans mais jure avoir arrêté depuis plus de vingt ans. Elle assure avoir souffert de cette image de « prostituée de luxe » qui l'a toujours desservie dans ses combats judiciaires. En tout cas, elle « ne regrette rien de ces années, de ces moments passés avec des hommes qui sont devenus des amis, son cercle familial ». Elle jure aussi n'avoir jamais pratiqué cette activité de « manière industrielle ». Comment a-t-elle pu en arriver à déposer plainte pour viol contre l'un des ministres du gouvernement Philippe ? C'est une longue histoire.

Chantage

Les premiers faits de cette affaire gigogne remontent à 1998. À l'époque, Sophie Patterson, qui se prostitue occasionnellement, engage une relation avec François S., alors au chômage. Rapidement, la jeune femme lui reproche de vivre à ses crochets et de se montrer d'une « jalousie possessive ». En 2000, elle lui demande de quitter avant son retour de vacances le domicile qu'elle lui a offert. Elle part sans lui à Saint-Barth, et, quand elle rentre au bout d'un mois, découvre une facture d'un montant équivalent à 3 000 euros de Minitel rose dont elle exige le remboursement.

« C'est une fille à principes, elle ne trouve pas cela normal », explique l'un de ses proches. Les mois filent mais rien ne se passe. Sophie Patterson appelle, furibarde, la famille de son ex, s'énerve en termes crus, réclame son argent, multipliant les invectives durant cette année 2000.

Elle l'ignore mais François S. dépose une plainte le 8 février 2000 pour « chantage », « appels téléphoniques malveillants réitérés » et « menaces de crime ». Entre-temps, Sophie Patterson déménage sans savoir que, dans cette procédure dont elle dit ignorer l'existence, la justice souhaite l'interroger. Les convocations s'amoncellent dans la boîte aux lettres de son ancien domicile sans qu'elle en ait jamais connaissance, dit-elle.

La plainte prospère jusqu'à la tenue d'un procès en octobre 2003, en son absence. Les attendus du jugement sont sévères : « Alors qu'il avait décidé de ne plus accéder aux demandes de son amie, concluent les magistrats, celle-ci a continué à le menacer ainsi que son entourage familial, lui réclamant la somme de 40 000 francs (7 725 euros) pour solde de tout compte. »

Le 16 octobre 2003, la 10e chambre du tribunal correctionnel de Paris condamne Sophie Patterson à un an de prison ferme et maintient les effets du mandat d'arrêt lancé contre elle. La Parisienne est considérée comme une fugitive.

Souricière

Un an plus tard, en juillet 2004, l'ancienne call-girl et son mari, Pierre Spatz, ignorant cette condamnation, s'apprêtent à s'envoler pour les États-Unis. Les passeports doivent être renouvelés. Une formalité en principe. Le lundi 19 juillet 2004, Sophie Patterson se rend à la préfecture de police. Là, l'ambiance se tend. Un policier lui demande de le suivre, sans explication. Un mandat de dépôt est prononcé à son encontre et l'envoie pour une nuit dans la « Souricière » puis pour deux nuits et trois jours à la prison de Fleury-Mérogis. Le ciel lui tombe sur la tête. Elle se retrouve avec une femme enceinte de huit mois qui hurle de douleur. « Ce souvenir-là, vous ne l'enlevez jamais de votre tête ni de votre corps », confie Sophie Patterson. De cette incarcération, il lui restera un traumatisme, une blessure qui ne se refermera jamais et changera le cours de sa vie : « Il y a longtemps qu'une partie de moi est morte. »

Léon-Lef Forster, pénaliste parisien de renom, est appelé pour la sortir de Fleury. Dans la foulée, l'avocat obtient l'annulation du premier procès en arguant que sa cliente a été jugée par défaut. Une nouvelle audience est programmée pour octobre 2004. Cette fois, l'accusée est bien présente. Mais les choses ne se passent pas comme elle l'espérait. D'emblée, elle a l'impression d'être jugée pour ses anciennes activités d'escort girl, d'être vue comme une femme de mauvaise moralité. Les magistrats lui demandent la liste de ses anciens clients. La prévenue répond « secret professionnel » et campe sur ses positions. Son ex-compagnon, anéanti par leur rupture, aurait souhaité se venger en saisissant la justice, dit-elle. Mais sa défense ne convainc pas. « Il ressort clairement de l'ensemble des témoignages recueillis tant de l'entourage familial et amical de la partie civile que de son entourage professionnel que celle-ci [François S.] a été soumise à un harcèlement constant matérialisé soit par des appels téléphoniques, soit par des menaces d'atteinte physique ou de dénonciation, destinés à obtenir la remise de fonds », relève le tribunal correctionnel de Paris.

La peine de Sophie Patterson est cependant réduite à dix mois de prison avec sursis, deux ans de mise à l'épreuve et 15 000 euros de dommages et intérêts. L'appel, en avril 2005, confirmera cette peine.

« L'emmerdeuse »

Les choses auraient pu s'arrêter là. Sophie Patterson aurait pu reprendre le cours d'une vie agréable et oisive, à l'abri du besoin, bénéficiant d'un train de vie confortable auprès de son mari entre ses voyages à Saint-Barth et son charmant pied-à-terre parisien dans le quartier chic de l'Opéra. Beaucoup auraient fait ce choix. Mais la jeune femme ne peut s'y résoudre. Son court séjour en prison et sa condamnation, même s'il s'agit d'un sursis, la plongent dans une profonde dépression alimentée par un sentiment d'injustice. « Je suis restée enfermée quatre ans dans mon lit », dit-elle quand elle évoque cette période. Cette affaire la mine, l'obsède, la dévore. Elle devient le combat de sa vie... Tout ne tourne plus qu'autour d'un seul objectif : faire réexaminer son dossier. « Mon mari me le dit encore aujourd'hui : personne ne fait cela pour une peine de sursis », poursuit-elle. Avec constance et énergie, elle va frapper à toutes les portes. Parfois avec véhémence. « Ah ! c'est l'emmerdeuse », disent d'elle nombre de ses interlocuteurs à l'UMP.

L'« emmerdeuse » a en effet adhéré à l'UMP. Elle s'y est inscrite en 2007, juste avant l'élection de Nicolas Sarkozy, séduite, raconte-t-elle, par le personnage politique[4]. Elle multiplie les courriers pour réclamer un nouveau procès, s'adressant à l'Élysée, au ministère de la Justice, à Jean Sarkozy, mais aussi à Philippe Houillon, député UMP du Val-dOise et rapporteur de la

4. En 2017, elle soutiendra François Fillon et, persuadée qu'il a été « accusé à tort », sera présente au meeting du Trocadéro le 5 mars 2017, lors duquel il annoncera maintenir sa candidature à la présidentielle malgré les « affaires » qui le touchent.

commission d'Outreau[5]. En mars 2007, celui qui incarne le défenseur d'innocents injustement condamnés relaie le courrier auprès de Pascal Clément, le dernier ministre de la Justice de Jacques Chirac. « Je recevais beaucoup de lettres de personnes qui se plaignaient que leur sort soit injuste ou que leur dossier n'avance pas. Je pense avoir transmis au garde des Sceaux sa demande mais je ne suis pas intervenu directement dans ce dossier[6] », se souvient l'ancien député.

À cette période, le chef de cabinet de l'Élysée informe Sophie Patterson que le ministre de la Justice a été saisi. Mais, avec le changement d'équipe gouvernementale, il ne se passe toujours rien. La Parisienne ne désarme pas. En mars 2009, elle poursuit son lobbying en appelant l'UMP. Marie-Chantal Schwartz, assistante de Frédéric Lefebvre, porte-parole du parti et proche de Sarkozy, l'invite à se déplacer. La voilà au siège, rue de La Boétie, dans le 8e arrondissement, où Marie-Chantal Schwartz lui présente un jeune conseiller aux affaires juridiques, l'« étoile montante » du parti Gérald Darmanin.

Invitation à dîner

Âgé de vingt-six ans, le conseiller municipal de Tourcoing s'entretient avec elle une quinzaine de minutes, soucieux de son sort. Il lui promet de se

5. La commission d'enquête parlementaire sur Outreau – affaire d'agressions sexuelles sur mineurs concernant des faits qui ont eu lieu entre 1997 et 2000 – a été chargée en 2006 de rechercher les causes de dysfonctionnements de la justice dans cette affaire et de formuler des propositions pour éviter leur renouvellement.

6. Entretien avec l'un des auteurs le 5 janvier 2022.

renseigner sur les modalités de révision d'un procès. Sophie Patterson racontera plus tard devant un juge que Gérald Darmanin s'est interrompu un moment, lui murmurant à voix basse qu'il y avait des caméras et des micros dans la pièce[7].

La justiciable ressort ravie et soulagée. Voilà enfin quelqu'un, pense-t-elle, qui a su l'écouter, qui s'est engagé à faire bouger les choses. Cela la change des lettres types empilées sur son bureau – « Nous vous tiendrons informée de la suite de votre démarche... » Elle va pouvoir, espère-t-elle, être à nouveau jugée sur le fond.

Gérald Darmanin se manifeste plus vite que prévu. Une petite demi-heure après leur entrevue, Sophie Patterson reçoit un appel du conseiller juridique. Celui-ci la rassure – son dossier va bien être examiné – et d'ailleurs, peut-être pourraient-ils, rapporte-t-elle, « en parler lors d'un dîner ». Surprise, la jeune femme commence par décliner l'invitation, proposant plutôt « un déjeuner » ou « un café ». Gérald Darmanin insiste, à l'en croire. Elle hésite, puis capitule devant l'une des rares personnes qui a pris le temps de l'écouter[8]. Gérald Darmanin ne s'en cache pas : il a trouvé cette adhérente de l'UMP « agréable et jolie[9] ».

À son retour chez elle, Sophie Patterson raconte à son mari son entretien avec celui qui va peut-être tout débloquer. Elle lui demande de l'accompagner à ce dîner avec un chargé de mission de l'UMP de onze ans son cadet. Pierre Spatz, las de cette affaire qui mine son couple depuis de longs mois, refuse.

7. Lors de sa confrontation avec Sophie Patterson, le 12 mars 2021, Gérald Darmanin a contesté formellement ces faits.

8. Le 12 mars 2021, Gérald Darmanin a indiqué que c'était « plutôt elle » qui l'avait invité à dîner puisqu'« elle avait payé le restaurant ».

9. Confrontation du 12 mars 2021.

Un dernier verre

Le 17 mars 2009 au soir, Sophie Patterson retrouve Gérald Darmanin sous l'esplanade des Invalides au restaurant Chez Françoise, une ruche où députés et sénateurs déjeunent avec des journalistes autour d'une noix de ris de veau et d'un crozes-hermitage. On vient d'abord là pour être vu par le Tout-Paris.

Gérald Darmanin et Sophie Patterson n'ont pas les mêmes souvenirs de la soirée. Le premier évoque une conversation qui a musardé entre l'actualité politique et leurs vies personnelles respectives, la seconde une discussion consacrée en grande partie à son dossier, que le futur ministre de l'Intérieur « connaissait par cœur ». Gérald Darmanin lui aurait parlé de son grand-père tirailleur algérien et lui aurait promis de lui faire rencontrer Nicolas Sarkozy[10].

Lorsque l'affaire éclatera huit ans plus tard, Gérald Darmanin affirmera que, durant ce dîner, Sophie Patterson lui « a fait des avances », lui « a mis la main sur les genoux, sur les jambes et sur le sexe »[11]. « C'est pathétique. Je ne l'ai jamais touché sexuellement. Je ne me suis jamais comportée comme cela de ma vie avec aucun homme », contre-attaque la plaignante. Elle prétend au contraire que Chez Françoise, Gérald Darmanin lui a pris la main en murmurant : « Vous aussi, il va falloir m'aider[12]. » Le dîner terminé, elle aurait dit à son invité qu'elle souhaitait rentrer car son mari l'attendait. Elle jure que Gérald Darmanin

10. Lors de leur confrontation du 12 mars 2021, Gérald Darmanin a démenti ces allégations.

11. Le 12 mars 2021, Sophie Patterson a démenti cette version.

12. Gérald Darmanin conteste fermement ces déclarations lors de ses déclarations au juge.

lui a demandé une ultime faveur : boire un dernier verre. « Elle n'a jamais dit que son mari l'attendait. Je n'ai pas eu à insister pour qu'elle reste avec moi. C'était un dîner sensuel et agréable », rétorque l'intéressé, à nouveau en ferme désaccord avec le récit de Sophie Patterson. « C'était délicat. Il ne fallait pas rester en froid avec lui et en même temps il n'était pas question qu'il se passe la moindre des choses », analyse aujourd'hui la plaignante.

Les Chandelles

Une chose est sûre : Sophie Patterson et Gérald Darmanin se rendent aux Chandelles, un club libertin du 1er arrondissement, entre l'Opéra et les jardins du Palais-Royal. Paillettes, tentures rouges, alcôves et miroirs au plafond... Les Chandelles, une institution dans la capitale, alimente depuis des décennies fantasmes et rumeurs et attire des touristes en quête de frissons, des stars du show-biz, des hommes politiques, comme Dominique Strauss-Kahn, qui ne s'en est jamais caché. « Écrin unique, savourez une atmosphère magique et jouissez d'un boudoir extatique : venez honorer de votre présence Les Chandelles, temple des plaisirs partagés et des audaces exquises », annonce le site internet de l'établissement.

Sophie Patterson s'est déjà rendue « une ou deux fois dans un club échangiste » dans le cadre de ses activités passées d'escort. Elle accepte finalement ce dernier verre, persuadée que sa tenue – un pantalon Jitrois et un body – ne lui permettra pas de passer le barrage du physionomiste. Gérald Darmanin, « un habitué », selon elle, aurait insisté auprès du portier pour qu'il la laisse entrer. Encore une fois, les souvenirs des deux acteurs de cette soirée divergent. « Elle avait une robe ou une jupe courte. Je n'ai pas insisté auprès du portier pour qu'il la laisse entrer[13] », affirme Gérald Darmanin. Elle dit avoir cherché à l'éviter une fois à l'intérieur et s'être rendue au fumoir et au bar à plusieurs reprises. Lui maintient que sa compagne d'un soir l'a embrassé : « Ce qui, en général, est ce qu'on fait quand une personne vous dit qu'elle a envie de vous. »

Le ministre, comme son invitée d'ailleurs, indique qu'il ne s'est rien passé pendant les quatre-vingt-dix minutes passées dans ce club où des salons en sous-sol sont dédiés aux ébats des clients : « On avait envie d'un endroit plus intime. »

Sophie Patterson affirme qu'elle a demandé à rentrer à plusieurs reprises, car son mari l'attendait. Une seule chose la retient, prétend-elle : son « dossier ». « Dans un club échangiste, on ne peut pas partir seul quand on est accompagné. En repartant seule, j'aurais créé une situation embarrassante pour Gérald Darmanin », explique-t-elle au juge. Là encore, Gérald Darmanin conteste : il serait évidemment parti si « elle le lui avait demandé ».

La suite de la soirée est elle aussi sujette à controverse. En quittant finalement Les Chandelles, Sophie Patterson accepte d'accompagner Gérald Darmanin à l'hôtel Montpensier. Douze ans plus tard, la juge d'instruction Mylène Huguet lui posera la question centrale, celle du consentement :

« Pour quelle raison avez-vous accepté de vous rendre à l'hôtel avec Gérald Darmanin ?

– Je ne sais pas. Il m'a repris la main. Il m'a dit qu'il allait m'innocenter. Il m'a à nouveau dit qu'il fallait que

13. Confrontation du 12 mars 2021.

je l'aide moi aussi. J'étais au pied du mur. [...]. La seule chose qui pouvait me redonner la vie, c'était mon dossier. »

Sophie Patterson dit encore qu'une fois dans la chambre, elle s'est trouvée dans l'incapacité de quitter les lieux. Elle indique avoir demandé à Gérald Darmanin d'aller « chercher des produits de toilette pour gagner du temps[14] ». Ce dernier explique que sa compagne d'un soir considérait que les produits de la salle de bain « n'étaient pas assez bien » et qu'il s'est donc exécuté en lui rapportant du shampooing, du gel douche, du dentifrice et une brosse à dents.

Pour les avocats du politique, cet épisode prouve bien qu'il y a eu consentement car Sophie Patterson aurait pu profiter de ce moment pour s'enfuir. Lors de sa confrontation, la plaignante dira qu'elle était « paralysée » ; « j'étais morte pour mon dossier. Je n'ai pas réussi à bouger et à partir ». Le couple a un rapport sexuel, consenti selon Gérald Darmanin, « en mode robot » selon Sophie Patterson. « Même en ne prenant en compte que les déclarations de Mme Patterson, y compris celles qui sont contestées par notre client, il est impossible de caractériser un viol[15] », assure Me Mathias Chichportich, l'avocat du ministre.

« Soumission passive »

Une première expertise psychologique judiciaire indiquera que la plaignante « était dans une situation de soumission passive et d'emprise dans l'espoir de son

14. Confrontation du 12 mars 2021.
15. Entretien avec les auteurs le 10 janvier 2022.

innocence, en état de choc avec des troubles dissociatifs[16] ». Une autre sera en revanche plus nuancée. « On m'a décortiquée comme une crevette. J'étais déjà bien abîmée », se souvient Sophie Patterson.

De son côté, Gérald Darmanin évoque un libre consentement de son invitée du soir : « À plusieurs reprises, nous nous sommes dit que nous avions envie mutuellement l'un de l'autre. Tous ces éléments font que je n'ai eu aucun doute le soir des faits[17]. »

Au petit matin, Sophie Patterson rentre chez elle dans un état d'extrême agitation. « Je ne l'avais jamais vue comme cela, affirme son mari dans son audition. Elle me dit qu'elle a été obligée de coucher avec lui si on voulait réviser le dossier[18]. » Quelques mois plus tard, le 6 novembre 2009, Sophie Spatz dénonce le comportement de Gérald Darmanin auprès de Jean-François Copé, député de Seine-et-Marne et président du groupe UMP à l'Assemblée. « Nous lui avons fait une lettre en disant : "Madame, si vous avez un grief à reprocher à qui que ce soit, il faut saisir le procureur de la République" », se souvient Jérôme Lavrilleux, le bras droit de Jean-François Copé[19].

Lettre de MAM

Quoi qu'il en soit, pendant cette période, les contacts entre Gérald Darmanin et Sophie Patterson perdurent après cette soirée. La militante UMP

16. Expertise du 31 janvier 2018 de 18 h 30 à 23 heures.
17. Confrontation du 12 mars 2021.
18. Audition du 26 janvier 2018.
19. Entretien avec l'un des auteurs le 18 mai 2021.

précise avoir revu deux fois le conseiller juridique[20], notamment pour obtenir une copie d'une lettre de Michèle Alliot-Marie[21], garde des Sceaux de juin 2009 à novembre 2010. Gérald Darmanin a en effet demandé à la ministre de « bien vouloir faire recevoir Mme Patterson, ou, pour le moins faire étudier sérieusement son dossier qui a été transmis à vos services[22] ». Il soutient avoir écrit à la Chancellerie le 3 novembre 2009 et avoir remis à Sophie Patterson la réponse de MAM dès le 3 avril 2010.

Dans un courrier daté du 30 mars 2010, la garde des Sceaux se borne à rappeler que « le pourvoi est actuellement en cours d'examen à la Cour de cassation [...]. Il ne m'est pas possible de formuler des appréciations sur les décisions de justice ou d'intervenir dans le déroulement des procédures en cours ».

Une nouvelle fois en désaccord avec Gérald Darmanin, Sophie Patterson soutient qu'elle n'a reçu ce document qu'en septembre 2010. Elle soupçonne le cadre de l'UMP de le lui avoir longtemps caché dans le but de poursuivre leur relation.

Échange de SMS

Entre la soirée aux Chandelles de mars 2009 et juillet 2012, quand cesse tout contact entre eux, Gérald

20. Gérald Darmanin dit l'avoir revue « plus de deux fois », lors de la confrontation du 12 mars 2021.

21. Gérald Darmanin indique avoir envoyé par e-mail la copie de cette lettre à Sophie Patterson le 1er décembre 2009.

22. Extrait de la lettre révélé par *Mediapart*, Antton Rouget et Marine Turchi, « Enquête pour viol : Gérald Darmanin face à ses contradictions », 26 janvier 2021.

Darmanin et Sophie Patterson échangent cent dix-sept SMS[23]. Leur lecture démontre qu'il souhaitait la revoir.

« Libre pour prendre un verre. Gérald », écrit-il le 27 octobre 2009 à 21 h 49. « Ne me contactez plus ! » répond-elle à 22 h 53. « Si tu veux, même si j'aurais aimé prendre un dernier verre », insiste-t-il dans la minute. « J'aimerais que tu me rappelles s'il te plaît », tente-t-il à nouveau à 23 h 31. Sans succès.

Le 4 novembre, à 00 h 41, Gérald Darmanin revient à la charge : « Bonne nuit à toi. Gérald » ; « Oublie mon numéro ! » ordonne Sophie Patterson à 1 h 36. « Oui mais prenons un dernier verre », essaie-t-il encore.

Les sollicitations se poursuivent et Sophie Patterson envoie un SMS plein de colère le 17 décembre 2009, à 3 h 38, à celui qui souhaiterait tant la revoir : « Abuser de sa position ! Pour ma part c'est être un sale con !!! Surtout quand on est dans la peine, la politique te correspond bien [...]. Quand on sait l'effort qu'il m'a fallu pour baiser avec toi ! Pour t'occuper de mon dossier. Tu ne fonderas jamais une famille !!! Ta famille sera toujours l'UMP, rien d'autre ! Tu es un décalé de la vie salut. »

La réponse de Gérald Darmanin tombe à 5 h 21 : « Tu as raison, je suis sans doute un sale con. Comment me faire pardonner ? » « Merci de me redonner une chance... », ajoute-t-il à 15 h 31.

Le futur ministre livrera cette explication à la magistrate instructrice : « Entre les deux SMS, nous nous sommes eus au téléphone. Quand je lui écris que je suis sans doute "un sale con", je lui parle du fait d'avoir trompé ma fiancée[24]. »

23. La teneur de plusieurs SMS a été révélée par *Mediapart* le 26 janvier 2021.

24. Procès-verbal de la première audition de Gérald Darmain comme témoin assisté le 14 décembre 2020.

La correspondance se poursuivra jusqu'au 8 juin 2012 : cent dix-sept SMS, parmi lesquels plusieurs messages acrimonieux de Sophie Patterson et d'autres plus alarmistes.

Le 12 février 2010, la Parisienne, inquiète de ne pas recevoir sa lettre de la garde des Sceaux, alerte Gérald Darmanin : « Bonsoir Gérald, je suis fatiguée. Je ne vais pas tenir encore longtemps !!! Je me sens finie. »

Sept minutes plus tard, le jeune cadre de droite lui répond : « Ne fais pas de bêtise... Prenons un verre lundi. Je t'appelle demain. Je t'embrasse. »

Face à cette correspondance insistante, Gérald Darmanin précise qu'il n'en a pas toujours été à l'initiative : « Mme Patterson m'a notamment invité à la voir dans sa maison de Saint-Barth[25] », mentionne-t-il, en faisant référence à ce SMS reçu en juin 2012, alors qu'il vient d'être élu député. Une proposition ironique, répondra sa contradictrice.

Après la nomination de Gérald Darmanin comme ministre des Comptes publics, l'ancienne call-girl ira chercher dans un de ses tiroirs son vieil iPhone 1, dans la mémoire duquel dormaient ces cent dix-sept messages. Ils vont s'avérer des éléments moins friables que les récits contradictoires de la plaignante et de l'accusé, déformés par le temps et guidés par des intérêts divergents.

25. Audition du 12 février 2018 au 1er district de police judiciaire de Paris.

Confrontation glaciale

Sophie Patterson et Gérald Darmanin, d'abord entendus séparément, se retrouvent tous deux face à la juge Mylène Huguet le 12 mars 2021. Neuf heures de confrontation au cours desquelles la magistrate tente de reconstituer le fil de cette soirée, du dîner Chez Françoise jusqu'à la chambre de l'hôtel Montpensier, pour répondre à une seule question : y a-t-il eu consentement ou non ?

Ce jour-là, le ministre de l'Intérieur est entendu comme témoin assisté, un statut à mi-chemin entre ceux de témoin et de mis en examen. Accompagné de ses deux avocats, Mathias Chichportich et Pierre-Olivier Sur, Gérald Darmanin, le dossier d'instruction posé sur ses genoux, est sous le feu roulant des questions des deux avocates de la plaignante, Marjolaine Vignola et Élodie Tuaillon-Hibon[26], connues pour défendre les femmes victimes de violences :

« Avez-vous couché avec toutes les femmes pour lesquelles vous êtes intervenu ?

– Non.

– Avez-vous couché avec certaines femmes pour lesquelles vous êtes intervenu ?

– Je n'ai couché avec aucune femme en contrepartie d'une intervention.

– Sans parler d'échange ou de contrepartie, vous est-il arrivé d'avoir des rapports sexuels avec des femmes pour lesquelles vous aviez pu intervenir ?

– Oui, notamment avec mon épouse actuelle.

– Dans quelles circonstances êtes-vous intervenu pour votre épouse ?

26. Les deux avocates n'ont pas souhaité répondre à nos questions.

– Je ne veux pas répondre à cette question qui concerne ma vie privée et mon épouse. »

Dans le bureau de la juge, les avocats se rendent coup pour coup.

« C'était tendu, il y a eu des moments difficiles », admet un participant. La plaignante et le ministre de l'Intérieur ne lâchent rien. Gérald Darmanin sait bien que le récit de son accusatrice ne permet pas de caractériser une infraction pénale, mais qu'il doit millimétrer ses réponses. Éviter d'en dire trop. Ne pas tenter de convaincre. Simplement se défendre au plus près. « Tu n'es pas à l'Assemblée nationale », l'ont mis en garde ses avocats en préparant l'audition. Face au « premier flic de France[27] » et aux questions de ses deux défenseurs, la plaignante maintient son cap. Sophie Patterson et Gérald Darmanin savent qu'ils vivent leur dernière rencontre. Elle est glaciale de bout en bout.

Ex-épouse

Notamment quand il est question de Morgane... À la lecture de certaines déclarations de Gérald Darmanin révélées par *Mediapart*[28], une femme s'est en effet manifestée auprès de la juge.

Début mars 2021, quelques jours à peine avant la confrontation, Morgane, l'ex-épouse du ministre de l'Intérieur, a envoyé un courrier à la magistrate chargée de l'affaire, demandant à être entendue. « Elle s'est sentie

27. La formule est de Clemenceau en 1906, et a été reprise par Charles Pasqua en 1986.

28. Marine Turchi et Antton Rouget, « Enquête pour viol : Gérald Darmanin face à ses contradictions », « Affaire Darmanin : deux dossiers aux nombreuses similitudes », *Mediapart*, 26 et 28 janvier 2021.

la grande oubliée dans cette affaire, car, en mars 2009, elle était fiancée avec Gérald Darmanin », confie une amie qui a requis l'anonymat. Dans sa lettre, l'ancienne élève de Sciences Po Lille se propose de revenir sur certaines déclarations de son ex-mari qu'elle juge « erronées ». Une chose est sûre, elle a vécu douloureusement sa séparation d'avec Gérald Darmanin. Au début de sa carrière politique, elle fut son indéfectible soutien, sa plus proche collaboratrice, l'accompagnant lors des campagnes pour les législatives et les municipales, tractant jour et nuit, offrant le café aux membres de l'équipe de son mari dans leur appartement au-dessus de la pizzéria de Tourcoing. « Drôle, fonceuse, brillante », selon ses amies, Morgane suit son mari au ministère des Sports quand il devient directeur de cabinet de David Douillet. D'ailleurs, durant ces années où Morgane est de toutes les batailles, elle croise parfois Rose-Marie, une autre collaboratrice du futur ministre, qui deviendra sa seconde épouse[29]. En 2015, elle s'offusque quand certaines copines lui disent que son mari est volage. Mais, au mois de mai de la même année, elle l'interroge lorsqu'il est visé, sans être nommé, dans une tribune de journalistes politiques intitulée « Bas les pattes » et dénonçant les comportements sexistes en politique[30]. Leurs relations se détériorent et Morgane demande le divorce en 2015. Ils se sépareront quelques mois plus tard, en février 2017. Fin de l'histoire, jusqu'à ce 12 mars 2021.

Ce jour-là, confronté à Sophie Patterson dans le bureau de la juge d'instruction, Gérald Darmanin tombe

---

29. Gérald Darmanin et Rose-Marie Devillers se sont mariés le 19 août 2020.

30. Voir le chapitre 4, p. 89.

des nues en découvrant le courrier de son ancienne épouse et sa demande d'audition. Visage blême et décomposé. Mais la juge n'entendra jamais Morgane. Et dans une ordonnance du 1er septembre 2021, la chambre de l'instruction de la cour d'appel de Paris refusera cette audition, ne l'estimant pas « utile », au stade atteint par la procédure.

11

Cellule de crise

Il y a des moments où la politique a tout d'une partie de poker. Il faut savoir bluffer. Miser gros. Y compris sa propre tête. Ce 15 janvier 2018, Gérald Darmanin s'installe sur le plateau de France Info, face à Jean-Michel Apathie et Bruce Toussaint, comme on s'agrippe à une table de jeu à Las Vegas. Avec la trouille de perdre, et l'espoir secret de rafler la mise.

Ce qu'il s'apprête à faire, en profitant d'une émission politique ordinaire, a été minutieusement pesé et soupesé avec ses deux avocats, Mes Pierre-Olivier Sur et Mathias Chichportich. Veste bleu marine, cravate sombre, le ministre des Comptes publics du gouvernement Philippe n'a pas encore les cheveux blanchis qui seront les siens à l'Intérieur. Il a le visage rond et juvénile du début du quinquennat. Comme tout le monde, Gérald Darmanin a vu venir depuis le mois d'octobre précédent, dans le sillage de l'affaire Harvey Weinstein[1]

1. Ce puissant producteur de cinéma américain a été reconnu coupable le 24 février 2020 de viol et d'agression sexuelle sur deux femmes et condamné le 11 mars 2020 à vingt-trois ans de prison. L'affaire avait éclaté dans la presse en octobre 2017 avec la publication de témoignages de femmes se disant victimes de ses agissements.

qui a éclaté aux États-Unis, la lame de fond MeToo. Mais lui sait aussi, depuis mai 2017, qu'une femme l'accuse et qu'à tout moment, le récit de cette Olga, dite Sophie Patterson, peut faire la une des journaux. C'est pour cela qu'il s'assied dans le studio de France Info ce 15 janvier 2018. Pour déminer.

KikouLalouloute

Cette affaire le menace depuis qu'il est entré au gouvernement. La première alerte est intervenue juste après sa nomination. En juin 2017, un enquêteur de *Libération*, Renaud Lecadre, adresse un SMS à son chargé de communication : il a appris qu'une plainte pour viol avait été déposée contre le nouveau ministre et réclame une réaction. Gérald Darmanin contacte immédiatement le cabinet de Pierre-Olivier Sur, où travaille Mathias Chichportich. L'ancien bâtonnier de Paris et son collaborateur se rendent alors rue de Babylone, à l'hôtel Cassini, le bureau « en ville » du patron de Bercy. Devant ces deux avocats qu'il rencontre pour la première fois, le jeune ministre de trente-quatre ans fait preuve d'un grand calme. Une plainte pour viol le vise, leur apprend-il. La discussion s'engage, froide, clinique, professionnelle. Darmanin révèle au duo qu'un courrier a été adressé au garde des Sceaux et livre pour la première fois sa version de sa nuit du 17 au 18 mars 2009 en compagnie de Sophie Patterson. Il est clair pour lui qu'il n'y a pas eu viol mais une relation librement consentie.

La décision est aussitôt prise de déposer une plainte pour « dénonciation calomnieuse ». C'est chose faite, dans le plus grand secret, auprès du procureur de Paris,

François Molins, le 17 juin 2017. Le quinquennat n'a qu'un mois et trois jours...

Dans la panoplie classique des avocats pénalistes, ce genre de plainte, un cran au-dessus de la simple diffamation, offre l'avantage de cibler directement l'auteur(e) d'une attaque. La dénonciation calomnieuse présente un autre atout, celui d'être gelée en attendant la résolution du contentieux initial : elle ne pourra être instruite qu'après celui-ci, puisqu'elle suppose que le dénonciateur connaissait, au moment de sa dénonciation, la fausseté des faits allégués. Dernier point, il est toujours possible d'annoncer avoir déposé une plainte pour dénonciation calomnieuse, puis de la retirer, même très longtemps après.

Après ce premier dépôt de plainte, les deux avocats ne restent pas inactifs. Mes Sur et Chichportich se renseignent sur la plaignante et découvrent ses activités sur les réseaux sociaux, notamment un compte « KikouLalouloute » dans lequel elle soutient sans réserve la candidature de François Fillon à la présidentielle. Flairant un possible coup fourré politique, les deux pénalistes font procéder à des copies de ce compte par un huissier. Dans le même temps, convoquée à quatre reprises par les services de police, les 21 et 23 juin et 4 et 5 juillet 2017, Sophie Patterson refuse de se rendre à ces convocations[2]. Elle exige d'être assistée d'un avocat. Devant ce refus, le parquet opère un classement express. Gérald Darmanin n'a pas été entendu. L'affaire a été rondement menée.

Entre-temps, les deux avocats rencontrent le journaliste de *Libé*. Faits controversés, non établis, plainte classée... : le quotidien renonce finalement à sortir un

2. Voir le chapitre 10, p. 181.

papier. Fin du premier round. Gérald Darmanin peut respirer, rien n'a filtré. Le 26 septembre 2017, Chichportich et Sur écrivent au procureur Molins pour l'informer que leur client « ne souhaite pas davantage donner de portée procédurale » à sa dénonciation calomnieuse. Les choses, pensent-ils, devraient en rester là.

Face à Aphatie

Mais voilà qu'après octobre et le phénomène MeToo, plusieurs rédactions vont « réveiller » le dossier Patterson. Au *Monde*, une cellule d'enquête est mise sur pied. Une de ses membres, Émeline Cazi, contacte à son tour la défense Darmanin. Après son premier coup de fil, en décembre 2017, Pierre-Olivier Sur et Mathias Chichportich comprennent qu'une vague menace de déferler. À la fin du mois, à la suite de plusieurs échanges avec la journaliste, ils redoutent que le quotidien du soir fasse un papier sur la première plainte Patterson, malgré son classement sans suite. Rien n'est certain, mais le risque existe. Comment limiter la casse ?

Voilà donc Gérald Darmanin sur le plateau de France Info le 15 janvier 2018. Son intervention est tout sauf une improvisation. Le ministre du Budget a pris la décision de dégainer le premier. Il a même répété avec soin ce qu'il allait dire. Prenant le pari que l'affaire Patterson est sur le point de sortir, il veut couper l'herbe sous le pied du *Monde*. Il s'agit de prendre les devants et de donner le ton[3].

3. Comme le fera Nicolas Hulot sur BFM TV en février 2018, à la veille de la parution de l'enquête du magazine *Ebdo* (Anne Jouan et Laurent Valdiguié, « L'affaire Nicolas Hulot », *Ebdo*, 9 février 2018), révé-

de Sarkozy, prévu de longue date, il s'est fait excuser. En milieu de soirée, le téléphone de Gérald Darmanin vibre[9]. « Viens prendre le café », lui suggère Emmanuel Macron. Un bon signe. Dans la tempête, le chef de l'État, à son tour, va lui faire confiance. Darmanin termine la soirée à l'Élysée.

Double lame

Pour « clouter » la séquence, comme disent les communicants, un article est mis sur pied dans *Le JDD* du premier week-end de février. *Le Journal du dimanche*, sous la signature de son directeur, Hervé Gattegno, accable à son tour Sophie Patterson. Titre du papier : « Le trouble passé de celle qui accuse Darmanin ». Son début : « Révélations. La femme qui a déposé plainte pour viol contre le ministre des Comptes publics Gérald Darmanin avait été condamnée pour chantage en 2005. Voici le détail de cette affaire oubliée qui entame son crédit. » Et sa chute : « À lire le détail des condamnations d'Olga Patterson, peut-on réellement considérer que la parole de l'accusatrice a le même poids que celle de l'homme qu'elle a désigné à la vindicte publique – et à la justice ? »

Une semaine après la révélation par *Le Monde* de la plainte Patterson, le ministre du Budget est toujours là. Il a reçu le soutien de deux présidents. Les temps changent : en mai 2009, quelques jours après des accusations d'agressions sexuelles, Georges Tron, secrétaire d'État à la Fonction publique, avait été mis à la porte du gouvernement Fillon. Il est vrai que, à la différence de

9. Rapporté dans Ludovic Vigogne, *Tout restera en famille*, *op. cit.*

Gérald Darmanin, le maire de Draveil était accusé par deux femmes...

Or, le 13 février 2018, une deuxième femme, Sarah[10], pousse la porte du 1er district de police judiciaire de Paris. La veille, son avocate, Me Marjolaine Vignola, alors également avocate de Sophie Patterson[11], a appelé un commissaire de police pour lui dire qu'une Tourquennoise souhaitait être entendue pour « des faits de viol commis sur sa personne par M. Darmanin ». La vice-procureure de Paris, Rachel Bray, ouvre une enquête préliminaire dans la foulée. Sarah arrive dans le bureau du policier parisien avec son dossier de « preuves » sous le bras. Elle a pris sa décision depuis qu'une copine de la cité de la Bourgogne, à Tourcoing, où elle réside, lui a dit : « Le monsieur de la mairie, il t'a fait la même chose qu'à l'autre. » Sarah, qui perçoit 458 euros mensuels de RSA, ne connaît pas personnellement Sophie Patterson, mais elle a entendu son témoignage et a cru y voir des ressemblances avec sa propre histoire.

Ongles longs vernis, cheveux peroxydés, rouge à lèvres tapageur, décolleté vertigineux, Sarah, trente-sept ans, ne passe pas inaperçue. Mais plus que son allure, ce 13 février, ce sont ses déclarations qui font leur effet sur les policiers : « Je me présente à vous, car j'ai vu à la télé qu'une femme avait déposé plainte contre Gérald Darmanin pour des faits de viol. J'ai été abusée par M. Darmanin. C'était en 2016, oui, je pense qu'il abusait de moi, de ma faiblesse. »

10. C'est *Mediapart* qui a révélé sa plainte ainsi que son témoignage exclusif, qui l'a baptisée de ce prénom que nous avons conservé.

11. Jointe, l'avocate n'a pas souhaité répondre à nos questions.

Visite sur place

Son histoire, telle qu'elle la raconte aux policiers, commence en septembre 2015, quand elle se rend à la mairie de Tourcoing pour déposer un dossier de demande de HLM. D'après ses déclarations, elle y croise Gérald Darmanin, qu'elle n'a encore jamais rencontré. La secrétaire lui indique qu'il s'agit du maire. « Il m'a regardée de haut en bas et a demandé un stylo [...] pour marquer son numéro de portable sur sa carte[12]. »

Jusque-là rien d'anormal. Gérald Darmanin laisse facilement son numéro de portable aux Tourquennois – une marque de proximité et d'intérêt pour les habitants, un canal direct avec ses administrés. Grâce à lui, Sarah espère pouvoir quitter son appartement de la cité de la Bourgogne. Dans cet ensemble limitrophe de la Belgique, enclavé et défavorisé malgré un vaste projet de rénovation urbaine, le chômage culmine à près de 45 % et la moitié des ménages vivent sous le seuil de pauvreté. La trentenaire y occupe depuis 2005 l'un des 2 700 logements dans une tour de six étages. Un modeste deux-pièces. Quelques jours après cette première rencontre avec Gérald Darmanin, Sarah décroche un rendez-vous à l'hôtel de ville avec « son maire ». Elle indique aux policiers avoir laissé un message à ce dernier en sortant, lui livrant son impression d'avoir raté son entretien. « Il m'a répondu que ce n'était pas grave et qu'il allait me laisser une deuxième chance[13]. » Ils auraient par la suite échangé plusieurs SMS courtois avant une troisième rencontre.

En février 2016, Gérald Darmanin se déplace dans le quartier de la Bourgogne pour visiter l'appartement de

12. Audition du 13 février 2018.
13. *Ibid.*

Sarah qui a préparé du thé et des gâteaux. Ce jour-là, il est seul. Il jette un rapide coup d'œil. « Le logement n'était pas particulièrement dégradé[14] », constate l'élu. La plaignante raconte aux policiers qu'il lui « a posé la main sur la cuisse » et lui a fait miroiter une possibilité d'embauche : « Je vous propose une place chez Auchan ou dans une école. » Des propos vivement démentis par l'intéressé. Selon le récit de la plaignante, deux actes sexuels s'ensuivent. Sarah précise que Gérald Darmanin ne l'a « pas forcée » mais qu'elle a accepté pour obtenir un logement. Elle ajoute devant les enquêteurs[15] qu'elle a reçu un texto du maire quelques minutes après son départ : « Je ne veux pas et je ne peux pas faire l'amour avec vous. » Sur le coup, elle dit n'avoir pas bien compris le message.

Le jour même, Gérald Darmanin confie à une proche son impression d'avoir été « piégé ». Au pot de départ du commissaire de police de Tourcoing[16], Marie Tonnerre, maire de Neuville-en-Ferrain, trouve son ami « pas en forme ». Elle s'en étonne auprès de lui. « Gérald m'a raconté qu'il venait de lui arriver un truc de dingue en se rendant seul chez une femme qui recherchait un logement, se souvient l'élue. D'habitude, il y va avec un collaborateur mais celui-ci était absent. La résidente porte un large décolleté et lui fait des avances. Il sait que cela peut être un piège. Il se sent mal à l'aise. Il refuse de prendre un café, elle met la clé dans ses sous-vêtements en disant qu'il va falloir aller la chercher. » D'après Marie Tonnerre, le maire lui assure ce jour-là qu'il est parti en refusant toute relation sexuelle.

14. Audition de Gérald Darmanin le 12 avril 2018.

15. Un témoignage qu'elle a renouvelé dans *Mediapart*.

16. Olivier Dimpre est devenu conseiller du ministre de l'Intérieur en janvier 2021.

Comme dans le cas de Sophie Patterson, deux versions s'opposent. Mais cette fois-ci, plus radicalement encore. D'un côté, celle de Sarah, qui évoque une relation sexuelle dans le but de faire avancer son dossier de logement ; de l'autre, celle de l'élu, qui serait tombé dans une forme de guet-apens mais serait reparti sans la moindre relation. C'est en tout cas ce qu'il aurait dit à la maire de Neuville-en-Ferrain et aux policiers un peu plus tard lors de son audition.

Chambre 404

Après ces premières rencontres, Sarah pense avoir trouvé « son prince charmant », comme le dira une expertise psychologique. Cette fille d'une fratrie de neuf enfants, dont les parents sont décédés, titulaire d'un bac pro, rêve de s'extirper de son passé poisseux, de ses allers-retours entre Pôle emploi et petits boulots. Hôtesse d'accueil, aide aux personnes âgées, télétravail..., son univers dépasse rarement la frontière invisible qui sépare la Bourgogne du reste de la ville.

Lors d'une de ses quatre auditions[17], Sarah confesse se prostituer occasionnellement en « envoyant des petites annonces auprès d'hommes de plus de trente ans » sur le site Coco. Des passes qui lui rapportent entre 50 et 200 euros. « J'y vais pour faire les fins de mois [...], pour payer les croquettes du chat. Je n'en suis pas fière. »

Tout cela peut changer désormais. Gérald Darmanin a écrit à quatre bailleurs, dont Vilogia. Il lui envoie les copies de ses demandes : « Chère madame, sensible à

17. Les 13, 22 et 26 février 2018, et le 18 avril 2018.

votre démarche, je suis intervenu en votre faveur[18]... » Sarah lui transmet de son côté des clichés d'elle de plus en plus suggestifs : « J'ai pensé qu'on allait être en couple, alors je lui ai envoyé des photos dénudées. »

Selon les dires de la plaignante, Gérald Darmanin lui demande si elle passera bientôt à Paris. Sarah réserve la nuit du 15 au 16 juin 2016 à l'hôtel B&B d'Ivry-sur-Seine, dans la proche banlieue sud de Paris, à deux pas de la porte de Choisy. Une chambre à 148,05 euros payés en espèces, petit déjeuner et parking compris. « J'ai encore la facture », précise-t-elle aux policiers. Ce 15 juin, elle prend donc l'A1 en direction de Paris, guettant sur son portable les messages de Gérald Darmanin qui tente de savoir à quelle heure elle arrive.

Le député-maire de Tourcoing l'attend devant la chambre 404. « Il m'a pris le code et il est rentré. » Sarah assure aux policiers qu'il s'est allongé sur le lit. « J'avais tout de suite compris. » Le couple a un rapport, selon la plaignante. « Il est parti dans la salle de bains, poursuit Sarah. Il ne m'a même pas proposé un café, comme les clients le font [...], après il m'a dit : “C'est mieux qu'on en reste là.” »

Sarah passe le reste de la nuit seule. « Après cette histoire, il a fait des demandes aux bailleurs [...] je pensais qu'on allait avoir une bonne histoire. » Elle poursuit l'envoi de SMS coquins. Mais le maire de Tourcoing s'en irrite : « Arrête de m'envoyer des photos stp », écrit-il au mois d'octobre 2016. « Tu es occupé, je te saoule », lui répond Sarah. Les liens ne sont pourtant pas coupés. Elle se rend à deux de ses permanences, le 21 janvier et le 6 mai 2017, à quelques jours de l'intronisation d'Emmanuel Macron. En tout cas, toujours rien

18. Courrier du 25 février 2016.

de nouveau pour Sarah qui commence à penser qu'elle a été « menée en bateau ».

«Je ne suis pas particulièrement son dossier», a affirmé l'élu de Tourcoing dans ses déclarations aux enquêteurs. Mais, devenu ministre des Comptes publics, malgré un emploi du temps chronophage, il poursuit ses demandes auprès des bailleurs sociaux. Il en tient informée Sarah et lui promet une réponse positive pour une autre de ses requêtes. « Dans le cadre de votre formation, vous allez faire un stage à la direction de RH "gestion des carrières". Bien cordialement, Gérald Darmanin », écrit-il à Sarah, qui a rendez-vous en juin 2017 à la mairie de Tourcoing.

Les contacts s'espacent. Le ministre met de la distance avec la résidente de la cité de la Bourgogne. «J'espère aller boire un verre à l'occasion pour ton anniversaire, cela me ferait plaisir ? » lui demande-t-elle le lendemain de ses trente-cinq ans, le 12 octobre 2017.

« Dis-le-moi quand tu passes à Paris », répond-il.

«Je voudrais venir sur Paris, tu serais dispo quand ? » demande-t-elle le jour suivant.

« Bonjour, désolé, en ce moment, c'est trop speed », répond-il trois jours plus tard.

Sarah s'impatiente. « Il a retourné sa veste[19]. » Et elle décide alors de déposer plainte. « Si tu t'excuses, je retire ma plainte. Je veux juste des excuses. Fallait être honnête avec moi », écrit-elle dans un SMS au ministre le 29 avril 2018, deux mois après avoir franchi la porte du commissariat.

19. Audition de la plaignante.

Une trace ADN

Le 12 avril 2018, Gérald Darmanin est entendu par les policiers du 1er district de police judiciaire de Paris pendant une heure trente. Confronté au récit de Sarah, il dénonce « les avances sexuelles de cette femme » et « les envois répétés de messages » sur son portable. S'il réaffirme son sentiment d'avoir été piégé lors de sa première visite à la Bourgogne, il admet une « relation intime » au B&B d'Ivry-sur-Seine. Pour prouver ses dires, Sarah avait confié aux policiers ce qu'elle disait être « une trace ADN » de son amant d'un soir...

Au bout de trois mois d'investigations, le 15 mai 2018, l'enquête préliminaire pour abus de faiblesse est classée pour infraction insuffisamment caractérisée. Le dossier, qui compte 746 pages, contient les auditions des deux protagonistes, mais aussi des vérifications bancaires et des fichiers comprenant des extractions des 190 SMS et photos de Sarah. Pas de quoi, selon la magistrate du parquet, « caractériser dans tous ses éléments constitutifs une infraction pénale ».

Après ce classement, les avocats de Gérald Darmanin, en toute discrétion, retirent leur plainte pour dénonciation calomnieuse. L'incendie semble éteint.

D'autant qu'au même moment, une autre affaire à caractère sexuel vise un membre du gouvernement Philippe. L'existence d'une plainte à l'encontre de Nicolas Hulot est révélée par l'éphémère hebdomadaire *Ebdo* le 8 février 2018, exactement entre l'affaire Patterson et la plainte de Sarah. « Le calendrier nous a rendu un grand service, admet un des défenseurs de Gérald Darmanin, Hulot a détourné l'attention. » « Nicolas Hulot, ne démissionnez pas », éditorialise

Hervé Gattegno dans *Le JDD* le 11 février 2018, une semaine après avoir égratigné le « passé trouble » de Sophie Patterson.

Le lendemain, en toute discrétion, soit le 12 février, Gérald Darmanin doit être entendu par les policiers dans le cadre de l'affaire Patterson. La veille, en réunion de travail avec ses avocats dans son bureau de Bercy, le ministre a craint à haute voix d'être le sujet d'actualité du jour. En pleine affaire Hulot, son audition risquerait de faire la une ! Mais Me Pierre-Olivier Sur, l'un de ses avocats, entrevoit une porte de sortie. En ce lundi matin, alors que le ministre est auditionné discrètement par la police, *Le Figaro* publie une lettre posthume de Laura Smet à son père, décédé en décembre 2017[20]. Or l'avocat en est aussi le conseil[21]. La diversion – la fuite ? – est magistrale. Dans ce courrier, la fille du chanteur star prend son père à témoin : « J'ai appris, il y a quelques jours, que tu aurais rédigé un testament nous déshéritant totalement, David et moi », écrit-elle, lui « annonçant » son intention « de se battre ». Ce jour-là, les hostilités judiciaires commencent en fanfare chez les Hallyday. Effet blast garanti sur les chaînes d'information en continu.

En coulisses, Pierre-Olivier Sur, l'avocat de Gérald Darmanin, peut se féliciter de ce coup de pouce du calendrier. L'audition de son client ministre ne sera connue qu'en fin de journée[22]. Et la diversion, en pleine affaire Hulot, opère à merveille. En

20. « "J'ai choisi de me battre" : découvrez la lettre de Laura Smet à son père Johnny Hallyday », Olivier Nuc, *Le Figaro*, 12 février 2018.

21. Interrogé sur cet épisode, Me Sur se refuse à tout commentaire.

22. À 18 h 30 par une « Info RTL » : « Darmanin entendu dans l'affaire de viol présumé », Guillaume Chieze.

revanche, la plainte de Sarah du 13 février fuite dès le lendemain[23].

Néanmoins, semaine catastrophique pour le ministre du Budget. Entendu par la police le 12, ciblé par une nouvelle plaignante le 13, et mis en cause dans les journaux le 14... Et ce n'est pas fini.

Bourde du parquet

Le 16 février 2018, l'émission « Quotidien », sur TMC, révèle des propos tenus par Laurent Wauquiez quelques jours plus tôt lors d'un cours à l'EM Lyon Business School et enregistrés à son insu. Le patron des LR dit notamment qu'il a été mis en minorité dans son parti pour avoir demandé la démission de Gérald Darmanin. « Deux semaines après, hier, on a la deuxième révélation, qui est une deuxième affaire. Le type, complètement dingue, il se raconte une belle histoire, il croit qu'il va passer à travers les gouttes. Il pense qu'il est inatteignable. Tout le monde a expliqué qu'il était le meilleur, le plus beau, le nouveau génie, l'incarnation du macronisme. Donc il pense qu'il est intouchable. Une deuxième affaire vient de sortir dans laquelle il est accusé d'abus de faiblesse et ça n'est que le début et donc il va tomber, et en tombant il va éclabousser tout le monde », prophétise le patron des LR en parlant de son meilleur ennemi.

Laurent Wauquiez se trompe. Gérald Darmanin restera en poste. La plainte de Sarah classée, celle de Sophie Patterson finira par faire pschitt elle aussi à

23. « Une deuxième plainte contre Gérald Darmanin », Stéphane Sellami, *Le Point*, 14 février 2018.

l'issue d'un incroyable marathon judiciaire de cinq ans jusqu'au nouveau rebondissement de l'audition du ministre en décembre 2020 comme témoin assisté. En février 2018, le parquet classe sa deuxième plainte. Une troisième plainte est déposée par « Olga Patterson » avec constitution de partie civile cette fois, entraînant la désignation de juges d'instruction. Dès août 2018, le magistrat prend une ordonnance de non-lieu. Sophie Patterson fait appel devant la chambre de l'instruction. Celui-ci est rejeté pour cause de dépassement du délai de dix jours. Elle saisit alors la Cour de cassation qui réclame au parquet la preuve écrite que le délai de dix jours a bien été dépassé. Mais le parquet... ne retrouve plus la trace écrite du délai d'appel. Conséquence de cette bourde, sans laquelle l'affaire aurait été définitivement terminée en 2019, la Cour de cassation renvoie devant une nouvelle chambre de l'instruction qui, en juin 2020, décide de relancer les investigations. Cela n'empêchera pas Emmanuel Macron de nommer Gérald Darmanin ministre de l'Intérieur en juillet.

Une nomination qui, malgré les contestations de l'intéressé et la présomption d'innocence, choque des féministes. « Les violences sexuelles sont considérées comme des sous-violences, estime alors la militante Caroline De Haas. Si Gérald Darmanin avait été impliqué dans des histoires de comptes en Suisse, d'emplois fictifs ou de détournements de fonds, Macron ne l'aurait pas pris au gouvernement ou il l'aurait sorti, c'est ce qu'il a fait avec François Bayrou et avec François de Rugy[24]. Macron considère que les emplois fictifs ou les

24. François Bayrou a démissionné de son poste de ministre de la Justice en juillet 2017 à la suite de l'ouverture d'une enquête sur des soupçons d'emplois fictifs parmi les parlementaires européens au sein du MoDem. François de Rugy est parti en juillet 2019 du ministère de la

notes de frais, c'est un problème. Pour moi, cela caractérise à quel point, pour ce gouvernement, les violences sexuelles sont un sous-sujet, sont des sous-violences[25]. »

Grand brûlé

Lorsqu'il est nommé ministre de l'Intérieur le 6 juillet 2020, avec à ses côtés Marlène Schiappa qui passe de l'Égalité entre les femmes et les hommes à la Citoyenneté, Gérald Darmanin n'en a pas fini avec la justice. L'association Pouvoir féministe relance l'affaire Sarah, sous l'angle du trafic d'influence, estimant que la jeune femme a retiré sa plainte en ayant obtenu divers avantages. Le parquet classe sans suite dès septembre 2020. Puis, en mars 2021, le ministre est longuement confronté à Sophie Patterson[26]. Six mois plus tard, en septembre, la juge d'instruction signifie la clôture de l'enquête sans que Gérald Darmanin n'ait été mis en examen.

En janvier 2022, les réquisitions du parquet tombent : nouveau non-lieu requis, les conditions pour caractériser un viol n'étant pas réunies. Si le ministre peut légitimement se féliciter de ces réquisitions, Sophie Patterson n'est pas pour autant qualifiée de menteuse. Le parquet note ses déclarations « constantes et réitérées » : « La sincérité des déclarations d'Olga Patterson ne peut être remise en cause, aucun élément ne permettant d'accréditer l'hypothèse d'accusations mensongères ou malveillantes », écrit

Transition écologique, où il avait succédé à Nicolas Hulot, après une enquête de *Mediapart* sur son utilisation des fonds publics.

25. Fondatrice du mouvement Nous toutes. Entretien avec l'un des auteurs le 12 janvier 2022.

26. Voir le chapitre 10.

le procureur. « Avec Mathias, nous avons été sidérés par la capacité de ce jeune ministre à gérer de front le poids de l'accusation publique et les finances de notre pays, avec force détermination et émotion », résume Pierre-Olivier Sur, avocat de Gérald Darmanin.

Fin de la séquence judiciaire pour Gérald Darmanin qui aura donc traversé de bout en bout le quinquennat, des premières heures de sa nomination à Bercy jusqu'au début de l'année 2022. Durant ces cinq ans, le ministre n'en aura parlé publiquement qu'à de très rares occasions. Une fois dans *Le Point*, en août 2020 : « La victime dans cette histoire, c'est moi. C'est moi dont on salit le nom. C'est à moi qu'on prête des comportements que je n'ai jamais eus. [...] C'est difficile à vivre, mais je n'ai pas le droit de me plaindre[27]. »

« Je suis un grand brûlé », résume-t-il aujourd'hui en une phrase, évoquant devant nous sa nausée face à l'étalage public de détails intimes de sa vie privée. N'empêche, dans les deux affaires Sophie Patterson et Sarah, c'est bien en tant que personnage public, comme membre de l'UMP pour la première, comme maire de Tourcoing pour la seconde, que Gérald Darmanin a tissé des relations avec les deux plaignantes, dans le cadre d'une demande de service de leur part. Pour la militante féministe Fatima Benomar[28], fondatrice des Effronté·es, « cela montre une mécanique reposant sur la situation précaire de ces deux femmes ». Mais pour la justice, cela ne relève pas d'une mécanique de viol.

Quoi qu'il en soit, ces affaires vont marquer durablement l'image de l'élu de Tourcoing. Mis en difficulté par

---

27. « Sécurité, terrorisme, présomption d'innocence... Gérald Darmanin dit tout », entretien avec Saïd Mahrane, Géraldine Wœssner et Aziz Zemouri, *Le Point*, 6 août 2020.

28. Entretien avec les auteurs le 7 janvier 2022.

Apolline de Malherbe, au micro de BFM TV le 8 février 2022, sur les mauvais chiffres de la délinquance, Gérald Darmanin laisse en effet fuser une phrase qu'il va vite regretter : « Non, mais ne vous vexez pas, calmez-vous, madame, ça va bien se passer », lance-t-il à la journaliste, qui le coupe, interloquée. L'épisode, aussitôt viral sur les réseaux sociaux, déclenche une vague d'indignation. « “Ça va bien se passer”, c'est une expression populaire. Je l'utilise à l'Assemblée nationale », se défend le ministre deux jours plus tard, assurant que son ton « n'était pas misogyne ».

Quarante-huit heures plus tard, dans une tribune publiée par *Le Monde*[29], Nelly Garnier, élue LR du 11e arrondissement de Paris et vice-présidente de la région d'Île-de-France, signe un texte au vitriol. « Depuis plusieurs années, je me retiens de prendre la plume sur le cas de Gérald Darmanin. Pourquoi ? Parce que j'ai travaillé avec lui au cabinet de David Douillet de 2011 à 2012 », commence-t-elle. « Au fond de mes tripes », en le regardant sur BFM TV, « j'ai été envahie par un malaise ». Elle se défend « de l'attaquer personnellement », précisant même n'avoir jamais subi de violence d'aucune sorte de sa part.

La suite de son texte n'en est que plus cinglante : « Le fait qu'un homme avec ce type de comportements soit promu et protégé au plus haut niveau de l'État, qu'il soit érigé au poste de garant de la protection des femmes, pose un problème qui va très au-delà de sa personne. J'attaque un phénomène de société et je le fais à titre personnel », écrit-elle. Revenant sur les deux épisodes

29. « En regardant Gérald Darmanin sur BFM TV, j'ai vu un homme qui semblait prendre plaisir à rabaisser son interlocutrice », *Le Monde*, 10 février 202.

judiciaires – « Par deux fois, il a reconnu avoir eu des relations sexuelles avec des femmes. Ces dernières affirmaient être en situation de fragilité et venaient lui demander de l'aide » –, elle en vient à la portée politique de sa tribune : « Après avoir été ministre du Budget, il a été promu premier flic de France, mis à la tête de l'institution chargée d'accueillir dans les commissariats les femmes victimes de violences sexistes et sexuelles, de réceptionner leurs plaintes et de conduire les enquêtes. Alors, en vérité, de quoi Gérald Darmanin est-il le nom ? Il est le nom d'un système qui se tient, où des éditorialistes, politiques et amis, qui savent qu'ils ont les mêmes comportements, ne voudraient pas créer une jurisprudence qui se retournerait contre eux. Il est le nom de la lâcheté d'hommes et de femmes irréprochables personnellement, qui considèrent que Gérald Darmanin est trop utile pour eux électoralement pour venir questionner sa place dans un gouvernement qui se dit progressiste. Il est le nom du cynisme qui pense qu'un rapport aux femmes posant question ne fait pas bouger d'un point les sondages. Il est le nom de l'indifférence, qui ignore toutes les voix qui s'élèvent depuis plusieurs années maintenant pour dire que cette situation est insupportable. »

Nelly Garnier conclut : « Alors que la lutte contre les violences faites aux femmes a été instituée grande cause du quinquennat, il est tout simplement une offense, pour reprendre le mot si juste d'Apolline de Malherbe, à l'égard de toutes les femmes. Mais j'ai une certitude. Ces hommes-là peuvent continuer de monter. Quand ils voudront atteindre la fonction suprême, ils se heurteront au plafond de verre que dressera une société qui, majoritairement, n'accepte plus cela. » En langage clair, le message de Nelly Garnier est simple : à ses yeux,

Gérald Darmanin ne pourra jamais être élu président de la République.

À la lecture de ce texte de la conseillère LR de Paris, Morgane, l'ancienne épouse de Gérald Darmanin, réagit sur son compte Instagram[30]. Des mots lourds de sous-entendus. « Nelly Garnier signe une courageuse tribune sur le comportement inadmissible de G. Darmanin, ceux qui le connaissent savent... J'en fais partie. » Après le refus de la juge d'instruction de l'entendre dans le dossier Patterson, l'ex-épouse a décidé de se manifester.

30. Story du 13 février 2022.

12

Un Ch'ti à Bercy

Il a goûté chaque seconde de cette journée du 17 mai 2017. De son discours lors de la passation de pouvoir avec Christian Eckert – « Je trouve que la République est belle. Petit-fils de tirailleur algérien, petit-fils de mineur maltais, fils d'une femme de ménage, je trouve que la République est belle, qu'elle permet à ses enfants de s'élever et servir leur pays » – jusqu'à l'entrée dans son bureau au cinquième étage de Bercy, occupé en d'autres temps par Alain Juppé, Nicolas Sarkozy ou Jean-François Copé, il y a comme un goût de revanche pour le natif de Valenciennes qui n'appartenait pas à la caste, qui n'avait pas la « carte ». Lui, l'enfant sans le sou, est devenu maître du budget de la France. « Je trouve cela surprenant. Quand je rentre à l'Assemblée nationale, je demande la commission des Finances. Woerth me dit : "Tu n'es pas énarque, tu n'es pas technicien." Jacob me dit : "Il faut attendre deux mandats." Et là on me propose d'être ministre du Budget... » Le destin est parfois taquin.

Novice

Édouard Philippe a placé un homme de confiance à un ministère clé et transverse. Difficile de faire autrement. « Darmanin au Budget, c'était mon idée, assure l'ancien Premier ministre. Je voulais quelqu'un de très rapide et de très bosseur. Politiquement aligné, fidèle, et aussi un vrai politique. »

Le ministre du Budget tient les cordons de la bourse, mène les arbitrages avec les autres ministères. Il est la corde de rappel du chef du gouvernement. L'idée de cette nomination s'impose tout aussi rapidement dans l'esprit d'Emmanuel Macron. « Le président savait que quand vous êtes Premier ministre, vous avez besoin de quelqu'un à vous au Budget comme au porte-parolat et aux relations avec le Parlement », poursuit Édouard Philippe.

Mieux vaut en effet bien s'entendre et se comprendre au sein de cette Macronie dont les transfuges de droite ne maîtrisent pas encore les codes. À la différence de Bruno Le Maire[1], Édouard Philippe et Gérald Darmanin n'ont aucune expérience gouvernementale. « On était tous des bleus », reconnaît Charles Hufnagel, conseiller communication à Matignon. Des bizuths qui n'ont pas droit à l'erreur.

Le lendemain de sa nomination aux Comptes publics, son ami de toujours Michel Bettan organise un dîner avec un ancien directeur du Budget qui travaille au Conseil d'État. Le repas vire au cours du soir. L'expert en finances passe la soirée à expliquer le fonctionnement de Bercy au novice « qui n'y connaît rien ».

1. Bruno Le Maire a été ministre de l'Agriculture de 2009 à 2012.

Pendant deux mois, comme un étudiant en prépa, Gérald Darmanin, « M. Fiches », stabilote des documents. « C'est marrant, car Nicolas Sarkozy m'a raconté à peu près la même anecdote quand il était ministre du Budget en 1993[2] », dit son lointain successeur.

Café français

Gérald Darmanin doit passer une sorte de test de légitimité auprès des hauts fonctionnaires. « Bercy, c'est une maison qui fonctionne au cordeau, constate-t-il, un ministère qui attend un politique comme chef. D'abord ils vous testent pendant trois mois. Une fois qu'ils ont compris que vous lisez les notes et que vous êtes à peu près cérébré, cela marche. Vous pouvez partir trois jours, quand vous revenez les centimes sont rentrés. À Bercy, ils ne vous mentent jamais. »

Hélène Fauvel, secrétaire générale du syndicat FO-DGFIP[3], reconnaît que si elle a connu de profonds désaccords avec son ministre, ce dernier n'a jamais éprouvé de difficultés « dans la compréhension d'un sujet, car c'était un bosseur[4] ».

Pour barrer ce grand paquebot qui regroupe environ 130 000 agents, le ministre des Comptes publics est entouré d'une équipe ramassée, « en mode commando », comme ses membres aiment le dire.

C'est au Café français, place de la Bastille, que Gérald Darmanin rencontre son futur directeur de cabinet, Jérôme Fournel, que lui a recommandé Michel

2. Nicolas Sarkozy a été ministre du Budget de 1993 à 1995.
3. Direction générale des Finances publiques.
4. Entretien avec l'un des auteurs le 28 janvier 2022.

Bettan. Énarque, diplômé d'HEC, ancien directeur des Douanes, conseiller budgétaire de Jean-Pierre Raffarin puis de Dominique de Villepin, l'homme, Macron-compatible, possède une solide expérience qui le rend apte à surmonter les chausse-trappes de Bercy. « On a pris un café. Gérald a été cash et direct. Il a de l'humour. Le "fit" a été réciproque. Je n'avais pas forcément envie d'un techno de Bercy qui me la joue à l'envers. Pour moi, c'était plus amusant de ne pas refaire du Matignon[5] », se souvient le haut fonctionnaire, chassé aussi par Édouard Philippe.

Fournel et Bettan « draftent » ensuite Justine Coutard, la directrice des Finances, de la Gestion et de la Stratégie du groupe ADP[6], une surdiplômée[7] au profil très budgétaire, nommée directrice adjointe du cabinet. Cécile Collin, cheffe de cabinet, et Alexandre Brugère, conseiller pour la réforme de l'État, la fonction publique et le suivi de l'exécution des réformes, qui forment la garde rapprochée de Darmanin, complètent l'organigramme, un mix de gens du Nord et de techniciens de Bercy. « C'était une équipe très resserrée, se souvient Justine Coutard. Nous étions dix collaborateurs : sur un ministère aussi massif, c'était vertigineux. Dans les précédents cabinets, ils étaient trente ou quarante, il y a eu une énorme prise de risque[8]. »

Pour éviter les coups fourrés entre le sixième étage de Bercy (ministère de l'Économie et des Finances) et le cinquième (Budget), Jérôme Fournel et le dircab de Bruno Le Maire, Emmanuel Moulin, « deux amis », se parlent beaucoup. « Personne n'avait intérêt à se mettre

5. Entretien avec l'un des auteurs le 12 novembre 2021.
6. Ex-Aéroports de Paris.
7. Diplômée de l'ENA et de l'École normale supérieure Paris-Saclay.
8. Entretien avec l'un des auteurs le 15 décembre 2021.

des bâtons dans les roues, décrypte Jérôme Fournel. Gérald et Bruno avaient coupé les ponts avec leur parti, ils étaient vus comme des traîtres par leur ancienne famille. Ils arrivaient dans un univers inconnu à En Marche. Ils se sont dit : "Si on se fait des croche-pattes, on se fait dégager. On est trop fragiles." »

Les APL

La « team », tout à la préparation de son premier budget, ne peut profiter d'un premier été en pente douce. Un audit de la Cour des comptes commandé par le ministère sur la situation budgétaire du pays révèle en effet un manque de 9 milliards d'euros pour atteindre la prévision de déficit 2017 à 2,8 % du PIB. Les magistrats de la rue Cambon, sévères, jugent « insincère » le budget 2017 du gouvernement précédent.

Gérald Darmanin bénéficie de peu de marges de manœuvre pour présenter des comptes à l'équilibre[9]. Exercice classique mais douloureux, il va devoir tailler dans le gras de certains ministères, prendre des arbitrages difficiles. « On devait redresser le budget qui avait été voté à la fin du quinquennat Hollande avec des impasses massives, se souvient Justine Coutard. Les crédits de l'allocation handicapés étaient par exemple sous-budgétés. On ne pouvait pas tenir jusqu'à la fin de l'année. Il fallait redoter des enveloppes de dépenses pour lesquelles on n'avait plus assez de crédits. » Le ministre prend alors une première mesure forte : la diminution des aides personnelles au logement (APL) de 5 euros à partir du mois d'octobre 2017 pour cinq

9. Loi de finances rectificative 2017.

millions de ménages. « Cela faisait partie des choix, faire des économies en urgence sur d'autres postes », convient Justine Coutard. Pour l'État, une économie de 1,5 milliard d'euros sur les APL, devant être compensée par une baisse des loyers des organismes HLM.

Le « commando » travaille tout l'été à une copie propre de son premier budget. Dans les couloirs du cinquième étage de Bercy, il n'est pas rare, quand minuit sonne, que le patron convoque son équipe pour une « petite réunion ».

Le 27 septembre 2017, Gérald Darmanin et Bruno Le Maire présentent leur premier budget, assurant qu'il bénéficiera à « tous les Français sans exception » et « non pas aux plus riches », une façon de rejeter les critiques déjà formulées par une partie de la gauche qui vilipende des cadeaux fiscaux aux mieux lotis.

« C'était un budget très courageux, revendique Charles Hufnagel, conseiller communication d'Édouard Philippe. On aurait pu laisser filer, sur le thème "Les prédécesseurs ont fait n'importe quoi". Donc, désolé, on ne fait pas de baisses d'impôts. On a décidé de revenir dans les clous de ce que demandait l'Europe. On a quand même diminué les impôts. Et on a demandé à des ministères certains efforts, notamment sur la baisse des APL, qui a été très impopulaire. Et donc ça a secoué assez vite. »

Tout en annonçant une baisse de 10 milliards d'impôts, une réforme de l'ISF[10] et sa volonté de contenir le déficit public sous les 3 % du PIB, Gérald

10. L'impôt de solidarité sur la fortune a été transformé en décembre 2017 en « impôt sur la fortune immobilière » (IFI), un impôt axé sur les seuls patrimoines immobiliers nets taxables de plus de 1,3 million d'euros.

Darmanin se pose en ministre du pouvoir d'achat et de la rigueur budgétaire.

Si, micro ouvert, ses anciens amis le trouvent démagogue – « Dans ses discours, il parle aux classes populaires, mais dans les faits, il baisse les APL[11] », grince ainsi le député Julien Aubert –, en coulisses, les mêmes admettent que le novice ne s'est pas pris la vague, contrairement à ce que beaucoup prédisaient avec une certaine gourmandise. « Il est très vite entré dans le sujet qui est un sujet compliqué, aride, sur lequel on ne peut pas se contenter de surfer. Il a fait le job[12] », concède ainsi, beau joueur, Éric Woerth, ancien ministre du Budget. Et d'ajouter : « Il a réduit le rythme de l'évolution des dépenses, il a moins réduit le déficit que d'autres pays. Mais il n'est pas le seul responsable... »

Le PAS

Ce premier budget apparaît comme un tour de chauffe au regard de ce qui va rester comme l'un des marqueurs du quinquennat d'Emmanuel Macron : le prélèvement de l'impôt à la source.

Cette mesure, qui n'était pas inscrite dans le programme du candidat à la présidentielle, végétait depuis plus de soixante ans dans un tiroir du ministère. On retrouve ainsi une première trace du prélèvement à la source (PAS) – baptisé à l'époque « stoppage à la source » – au début de la guerre en 1939, année où il fut mis en œuvre avant d'être enterré par une réforme

11. Rapporté dans Olivier Beaumont, « Budget 2018 : Darmanin se pose en ministre du pouvoir d'achat », *Le Parisien*, 27 septembre 2017.

12. Entretien avec l'un des auteurs le 18 janvier 2022.

en 1948[13]. Ce serpent de mer a ensuite traversé les gouvernements et les républiques jusqu'à ce qu'une réforme soit votée par l'Assemblée nationale sous le mandat de François Hollande, en novembre 2016.

Un cadeau empoisonné pour Macron qui ne l'avait pas intégré dans son programme. Faut-il y aller ou pas ? Le sujet suscite des débats au sein du gouvernement. Au-delà des craintes d'un énorme bug, le PAS pourrait parasiter une mesure phare du nouveau président : la suppression des cotisations salariales d'assurance chômage et maladie, prévue en octobre 2018. Celle-ci devait se traduire par une feuille de paie à la hausse pour les salariés mais, avec le PAS, cette fiche de salaire serait rabotée d'une part de l'impôt, ce qui annihilerait l'effet psychologique sur les contribuables recherché par le gouvernement.

Les « visiteurs du soir », comme Richard Ferrand ou Alain Minc, se succèdent à l'Élysée pour dire tout le mal qu'ils pensent de ce projet. « Tout le monde pensait que c'était un truc administratif avec un risque de plantage majeur, se souvient Jérôme Fournel. Donc, quand vous posez cette équation-là, il faut une dose de confiance dans ce que l'administration est capable de faire. Gérald a eu le flair que ça pouvait être un objectif politique gagnant. »

Report d'un an

Gérald Darmanin décide en effet de ne pas débrancher le projet. Avant de sauter dans le vide, il demande

13. Pierre Lepelletier , « Prélèvement à la source : l'histoire tourmentée d'un serpent de mer », *Le Figaro*, 30 août 2018.

néanmoins à l'Inspection générale des finances d'examiner les conditions de mise en œuvre de cette nouvelle imposition. « On n'avait objectivement pas de visibilité », poursuit Jérôme Fournel. Les auteurs de l'audit répondent que ce dispositif semble prêt dans ses grandes lignes, même s'il demeure encore beaucoup de détails à régler[14]. « À l'été 2017, la faisabilité de la réforme du prélèvement à la source au 1er janvier 2019 ne fait pas de doute, malgré les difficultés anticipées et les risques à maîtriser », énoncent les inspecteurs des finances.

Face à ces incertitudes, le ministre décide de différer d'un an le projet. « Il y avait un enjeu qu'on oublie. Cela ne reposait pas seulement sur la réussite technique de l'administration fiscale, il fallait aussi embarquer les entreprises, les éditeurs de paie, afin que toute la chaîne bascule en bon ordre et que les choses se fassent de manière fluide », synthétise Jérôme Fournel.

Le ministre des Comptes publics ravale sa fierté. Pendant un an, tandis que ses équipes revoient tout le dispositif, vérifient ce qui se trouve sous le capot de cette giga-réforme, il s'attache aux angles morts, aux exceptions au dispositif, traque le diable dans les détails. « Mais si je suis Mme Truc, ça va se passer comment pour moi ? Est-ce qu'un type qui passe en indemnités journalières, cela pose des problèmes particuliers ? » ne cesse-t-il de demander à ses experts.

Ne pas laisser de place au hasard ou à l'improvisation. Jamais. Une salle du ministère est transformée en *war room* avec des schémas, des dessins affichés sur les murs, incompréhensibles pour le profane. Gérald Darmanin y préside une réunion par semaine. À chaque

14. « Audit sur les mises en œuvre du prélèvement à la source », IGF, septembre 2017.

question non résolue, une réponse doit être donnée la semaine suivante. Et gare à celui qui n'est pas capable de répondre. Au moins trois déplacements hebdomadaires en province sont prévus pour visiter les directions des finances publiques et rassurer.

Macron doute

« Il n'y aura pas de bug, il n'y aura pas de bug ! » La phrase est devenue le mantra des conseillers. Mais après le premier report, le plan de marche prévu par l'administration ne va pas se dérouler comme prévu.

Emmanuel Macron, ancien ministre de l'Économie[15], très au point sur le dossier, a des doutes. Faut-il appuyer sur le bouton ? « En juillet 2018, lors d'un déjeuner avec Gérald et Alexis Kohler[16], le président nous avait dit : "Ce n'est pas complètement fait, votre truc." Il a commencé à évoquer le sujet. On pensait qu'il nous boostait un peu », se souvient Jérôme Fournel.

Gérald Darmanin promet au chef de l'État d'améliorer le projet mais la parole élyséenne est descendue jusqu'à Matignon. « C'est vrai que le président a beaucoup hésité. On ne peut pas le lui reprocher », convient Édouard Philippe. Subodorant que les visiteurs du soir ont dézingué sa réforme, le ministre des Comptes publics hausse un peu le ton : « Vous ne me faites pas confiance. »

Dans une interview au *JDD* parue le 26 août 2018, le Premier ministre émet à son tour des réserves : « Nous avons décidé de reporter en 2017 d'un an cette réforme

15. Entre le 26 août 2014 et le 30 août 2016.
16. Le secrétaire général de l'Élysée.

parce que nous voulions être sûrs qu'elle serait mise en œuvre dans de bonnes conditions. Nous ferons le point dans les prochaines semaines. » Trois jours plus tard, en déplacement à Helsinki, Emmanuel Macron enfonce le clou : « J'ai besoin d'une série de réponses très précises et d'être sûr de ce que nos concitoyens vivront le jour où on la mettra en place. Si on la met en place. Il est normal que nous nous assurions que les détails soient bien clairs. »

Face au président

Encore une fois, Gérald Darmanin va faire tapis. Mi-septembre, l'Élysée convoque une réunion pour trancher sur la faisabilité du PAS. Autour du président, Édouard Philippe, son directeur de cabinet, Jérôme Fournel, le directeur général des Finances publiques, Alexis Kohler écoutent son plaidoyer. « Il avait préparé son grand oral sur toutes les questions possibles et inimaginables, sur les aspects techniques, sur le ressenti éventuel de cette réforme par les citoyens. Il connaissait le dossier mieux que personne », se rappelle Justine Coutard. Édouard Philippe a laissé le « lead » à « Gérald » lors de cette réunion de la dernière chance.

Le ministre du Budget commence par un état des lieux de la réforme, rassure sur le fait qu'il n'y aura pas de gigantesque bug le 1er janvier 2019. La hantise du président. « Il jouait son poste à ce moment-là », raconte Jérôme Fournel. Gérald Darmanin convainc enfin Emmanuel Macron que ce big bang fiscal n'aura aucun impact sur la consommation des 39,3 millions de foyers fiscaux imposables, malgré la mise en place de taxes supplémentaires en 2018 (CSG, carburant, tabac, énergie). Conservation des crédits d'impôt, dispositif pour les employés à domicile, type de taux d'imposition : à l'issue de la réunion, tous les doutes sont levés.

Emmanuel Macron n'a pas mis son veto. La stratégie du responsable du Budget s'est avérée payante. « Il arrive au président d'être hésitant, commente Édouard Philippe, Gérald et moi avons insisté. Il faut dire les choses plusieurs fois, sous plusieurs angles différents, les faire dire par plusieurs personnes, et rassurer sur les questions techniques. C'est ce que sait faire Gérald. Manier le rapport de force aussi. Et puis à la fin, dire : "Maintenant il faut y aller." »

Malice

Gérald Darmanin sort de son grand oral avec les félicitations du jury. Un satisfecit général qui laisse pantois Christian Eckert, l'ancien secrétaire d'État au Budget, qui voit une énorme opération de com' autour de cette réforme : « Quand Darmanin est arrivé à Bercy, le travail était fait. Il suffisait d'"appuyer sur le bouton." Il l'a fait avec un an de retard, changeant à peine une virgule à notre travail. Quand Darmanin évoque son passage à Bercy, il revendique seul la paternité du prélèvement à la source, qu'il présente comme son fait d'armes majeur... À peine gonflé[17]... »

N'empêche, la fusée décolle le 1er janvier 2019 sans se crasher. Le prélèvement à la source est sur orbite. Mieux, 74 % des Français se disent favorables à la réforme[18]. Bercy peut prélever ses 77 milliards d'impôts

17. Christian Eckert, *Un ministre ne devrait pas dire ça...*, Robert Laffont, 2018.

18. Sondage Elabe pour *Les Échos*, 7 février 2019.

sur le revenu par an, des sommes largement supérieures aux montants perçus les années précédentes[19]. Comme pour la CSG, beaucoup de Français n'y font même plus attention quand ils reçoivent leur feuille de paie. « Les contribuables se sont tellement habitués à ne plus rien avoir à faire qu'ils ne se sont même pas rendu compte pour certains qu'on leur avait trop prélevé, analyse Hélène Fauvel, secrétaire générale du syndicat Force ouvrière des Finances publiques. Ils n'ont pas réclamé, en 2020, de changements de leurs taux de prélèvement par exemple. »

Gaudriole

Gérald Darmanin peut fêter le succès de cette aventure avec ses équipes autour d'un feu de camp au bord de l'étang de son père à Saint-Amand ou devant un welsh rarebit dans une brasserie lilloise. « Ça allait un peu plus loin que la vie professionnelle. Sa maman nous accompagnait souvent. Annie faisait partie du paysage », se souvient Justine Coutard, nostalgique de cette période.

Malgré la charge de travail et l'austérité de la discipline, le jeune ministre n'a rien perdu de sa malice et de son esprit espiègle, dont son équipe profite. Le voici, un soir, qui change la place des meubles dans le bureau de l'un de ses collaborateurs, sidéré en arrivant le lendemain matin par le nouvel agencement des lieux... « On s'est vraiment beaucoup marrés avec lui, avoue Cécile Collin. Cela nous a aidés à tenir. Gérald est un chef de bande, un chef de clan. Il est d'une loyauté exemplaire envers ses collaborateurs. »

19. 69,1 milliards en 2015, 70,3 milliards en 2016, 71,5 milliards en 2017.

Même en dehors de son premier cercle, dans une corporation peu connue pour son sens de la gaudriole, cet amateur de boutades ose quelques provocations. « Pour être comptable, il faut un con, une table, et c'est à l'État de fournir la chaise », déclare-t-il par exemple à Meung-sur-Loire (Loiret) en juillet 2018 devant des élus locaux. Les syndicats s'emportent face à cette sortie qu'ils jugent blessante pour la profession. Le service de communication du ministère tente d'éteindre le feu tant bien que mal, arguant que le ministre ne faisait référence « à ce jeu de mots désobligeant que pour mieux le dénoncer ». « Ce jour-là, il a péché plus par inexpérience que par méchanceté », souffle Hélène Fauvel.

200 euros sans le vin !

Une autre polémique va sortir des murs de Bercy. Alors qu'il est invité à la Sorbonne le 22 novembre 2018 pour assister à la treizième édition des États de la France[20], Gérald Darmanin explique à l'assistance que le gouvernement doit entendre la colère des Gilets jaunes « afin d'éviter un "Brexit intérieur" » : « Nous devons tous intégrer et pas seulement expliquer, mais entendre et comprendre, ce que c'est de vivre avec 950 euros par mois quand les additions dans les restaurants parisiens tournent autour de 200 euros lorsque vous invitez quelqu'un et que vous ne prenez pas de vin[21] ». La phrase enflamme les réseaux sociaux qui

20. Les États de la France constituent un événement destiné aux responsables d'entreprises étrangères implantées en France.

21. Rapporté dans « Pour montrer qu'il comprend les Gilets jaunes, Darmanin évoque ses restos parisiens à 200 euros (sans le vin !) », *Marianne*, 23 novembre 2018.

considèrent que le ministre du Budget est déconnecté de la « vraie vie ».

Celui-ci n'ayant pas l'habitude de battre sa coulpe, surtout quand on le dit en décalage avec le peuple, lui, le fils d'une femme de ménage, sa réponse ne se fait pas attendre : « Maintenant, si ça choque de dire qu'il y a effectivement des restaurants où il y a [des additions à] 200 euros pour deux personnes ; la réalité vous choque, bienvenue au club[22] », répond-il. Disruptif, comme son mentor Sarkozy.

Le réseau

En interne, Gérald Darmanin se fait aussi bousculer par ses troupes après le lancement de sa deuxième réforme majeure : la relocalisation d'effectifs de la fonction publique accompagnés de nouveaux réseaux de proximité (NRP).

« Les deux projets sont complémentaires », assure à l'époque l'ancien directeur de cabinet du ministre. « Les réseaux de proximité permettent d'améliorer le service auprès des usagers et des élus locaux, en augmentant de 40 % le nombre de communes dans lesquelles la direction générale des Finances publiques est présente. La relocalisation des agents basés dans les métropoles répond, elle, à une logique d'aménagement du territoire : on aura des pôles d'expertise ailleurs qu'en Île-de-France[23] », expose Jérôme Fournel, aujourd'hui directeur de la DGFIP.

22. Grand Jury RTL-*Le Figaro*-LCI, 25 novembre 2018.
23. Isabelle Couet, « Le gouvernement a choisi les villes qui accueilleront 2 500 agents du fisc », *Les Échos*, 10 septembre 2020.

Les syndicats, eux, ne voient dans cette réforme qu'une mesure en trompe-l'œil, faite pour cacher le démantèlement du service public, engagé bien avant l'arrivée de Gérald Darmanin. Entre 2020 et 2022, 4 900 emplois seront supprimés à la DGFIP, ce qui correspond à la fermeture annuelle de soixante-dix à cent trésoreries. « C'était déjà un sujet à mon époque, remarque Éric Woerth, Gérald Darmanin a continué à réduire le réseau compte tenu de la part croissante de la numérisation des services. »

En cette année 2019, les manifestations se multiplient un peu partout en France pour dénoncer la suppression des trésoreries, un mouvement dur que relaie la presse locale. Le 14 mars, pour retenir l'attention des médias nationaux, deux cents agents des Finances publiques manifestent sous une pluie drue à Tourcoing, autrement dit chez leur ministre, entre la place de la Résistance et l'hôtel de ville.

« Il faut être lucide, on ne va pas supprimer des postes d'enseignants, de soignants, de policiers, observe, amère, Hélène Fauvel. Dans les gros bataillons de la fonction publique, qu'est-ce qu'il reste à part notre ministère ? »

Mais Gérald Darmanin ne cède rien. La réorganisation des 3 600 points de contact pour les usagers s'amorce, en maintenant « un accès au service public à moins de trente minutes[24] » partout en France, plaide le ministre du Budget. « Ils ont vu qu'on ne calait pas, qu'on signait des conventions avec des élus à pas mal d'endroits. Deux tiers du territoire sont couverts par ces conventions », se réjouit Jérôme Fournel.

---

24. Ingrid Feuerstein, « Darmanin engage "une transformation profonde" du réseau des impôts », *Les Échos*, 7 juin 2019.

L'homme pressé

Mais, dans son bureau de Bercy, entouré du général de Gaulle et de Jeanne d'Arc, Gérald Darmanin commence à se lasser. Ses réformes sont passées : le prélèvement de l'impôt à la source bien sûr, les nouveaux réseaux de proximité, mais aussi la suppression de la taxe d'habitation pour l'ensemble des foyers en 2023. « Le Budget, c'est ardu, avec de gros horaires. Il faut le défendre à l'Assemblée. Gérald a fait ses preuves », analyse Cécile Collin.

« Gérald Darmanin est un homme pressé, très pressé. Il s'est dit : "Ça y est, j'ai marqué mon territoire, je peux passer à autre chose" », renchérit Jérôme Fournel. D'autant que l'apparition de la crise du Covid et « le quoi qu'il en coûte » macronien stoppent net toute velléité de réformer les retraites et toute possibilité de revenir à une orthodoxie budgétaire[25].

Le ministère du Budget accompagnant désormais les mesures d'aides financières aux entreprises, Darmanin a la tête ailleurs. Du côté de la place Beauvau. Il a déjà raté le ministère de l'Intérieur, à la faveur de Christophe Castaner, en octobre 2018[26] et ne veut pas passer à côté d'une prochaine opportunité. « Gérald est un esprit qui phosphore, qui a cinq mille idées à la minute et envisage les différents scénarios », décrit Justine Coutard. Le changement de gouvernement va lui permettre d'exercer une nouvelle fois ses qualités de fin tacticien.

---

25. Le déficit public de la France pesait presque 7 % du PIB en 2021.
26. Voir le chapitre 13, p. 245.

13

Le pacte des présidents

« Il me fait penser à mon père… Son père aventurier. Son père colérique. Son père “métèque”, comme il aimait lui-même à se présenter. » Gérald Darmanin a une affection sans borne pour Nicolas Sarkozy. Il l'imite. Il parle, il mime, il pense « Sarkozy ». Il craint ses emportements mais admire ses répliques, son sens de la formule, sa politesse mêlée d'extrême grossièreté. Un personnage « corléonien » ? Le ministre de l'Intérieur sourit de la formule, lui qui a vu tant de fois la trilogie du *Parrain* de Francis Ford Coppola. « Vito Corleone, il est bien, il ne fait jamais dans la drogue », réagit-il en forme de pirouette à cette comparaison entre l'ancien président et le personnage joué par Marlon Brando.

Le ministre se reprend, plus sérieusement : « Moi, je ne le vois pas comme cela, on l'aime ou on ne l'aime pas, mais il n'y en a pas deux comme lui dans la vie politique. Je peux témoigner que Nicolas Sarkozy est un homme qui ne triche pas. » Pas question de lui manquer de respect… La plupart de ceux qui s'y sont risqués y ont laissé, au mieux, des plumes. D'autant que l'Ex, surtout depuis qu'Emmanuel Macron a été élu, n'a jamais cessé de tirer les ficelles en coulisses. Comme si un pacte liait les sixième et huitième présidents de la Ve République.

Un peu de business

Depuis qu'il s'est retiré dans son QG de la rue de Miromesnil, les activités professionnelles de Nicolas Sarkozy (qui touche une retraite présidentielle annuelle de 74 000 euros) restent confidentielles. Il a d'abord donné des conférences aux quatre coins du monde à 100 000 euros pièce, mais le filon s'est, semble-t-il, un peu tari. Un discours prononcé en septembre 2020 à Paris, à la Semaine de l'immobilier, n'aurait été facturé « que » 40 000 euros[1]. Outre ses activités d'avocat, l'Ex est entré dans les conseils d'administration d'entreprises « amies » : le groupe hôtelier Accor de Sébastien Bazin ; le groupe d'hôtels et de casinos Barrière, de Dominique Desseigne ; le groupe de production audiovisuelle et de jeux en ligne Lov Group, de Stéphane Courbit ; et le groupe de commerce et médias Lagardère, auprès de son « frère » Arnaud. Il réalise aussi des « missions » de conseil auprès de la banque Natixis – notamment en Arabie Saoudite – ou pour le groupe textile Chargeurs[2]. L'État lui paye ses frais généraux (866 000 euros en 2019), une voiture, un chauffeur, le loyer de ses bureaux (295 000 euros), des billets Air France en première et mise à disposition de résidences d'ambassadeur à l'étranger. De quoi vivre confortablement et s'occuper l'esprit. Même si Emmanuel Macron a manifesté son

1. Francois Miguet, « Nicolas Sarkozy, pas si bon que ça en business... », *Capital*, 7 janvier 2021.
2. Jamal Henni, « Natixis, Chargeurs... Les nouvelles missions de luxe de Nicolas Sarkozy », *Capital*, 4 mai 2021.

intention de ne pas profiter pour lui-même de tels avantages après son départ de l'Élysée, il n'a pas envisagé de les retirer à ses prédécesseurs.

« Oui, Nicolas Sarkozy fait du business, mais ce n'est pas ça qui le fait triper, sourit Gérald Darmanin. Il a un des plus beaux postes de la République ! Tout le monde vient le voir. Son truc, cela reste la politique. Il ne fait que ça. Mais il ne fait plus de la politique électorale bien sûr. » Le ministre de l'Intérieur cite la phrase du *Souper*, la pièce de théâtre de Jean-Claude Brisville, qui met en scène un repas entre les ministres des Affaires étrangères et de l'Intérieur de Napoléon, Talleyrand et Fouché, au lendemain de Waterloo. « On commence par faire de la politique pour avoir le pouvoir, puis quand on a le pouvoir, on joue à faire de la politique », dit Talleyrand, celui que Napoléon traitait de « merde dans un bas de soie »...

L'homme-lion

À la façon d'un Talleyrand, Sarkozy joue désormais à plein temps à « faire de la politique ». Quelle meilleure formule pour qualifier le rôle que tient en coulisses le reclus de Miromesnil ? Et dans cette activité, son meilleur compagnon de jeu se trouve à l'Élysée. Entre les deux présidents, bien sûr, le ciment premier est une fascination réciproque. Sarkozy, comme tout le monde, n'a pas vu venir Macron, tout occupé qu'il était à se délecter des malheurs de Fillon. « Il en a été médusé », affirme Sébastien Lecornu. Macron casse tous les codes, toutes les règles. Jamais élu avant 2017. Sans parti. Une vie privée avec la même épouse depuis 2007, de vingt-quatre ans son aînée, aux antipodes de tant de vies politiques, dont celle de Nicolas Sarkozy lui-même... « C'est quoi son truc ? » a longtemps interrogé l'ancien chef de l'État, toujours avide de coulisses, intéressé par les moindres détails, attentif aux trajectoires des uns et des autres.

« Les anciens présidents forment un petit club très fermé », souligne Gérald Darmanin. Un soir, dans un dîner, un convive demande benoîtement à Nicolas Sarkozy si c'est « dur » de devenir président de la République. L'« homme-lion » laisse tomber ses couverts sur la table et fixe son interlocuteur le temps qu'un silence se forme : « Bien sûr que c'est dur, on est huit à l'avoir fait en soixante ans, c'est plus dur que le Tour de France », grince-t-il, l'œil sombre devant une question si stupide à ses yeux.

Et puis, bien sûr, Macron et lui partagent une détestation commune du septième président de la Ve. Pour Nicolas Sarkozy, François Hollande lui a non seulement « volé » sa réélection de 2012, mais, surtout, est à l'origine de ses ennuis judiciaires, tous déclenchés sous son quinquennat et accentués par la création du Parquet national financier. L'ancien maire de Neuilly ne pardonnera jamais au socialiste de Corrèze. Hollande l'a asphyxié. Macron, au contraire, lui permet d'endosser le costume d'ancien président, mi-M. Chrysanthèmes, grand spécialiste des remises de décorations, mi-M. Bons Offices, en porteur de messages officiels ou officieux. Hollande avait estimé que l'opprobre jeté sur Sarkozy par les affaires de corruption le rendait infréquentable, Macron fait comme si elles n'existaient pas.

Doublement condamné

Pourtant, pour Nicolas Sarkozy, dès 2012, le calendrier judiciaire a tout envahi. Il est mis en examen pour corruption et association de malfaiteurs dans l'affaire libyenne, concernant le financement de sa campagne de 2007, avec à ses côtés une demi-douzaine de proches, dont Claude Guéant et Brice Hortefeux ; il est mis en examen pour corruption et trafic d'influence dans l'affaire dite « Bismuth », suite aux écoutes de ses conversations sur son téléphone clandestin avec son avocat et ami Thierry Herzog ; il est mis en examen pour financement illégal dans l'affaire Bygmalion, pour le dépassement de près de 100 % de son compte de campagne lors de la présidentielle de 2012. Il se bat tous azimuts, clamant son innocence. Sans parler des dossiers où il n'est pas impliqué, parce que son immunité présidentielle a tenu les juges à distance, mais dans lesquels son nom est cité : Tapie et l'arbitrage Adidas, les sondages de l'Élysée.

Avec toutes ces échéances judiciaires qui l'attendent l'ancien président a donc, aux premières heures du quinquennat Macron, des raisons d'être inquiet. Alors qu'il va devoir affronter ses premiers procès, il n'est en contact qu'avec deux personnes dans cette nouvelle équipe aux commandes de la France, Gérald Darmanin et Sébastien Lecornu. « D'une certaine façon, on a été ses ambassadeurs », admet ce dernier qui, lui aussi, a sollicité le « feu vert » de l'ancien président avant d'accepter son poste de secrétaire d'État à l'Écologie.

Pire encore, Nicolas Sarkozy déteste Édouard Philippe, avec lequel il a failli en venir aux mains[3].

3. Le 17 novembre 2002, lors du congrès fondateur de l'UMP, au Bourget, Nicolas Sarkozy tente de voler la vedette à Alain Juppé, candidat

« Je ne comprends plus rien à la politique », a-t-il réagi quand Darmanin lui a annoncé la nomination du maire du Havre à Matignon[4]. Le Premier ministre juppéiste a, en fait, le don de l'énerver. Là encore, c'est Gérald Darmanin, en juin 2018, qui sera chargé d'organiser un déjeuner de réconciliation... L'Ex n'a aucun atome crochu non plus avec Gérard Collomb, le maire socialiste de Lyon, qui occupe le fauteuil de Beauvau dans le premier gouvernement de l'ère Macron. Et, cerise sur le gâteau, il déteste François Bayrou, le nouveau garde des Sceaux. Pas de bon augure pour la suite, pense-t-on rue de Miromesnil.

Trop tôt

Mais le vent tourne. Trente-trois jours après sa nomination, pour cause d'affaires d'emplois présumés fictifs au MoDem, François Bayrou démissionne. « Quelle histoire ! » répète Sarkozy à ses visiteurs, avec la même gourmandise que vis-à-vis des déboires judiciaires de François Fillon. Exit Bayrou. Pour le remplacer, Nicole Belloubet. Cette austère professeure de droit, peut penser l'ancien président, n'initiera pas de coup tordu. Reste l'Intérieur. La tour de contrôle de la police et de la gendarmerie, où l'information remonte jusqu'au sommet. Il est toujours bon, quels que soient l'époque et le régime, d'avoir des antennes...

Là encore, les « circonstances » vont ouvrir des perspectives à Nicolas Sarkozy. Premier acte, en

à la présidence. Mais Édouard Philippe empêche celui qui est alors ministre de l'Intérieur de faire une arrivée triomphale. En coulisses, les deux hommes s'attrapent par le col.

4. Voir le chapitre 9, p. 161.

septembre 2018 : Gérard Collomb démissionne avec la vitesse d'un homme qui a senti l'odeur des flammes... Officiellement, il veut se consacrer à sa ville de Lyon, qu'il perdra d'ailleurs aux municipales suivantes. « Gérard Collomb est parti sans préavis, se souvient Gilles Boyer, alors en poste à Matignon. Il ne nous a même pas laissé le temps de nous organiser. » Édouard Philippe doit assurer l'intérim pendant treize jours. Treize jours d'intenses négociations en coulisses.

Aussitôt Collomb parti, Gérald Darmanin prend rendez-vous avec Emmanuel Macron. « Gérald aime le régalien, et puis il fait la carrière de Sarko », explicite Sébastien Lecornu. Dans le bureau du chef de l'État, le ministre des Comptes publics postule sans détour pour l'Intérieur. « Je lui ai exposé ce que je pensais pouvoir apporter, j'ai fait acte de candidature », admet-il. Emmanuel Macron l'écoute, prend quelques notes, comme à son habitude, et lâche sa formule favorite en relevant la tête : « C'est très intéressant. » Mais le jeune ministre apprend, « un peu vexé », que Matignon reçoit d'autres candidats. « C'était trop tôt, trop jeune, et l'impôt à la source n'était pas totalement lancé », se console-t-il. N'empêche, prenant conscience qu'Édouard Philippe ne l'a pas mis en tête de sa liste, Gérald Darmanin en est meurtri. « Pas très sympa », note-t-il.

Le ministre des Comptes publics est tout aussi contrarié de comprendre qu'il pâtit d'un manque de confiance à l'Élysée. Il s'en ouvre même à Alexis Kohler, le plus proche collaborateur du président : « Comment pouvez-vous poser la question de confiance alors que, depuis trois ans, je dirige deux services de renseignement, les impôts, Tracfin, les douanes ! Est-ce que vous avez vu une info sortir dans le journal, une info que j'aurais donnée à mes anciens amis ? » Mais les choses en restent là. Trop tôt, trop jeune.

Castex recalé

En fait, le candidat des macronistes « historiques » est Christophe Castaner, un Marcheur de la première heure. Mais à Matignon, cet ancien élu socialiste de Forcalquier, dans les Alpes-de-Haute-Provence, ne fait pas l'unanimité. « Édouard savait que le président avait besoin d'un homme de confiance à Beauvau, et qu'il fallait quelqu'un de solide, se souvient Charles Hufnagel. Il aimait bien Christophe Castaner, mais il pensait que la marche était un peu haute. Il le lui a dit, et d'ailleurs Christophe l'a mal pris sur le coup... »

Au même moment, durant ces treize jours, Matignon propose un autre candidat, alors inconnu du grand public : Jean Castex. Cet ancien secrétaire général adjoint de l'Élysée sous Sarkozy est reçu discrètement par le président et le Premier ministre. Il va même un temps tenir la corde. L'élu des Pyrénées-Orientales, à l'accent rocailleux, dont Sarkozy ne dit aussi que du bien, tape dans l'œil du président. Castex, alors délégué interministériel aux jeux Olympiques de Paris 2024, fait partie de ceux qui auront été quelques heures, l'espace d'un week-end, « ministre de l'Intérieur virtuel ».

Mais son nom fuite dans *Le JDD*[5], qui rappelle quelles furent ses fonctions sous la présidence Sarkozy dans le but (atteint) de torpiller sa candidature. « Une peau de banane venue de ceux dans l'entourage du

5. « Jean Castex tient la corde pour le ministère de l'Intérieur », *Le Journal du dimanche*, 7 octobre 2018.

président qui poussaient pour Castaner », décode alors Matignon. François Bayrou, l'un des poids lourds de la majorité présidentielle, estime à l'époque qu'on ne va pas confier Beauvau à un sarkozyste. Comme souvent dans ces heures incertaines de nomination, où les réseaux et les influences se croisent avec fracas, comme des vagues qui s'entrechoquent à l'approche de la côte, le rapport de force s'inverse. Exit Castex. Reste Castaner. Mais Édouard Philippe parvient à imposer l'idée de lui trouver une béquille.

Le grand blond

Après Darmanin et Castex, un troisième sarkozyste sort du chapeau : Frédéric Péchenard. Cet ancien commissaire de police, ami d'enfance de l'ancien président, qui en avait fait son directeur général de la police nationale (DGPN), est appelé par les services du Premier ministre. Le voilà dans le bureau d'Édouard Philippe pour parler sécurité. Le courant passe. « C'est un homme à qui je trouve de la classe », dit Péchenard de son interlocuteur. « Est-ce que cela t'intéresserait d'entrer au gouvernement ? » lui demande le Premier ministre. L'ancien flic, pour qui « La sécurité n'est ni de droite ni de gauche, c'est un bien commun », ne dit pas non.

Le voilà ensuite dans le bureau d'Alexis Kohler à l'Élysée. Le chef de l'État passe une tête, comme il le fait à chaque fois que son bras droit « consulte » pour son compte. Les choses avancent. Emmanuel Macron aime bien cet homme un peu raide dont Sarkozy ne cesse de lui dire du bien. Regard franc, sens évident de l'État, parcours irréprochable. Le président a déjà voulu le nommer préfet. « Castaner ministre, vous secrétaire d'État », lui propose Kohler. Péchenard, à nouveau, ne dit pas non. Une rencontre est organisée le lendemain à Matignon.

Ils ne se connaissent pas, mais ils ont un point commun : Christophe Oraison, dit « le Grand Blond », un braqueur des Alpes-de-Haute-Provence, abattu en août 2008 lors d'un règlement de comptes. Quelques années auparavant, quand il était patron de la Brigade de répression du banditisme (BRB), Péchenard avait interpellé ce caïd du Sud, ancien partenaire de poker et « grand frère » de Christophe Castaner... « Cela nous faisait un point commun, mais pas du bon côté », sourit l'ancien commissaire. Les deux hommes se reniflent. L'un est de droite, l'autre de gauche ; l'un du Sud, l'autre du Nord. « Pourquoi pas, mais il y a quand même des choses sur lesquelles je serai intransigeant, expose Frédéric Péchenard. Je veux avoir un cabinet, je veux avoir des attributions sur la police et la gendarmerie et je veux pouvoir nommer les gens. Sinon, si c'est juste pour dire qu'on a pris un sarkozyste de droite et me poser là, faire une prise de guerre et goal volant, cela n'a pas de sens. »

En clair, il n'est pas prêt à tout pour devenir simple secrétaire d'État d'un ministère qu'il connaît par cœur. En un mot, il n'a pas l'âme d'une potiche. Mais après arbitrage, Alexis Kohler lui fait savoir qu'il n'aura ni cabinet ni décret d'attribution lui permettant de procéder à des nominations. Le ton monte un peu, mais les choses en restent là. Exit le commissaire Péchenard.

La grande peur

Malgré ses interventions, aucun des trois cavaliers de Sarkozy pour l'Intérieur n'a finalement franchi la ligne.

Ni Darmanin, ni Castex, ni Péchenard... Christophe Castaner hérite du poste avec, à ses côtés, un ancien patron de la DGSI, Laurent Nuñez, très éloigné de la Sarkozie. Fin du premier épisode.

«Je pense qu'à ce moment-là, Sarko a été contre-productif pour Gérald Darmanin, admet un proche de l'ancien maire de Tourcoing, qui a requis l'anonymat. Macron aime beaucoup Sarkozy, c'est sûr, mais il n'aime pas se voir imposer quelque chose... » Darmanin reste à Bercy. Castaner a voulu ce poste, qui va lui coûter ses week-ends. Il est en première ligne face aux Gilets jaunes. Début décembre 2018, avec la « prise » de l'Arc de triomphe et la mise à sac de la rive droite parisienne, la peur gagne le sommet de l'État.

Pour le couple Macron, exfiltré plusieurs week-ends à la résidence versaillaise de la Lanterne, ces journées sont un choc, un des moments forts du quinquennat. Comme l'est la soirée du 4 décembre 2018 au Puy-en-Velay, où la voiture du président est littéralement pourchassée sous les huées et les insultes. Nicolas Sarkozy connaît le poison de l'impopularité, les blessures qu'elle entraîne. Il mesure le désarroi que provoque sur ce jeune président cette flambée de violence dont il est la cible. En 2005, ministre de l'Intérieur, lui-même a connu les émeutes en banlieue. Il se souvient de la fragilité des nuits où un mort dans un camp aurait pu tout faire basculer. Il a connu lui aussi, avant même d'accéder à l'Élysée, les crachats, les injures, la colère. Il sait que derrière les sourires affichés pour les caméras, il faut du cuir pour faire face à ce que l'on ressent forcément comme une somme d'injustices. Pour le couple Macron, ces heures sont sombres, dangereuses, et cruelles. Comme il lui est arrivé d'avoir de discrets retours sur la présidence Hollande, *via* le personnel de l'Élysée avec lequel il est resté en bons termes, des échos parviennent à Nicolas Sarkozy de ces moments difficiles.

Selon plusieurs sources, les deux présidents se voient beaucoup à cette période. « Nicolas Sarkozy a joué un rôle important, confirme Sébastien Lecornu. Il a fait bloc, moralement, intellectuellement, avec le président Macron. Il a même fait passer des messages auprès de LR, leur demandant de calmer le jeu, de stopper tout de suite ceux qui étaient tentés de souffler sur les braises. Nicolas Sarkozy a perçu que le rejet qui s'exprimait visait la politique en général et qu'il ne fallait pas jouer avec ça. » Qui mieux qu'un ancien chef de l'État pour coacher un nouveau ? « Sarkozy a ce côté entraîneur de foot, celui qui, depuis le banc, vous dit quoi faire et vous booste », explique Gérald Darmanin. Emmanuel Macron, de son côté, a compris que l'Ex avait « un besoin maladif de reconnaissance », analyse Jérôme Lavrilleux, l'ancien directeur de campagne de ce dernier à la présidentielle de 2012, persuadé lui aussi que les deux hommes se sont trouvé « des intérêts communs ».

Les deux présidents se voient, seuls ou en couple. Ni Sébastien Lecornu ni Gérald Darmanin n'ont jamais été invités à des déjeuners, même s'ils jouent les intermédiaires au besoin. Le second s'est d'ailleurs fixé pour règle de toujours avertir Emmanuel Macron de ses rencontres avec son prédécesseur, ce qui laisse la possibilité de lui confier un message à transmettre.

Matignon détricote

Cependant, en cette année 2019, les juges se rapprochent du « coach » Sarkozy. En juillet, après des débats houleux où Bernard Tapie s'est battu pied à pied, le tribunal correctionnel présidé par Christine Mée blanchit l'ancien homme d'affaires en première instance dans l'affaire de l'arbitrage du Crédit lyonnais. Le tribunal a mis par terre l'instruction du juge Tournaire, le magistrat à l'origine de l'affaire des écoutes qui instruit le tentaculaire dossier libyen. C'est la première bonne nouvelle judiciaire depuis des années pour le camp Sarkozy. Autre signe, que l'entourage de l'ex-président interprète comme de très bon augure, la même Christine Mée a été désignée pour juger l'affaire Bismuth dont le procès doit avoir lieu dans la même salle à l'automne 2020.

Les mois galopent. L'échiquier de 2020 se met en place. La première crise du Covid est passée par là. Elle a laissé des traces entre l'Élysée et Matignon. Emmanuel Macron et son Premier ministre, c'est alors encore un secret d'État, se supportent de moins en moins. À Matignon, on se félicite des conférences de presse d'Édouard Philippe. À l'Élysée, on s'agace que Matignon « détricote tout ce qu'on décide ». Quelque chose s'est déréglé entre ces deux hommes, tout aussi secrets l'un que l'autre, et finalement si différents. « Ne fais pas la même erreur que moi, ne garde pas le même Premier ministre cinq ans », répète Sarkozy à Macron, pour une fois sur la même ligne que son rival François Bayrou, qui lui aussi ne voit que des défauts au maire du Havre. Macron sourit, ne dit rien, mais le « conseil » infuse.

La vision Castex

Gérald Darmanin, coincé entre sa double loyauté envers Sarkozy et envers Philippe, joue les casques bleus. Pressent-il que la tension qui monte entre l'Élysée et Matignon risque de le toucher ? Dès janvier 2020, le ministre des Comptes publics prend rendez-vous avec le président pour lui annoncer qu'il sera candidat aux municipales à Tourcoing. « Cela fait trois ans que je suis à Bercy, j'en ai un peu marre. J'explique au président que je vais retourner dans ma mairie et que j'ai aussi des propositions dans le privé », raconte-t-il. C'est fait dans les formes, très poliment, mais cela s'appelle un bras de fer. La règle fixée par le chef de l'État est que les ministres élus maires quittent le gouvernement. En clair, en se présentant aux municipales de Tourcoing, le ministre du Budget met sa démission dans la balance... Une sorte de tapis. Mais Macron lui promet qu'il pourra cumuler et quand il quitte l'Élysée ce soir-là, il a obtenu sa dérogation. Il se déclare candidat le 27 janvier à la réélection à Tourcoing. Cinq jours après, Édouard Philippe se lance à son tour dans les municipales au Havre. « Ça lui a donné l'idée », sourit Darmanin.

À Matignon, tous espèrent jusqu'au bout qu'un bail supplémentaire leur sera accordé. Le Premier ministre y croit lui aussi. Gilles Boyer : « Édouard a toujours voulu dépassionner. Si ça continue, c'est très bien ; si ça s'arrête, c'est bien aussi. Il voulait que ce soit sans affect. » Mais comment la politique, comme l'ont toujours espéré les juppéistes, pourrait-elle être sans affect ? « On voyait bien, et Gérald le sentait, que c'était compliqué entre le Premier ministre et le président. Il se rendait bien compte que c'était intéressant pour Édouard de sortir. Trois ans et demi à Matignon : *the job is done*, comme on dit », poursuit Charles Hufnagel. Dans une de ces réunions où les hommes de Matignon essayent d'anticiper la décision d'Emmanuel Macron, Gérald Darmanin a une vision : « Il va nommer Castex. » « Effectivement, très en amont, Gérald l'a prédit à Édouard, devant moi et Benoît Ribadeau-Dumas », confirme Thierry Solère. « Gérald a dit que le président pouvait surprendre et ne pas prendre un profil politique, nuance Édouard Philippe. Gérald est le premier à avoir évoqué le nom de Jean Castex. Ce n'était pas idiot du tout dans la perspective d'un second Premier ministre, comme Giscard avait nommé Raymond Barre après Chirac. » Le jour de la passation de pouvoir, Thierry Solère a entendu Benoît Ribadeau-Dumas se pencher vers Gérald Darmanin pour lui glisser : « T'avais vu le truc, et t'étais bien le seul. »

« C'était évident », dit avec le recul le ministre de l'Intérieur. Un raisonnement juste. Il avait compris que Macron voulait changer. Qu'il voulait un technicien, qui ne prenne pas la lumière, qui soit de droite, qui connaisse bien l'État, et qui, quoi qu'il arrive, ne serait pas candidat à la présidentielle... Le « couteau suisse » Castex cochait toutes les cases.

Une diversion

Pour Gérald Darmanin, la démission d'Édouard Philippe le 3 juillet 2020, même s'il perd son « copain Édouard », est aussi une aubaine. D'abord, il connaît très bien Castex, comme lui un ancien de chez Xavier Bertrand. Puis ce départ lui confère un plus grand poids politique. « Gérald va pouvoir demander ce qu'il veut, se vendre cher, et c'est bien normal », analyse Gilles

Boyer. D'autant que, comme les joueurs d'échecs qui ont un coup d'avance, ses pions sont déjà en place.

Résumons la situation en ce début juillet 2020. Le ministre du Budget a déjà vu le président pour réclamer l'Intérieur à l'automne 2018, après le départ de Collomb. Il l'a revu en janvier 2020 pour lui dire qu'il avait une proposition de job dans le privé et qu'il en avait « marre de Bercy »... Et puis, le 23 mai, dans la foulée de son élection à Tourcoing, il a fait une nouvelle fois la manchette du *JDD* avec cette phrase, « Je veux peser », accompagnée d'une offre de services claire pour un grand ministère consacré aux réformes sociales. Pour quelqu'un qui ne rêve en réalité que de l'Intérieur, cela ressemble à... une magnifique diversion. « En tout cas, mon engagement auprès du président de la République restera entier, quelles que soient mes fonctions au sein du gouvernement ou en dehors », souligne-t-il dans cette interview en forme de chaud et froid. « La politique, c'est un métier », dit souvent Thierry Solère dans un grand éclat de rire.

Le vendredi 3 juillet, premier jour de sa vie d'après Matignon, Édouard Philippe est de retour au Havre. Gérald Darmanin l'accompagne. « Une carte postale pour dire : "Coucou, je suis de droite, et si vous me traitez mal, je reste avec mon ami barbichu" », dit un philippiste. L'élu de Tourcoing s'offre le luxe de repousser la demande d'entretien du nouveau Premier ministre. Quand il le rencontre finalement le lendemain à Matignon, Jean Castex évoque « trois possibilités » : « L'Écologie, c'est très important, un des principaux sujets de la majorité, l'Intérieur ou le Travail et les Affaires sociales. » Le Premier ministre fait lui-même les réponses. Il élimine l'Écologie, promise à Barbara Pompili, lâche que « l'Intérieur, c'est compliqué », avant d'annoncer à son interlocuteur qu'il le voit « bien » à la tête d'un grand ministère social pour « mener la très importante réforme des retraites ».

Logique après tout : Darmanin lui-même n'a-t-il pas réclamé ce poste ? Devant Castex, il ne dit pas non. Au contraire, il revendique le ministère du Travail et des Affaires sociales, comme du temps où Xavier Bertrand occupait ces deux fonctions rue de Grenelle. Le Premier ministre note, mais depuis son arrivée avenue Duquesne, après le départ d'Agnès Buzyn, c'est Olivier Véran, chargé des Solidarités et de la Santé, qui pilote l'administration des Affaires sociales. « Gérald », devant « Jean » qu'il tutoie, réserve sa réponse. « Je veux en parler au président », conclut-il, évoquant « le besoin de faire un point politique global avec le chef de l'État, sur la présidentielle, le parti En Marche »... Jean Castex n'a pas le choix : il doit attendre.

Blanquer éliminé

Selon plusieurs de ses proches, le futur ministre de l'Intérieur se démène tous azimuts pour faire savoir au président que ce qu'il réclame en premier choix, ce n'est pas le Travail mais Beauvau. Mais le dimanche 5 juillet, un tout autre casting a été arrêté entre Matignon et l'Élysée : le prochain premier flic de France s'appelle Jean-Michel Blanquer, qui lui aussi a formulé depuis longtemps l'envie de quitter l'Éducation nationale. Les équipes de policiers chargés de la protection des personnalités en ont vent dans la soirée.

Au même moment, en coulisses, un allié de poids de Darmanin vient torpiller la candidature Blanquer : Richard Ferrand. Le président de l'Assemblée nationale liste auprès d'Emmanuel Macron les défauts, à ses yeux, du ministre de l'Éducation pour piloter l'Intérieur et les Cultes. La composition du gouvernement bouge pendant la nuit. C'est le jeu. Blanquer, contre son gré, restera à l'Éducation et entre Darmanin et lui, la brouille durera plusieurs mois. En revanche, Olivier Véran, comme il le souhaitait, conserve les Affaires sociales. Entre Darmanin et lui, ce ne sera plus jamais simple...

En tout cas, quand le Nordiste entre dans le bureau du président le lundi matin, c'est validé. Alors qu'il s'apprête à plaider à nouveau pour réclamer l'Intérieur, Emmanuel Macron lui annonce d'entrée qu'il le nomme à Beauvau. « Qui sera garde des Sceaux ? » interroge le nouveau ministre de la police, tout sourire. « Éric Dupond-Moretti », annonce le président, ravi de sa trouvaille. Darmanin n'y voit aucune objection. En sortant de l'Élysée, il décide de n'en parler à personne. Même pas à Nicolas Sarkozy, de peur qu'une nouvelle fois tout capote. « Gérald commet rarement deux fois la même erreur », disent ses amis...

Waterloo judiciaire

Ce dernier match aura duré trois jours. En ce mois de juillet 2020, le reclus de Miromesnil peut se féliciter de sa conclusion. Autant, en 2018, aucun de ses poulains n'avait franchi la ligne, autant, cette fois, il a fait coup double. Non seulement son jeune protégé est ministre de l'Intérieur, mais « EDM », l'ami intime de son propre avocat, qu'il connaît lui-même bien, est nommé garde des Sceaux ! « Qu'est-ce qu'on a fait pour mériter ça ? » soupire Nicole Belloubet devant son cabinet en apprenant son limogeage. Juste avant d'être nommé ministre,

Éric Dupond-Moretti retire la plainte pour « atteinte à la vie privée » qu'il avait déposée, visant l'examen de ses fadettes téléphoniques par le PNF (la plainte sera finalement classée sans suite par le parquet).

Quelle aubaine, pense le camp Sarkozy, dans la perspective du procès Bismuth à venir cet automne ! Celui qui a dénoncé les « barbouzeries du PNF » nommé garde des Sceaux ! Ce premier procès à venir de l'ancien chef de l'État, présidé par Christine Mée, ne doit-il pas être la première manche gagnée qui donnera le ton des procès suivants ?

Mais voilà : rien ne se passe comme prévu. « Dupond », la « trouvaille » du président, s'avère un piètre politique, un calamiteux candidat aux régionales dans le Nord, et un ministre à la cote d'impopularité record au sein de ses propres troupes. Quant au procès Bismuth, malgré les plaidoiries des avocats, et entre-temps les enquêtes visant des magistrats du PNF par le nouveau garde des Sceaux, il se solde par un premier Waterloo judiciaire pour l'ancien chef de l'État.

Le 1er mars 2021, l'Ex est condamné à trois ans de prison dont un ferme pour « corruption et trafic d'influence ». Une condamnation dont il fait immédiatement appel. Les faits sont « d'une particulière gravité, ayant été commis par un ancien président de la République », énonce la juge Mée en lisant la sentence. « Il s'est servi de son statut et de ses relations politiques et diplomatiques pour gratifier un magistrat ayant servi ses intérêts personnels. » La charge est rude. La condamnation à de la prison, une première pour un ancien président de la Ve République. Qui imaginerait le général de Gaulle condamné à un an ferme ?

En déplacement dans le Var le même jour, Gérald Darmanin se refuse d'abord à « commenter une décision de justice ». Mais, devant les caméras, il tient « à apporter son soutien amical » à Nicolas Sarkozy, évoquant son « affection » et son « respect » pour celui qui a été « un grand président de la République ».

Plus discrètement, ce soir-là, Emmanuel Macron appelle en personne son prédécesseur. Comme le rapportera *Paris Match*, « le coup de fil du président est celui qui a “le plus marqué” Nicolas Sarkozy[6] ». « Un appel de décence républicaine de président à ancien président, sans parler du fond de la décision, évidemment », précisera l'Élysée, manifestement pas à l'origine de cette « fuite ».

---

6. Bruno Jeudy, « Carla et Nicolas Sarkozy : “Ils ne nous détruiront pas” », *Paris Match*, 10 mars 2021.

14

Le Beauvau des larmes

«J'ai l'impression de gérer une mairie. Cela me fait penser à Tourcoing, au début. Ici, à Beauvau, il faut s'occuper de tout soi-même.» Et ça, Gérald Darmanin adore. Ce boulimique pragmatique, qui se délecte tout autant d'ingurgiter des notes que de visiter des installations, semble comme un poisson dans l'eau à la tête de la maison police-gendarmerie. Il a 250 000 fonctionnaires sous ses ordres, gère des milliers de casernes et de commissariats. C'est le ministère des urgences, des faits divers, des bavures, des crises, des catastrophes, des émeutes... Bref, celui de la première ligne, de la guerre du quotidien. Exactement ce dont il raffole. Comme Sarkozy avant lui, en éternel passionné de l'action et du risque.

Six cents 5008

« Les policiers, avant tout, il faut les aimer. Et je les aime. » Voici la première recette de Gérald Darmanin. Deuxième recette, « un chef doit cheffer ». Et il cheffe. D'entrée, le jeune ministre impose à la quarantaine de vieux barbons au sommet de la pyramide de la maison Poulaga (tous des hommes) des réunions à... 7 heures du matin. Pour lui, c'est facile, il n'a qu'à descendre l'escalier majestueux du grand hall de Beauvau qui relie son bureau à ses appartements privés, un peu bas de plafond, du premier étage. Mais pour les directeurs, dont certains habitent la banlieue, cet horaire matinal bouscule les habitudes. À 6 h 30, même avec un gyrophare, le périph' coince. Mais ils s'y plient.

D'autant que dès juillet, le ministre arrive avec des moyens supplémentaires et annonce à ses cadres une mesure phare, la commande de nouvelles voitures pour moderniser la flotte automobile policière, à bout de souffle. Depuis des années, les syndicats dénoncent les kilométrages qui enflent et les pannes à répétition de moteurs trop usés[1]. À la façon d'un maire choisissant ses camionnettes-propreté, Gérald Darmanin lance lui-même la consultation sur le choix des nouveaux véhicules. « On a transformé la cour de Beauvau en showroom, avec plusieurs modèles, se souvient Frédéric Veaux, le DGPN. Des policiers de l'Essonne étaient présents pour faire eux-mêmes des essais. Le ministre les a fait monter dans chaque modèle, avec tout leur matériel, pour voir lesquels étaient les plus confortables, et surtout les plus adaptés[2]. » Banco pour le SUV Peugeot. Six cents 5008 sont commandés dès septembre 2020, puis le double à la fin de l'année. « J'ai vu le ministre appeler directement le patron de Peugeot parce qu'il voulait les voitures rapidement », poursuit Frédéric Veaux. Le « maire de Beauvau », fidèle à sa propre

1. En 2017, la palme revenait à un véhicule de CRS strasbourgeois qui comptait 500 016 km au compteur.

2. Entretien avec l'un des auteurs le 10 novembre 2021.

formule, « s'occupe de tout ». De la couleur aussi : les 5008 se parent d'un nouveau gris, jugé moins salissant que le blanc... Impossible, en tout cas, de ne pas remarquer le changement.

Avec cette séquence voitures, les chefs de la police sont conquis. Les syndicalistes aussi. En tête, Yves Lefebvre, l'alors incontournable patron de SGP-FO[3], l'un des deux principaux syndicats des gardiens de la paix, avec Alliance. « Moi, j'ai connu la police des 404, 304, 305 en 1982. Avec nos Kangoo, on passe pour des agents de l'Équipement. Les 5008, c'est quand même mieux[4]... »

Frédéric Péchenard, l'ancien DGPN de Nicolas Sarkozy, a fait partie de ceux qui avaient conseillé à Gérald Darmanin d'arriver avec un effet d'annonce fort, pour marquer le coup. Le ministre lance aussi le plan « poignées de porte » dès septembre 2020 : 3 700 opérations d'entretien courant sont programmées dans les commissariats et gendarmeries pour un budget de l'ordre de 20 millions d'euros. « Vous ne pouvez pas savoir comment ça change la vie de voir que les chiottes bouchées depuis des mois sont enfin réparées, que la douche du vestiaire marche enfin, comme les prises électriques sur lesquelles on peut brancher des ordinateurs[5] », résume le commissaire David Le Bars, secrétaire général du syndicat des commissaires de la police nationale (SCPN). Sous l'impulsion de ce policier de terrain, longtemps en poste à Saint-Denis, en banlieue parisienne, le SCPN réclame depuis des années

---

3. Yves Lefebvre, élu en 2015, a quitté son poste de secrétaire général de SGP police-FO (Syndicat général de la police-Force ouvrière) en novembre 2020.
4. Entretien avec l'un des auteurs le 18 octobre 2021.
5. Entretien avec l'un des auteurs le 20 janvier 2022.

une décentralisation des moyens. « Aujourd'hui, le patron d'un commissariat a en charge les hommes mais pas le matériel, on gagnerait à le laisser gérer l'entretien de sa boutique », plaide-t-il.

Visites surprises

Aux yeux de la troupe, ce nouveau ministre a du bon... Autre trait de la « méthode Darmanin », les visites imprévues sur le terrain. Souvent, les chefs trinquent. « Gérald déteste ce qu'il appelle les "déplacements Potemkine", où tout le monde a été averti, où tout a été briqué et où il est attendu par des policiers en uniformes impeccables[6] », résume son conseiller communication, Matthieu Ellerbach.

Résultat, les déplacements du premier flic de France ne sont parfois annoncés au patron départemental que le plus tard possible, c'est-à-dire la veille au soir. Une visite en particulier a fait le tour de la Grande Maison. « Mémorable », se souviennent les membres de son cabinet. Cela se passe dans la ville des sacres, à Reims, en septembre 2020. Gérald Darmanin est en poste depuis moins de deux mois. Ce matin-là, il commence sa journée à Châtillon-sur-Marne, auprès de maires ruraux qui se plaignent du stationnement des gens du voyage à l'époque des vendanges. Le ministre annonce la mise en place d'une amende forfaitaire de 200 euros pour la consommation de drogue et l'extension d'un réseau de vidéosurveillance aux communes rurales, *via* les gendarmeries. Le voilà ensuite à Reims, face au maire, l'ex-UMP Arnaud Robinet, favorable à

6. Entretien avec l'un des auteurs le 18 novembre 2021.

la légalisation du cannabis. L'occasion est trop belle de réaffirmer sa priorité contre le trafic de drogue et de vanter sa mise en place de l'amende de 200 euros pour les consommateurs. La presse locale ne perd pas une miette des échanges. Sauf qu'en fin de journée – ce n'était pas prévu au programme –, Gérald Darmanin s'invite à une opération anti-stups dans le quartier de la Croix-du-Sud. Et, dans la soirée, rentre au commissariat pour une visite inopinée. Il est tard. Le commissaire est probablement un peu fatigué par ce programme marathon. Le ministre, comme il le fait à chacune de ses visites, pousse les portes. « Il a demandé à voir les vestiaires, le commissaire ne savait plus trop où ils étaient... Croyant s'y rendre, il a ouvert une porte de placard. Le ministre a demandé combien il avait de balises sur les voitures, il ne savait pas. Il a voulu voir les voitures, et quand ils sont allés dans le parking, le commissaire ne savait plus en sortir, il ne savait pas où était l'escalier, c'était horrible, signe que chaque matin son chauffeur le déposait devant la porte principale et qu'il ne descendait jamais au parking », se souvient un policier. « Une torture », admet un membre du cabinet. Aux yeux de Gérald Darmanin, le commissaire en question connaissait manifestement mal ses locaux et du même coup mal ses hommes, leurs conditions de travail, comme leurs équipements. Un chef défaillant dans son esprit. Qui sera déplacé. La « séquence » a circulé dans tous les commissariats de France.

« Gérald considère que le rôle d'un patron est de bien connaître sa boutique, c'est la moindre des choses[7] », insiste Alexandre Brugère, conseiller spécial, numéro 2 du cabinet. À trente-cinq ans, cet ancien

7. Entretien avec l'un des auteurs le 18 novembre 2021.

directeur de cabinet de Xavier Bertrand à l'Assemblée et à la région Hauts-de-France est un intime du Tourquennois, son plus proche collaborateur. « Il est la porte d'entrée du ministre, celui qui gère les coulisses », glisse un syndicaliste.

À chaque visite, le rituel se répète. Darmanin veut voir le garage, passe une main sur la tôle des voitures, s'adresse directement à n'importe quel gardien de la paix, ne se contente évidemment pas de parler aux seuls gradés. Il questionne.

Par exemple, dans une grande ville du Sud, il se rend compte que les véhicules sont envoyés en réparation à l'autre bout du département. Absurde. Dans un petit commissariat de l'Est, il découvre que la 5008 flambant neuve garée dans la cour appartient à la préfecture, déplacée pour « faire joli » le temps de sa visite. « Alors ça, ça peut l'énerver fort ! » admet Alexandre Brugère. Mais cela peut aussi très bien se passer. Un soir, vers 23 heures, Gérald Darmanin convoque son DGPN pour une inspection surprise dans un commissariat de l'Essonne. Personne n'a été prévenu. Le ministre descend de la voiture et sonne : « Bonsoir. » Tout était parfait...

« À force, Gérald Darmanin connaît bien le plan type d'un commissariat, sourit Frédéric Veaux. Alors, effectivement, il pose les questions qui dérangent. Selon la manière dont il est reçu, selon le comportement des gens, il en tire des enseignements. Il débriefe toujours chaque visite. » Le DGPN, qui l'a souvent accompagné dans la centaine de commissariats ainsi « inspectés », résume d'une phrase les choses qui irritent le plus son patron : « Il ne supporte pas que des lourdeurs administratives freinent l'efficacité de l'action. Par exemple, qu'une bagnole en panne ou accidentée reste trois mois au garage... » Sur le terrain, certains passent un mauvais quart d'heure. « Darmanin n'est pas tendre avec les commissaires », dit un syndicaliste. Les 1 804 fonctionnaires qui composent ce corps ont rapidement échangé sur les « marottes » de leur nouveau chef. Et comme, à chacun de ses déplacements, Darmanin demande à voir « la carte des points de deal » de la circonscription, de telles cartes ont fleuri un peu partout dans les salles de commandement. Avant lui, la plupart des commissariats n'en affichaient aucune...

Maturité

« Ce ministère est très fort pour le réflexe, moins pour la réflexion », lance Gérald Darmanin au 40e Congrès du syndicat des commissaires qui se tient le 8 décembre 2021 à Levallois-Perret. Pas un bon point pour ces cadres de la police censés réfléchir. « C'est le grand problème du ministère de l'Intérieur où chaque journée est une victoire, nous redit son titulaire. Un ministère extraordinaire pour le quotidien, avec des gens courageux, pleins d'abnégation, qui arrivent avec pas grand-chose à tenir le pays... Mais vous subissez[8]... » La formule peut d'ailleurs aussi s'appliquer à lui-même. « Ça rend le poste excitant – la réaction, les drames, les actualités... ; mais oui, vous subissez l'actualité, vous ne la faites pas, admet Gérald Darmanin. C'est très dur de prendre du temps pour la réflexion quand vous êtes pris par les urgences. »

Côté réflexes, le ministère de l'urgence doit gérer les crises imprévues. « Ici, où il ne se passe pas une nuit

8. Entretien avec l'un des auteurs le 5 février 2022.

sans une agression de policier, tout peut arriver à tout moment, dit Pierre de Bousquet de Florian, le directeur de cabinet du ministre et longtemps patron du contre-espionnage. Avec les réseaux sociaux, tout le monde est au courant de tout en même temps que nous, et les choses vont beaucoup plus vite[9]. » Résultat, le ministre de l'Intérieur de l'ère 2.0 vit sous perpétuelle tension.

Placé à ses côtés par le président en personne, soucieux de faire cornaquer le jeune Darmanin par un vieux grognard de la maison, Bousquet a découvert avec curiosité son nouveau patron, né l'année où lui sortait de l'ENA. En 1982, jeune diplômé, Pierre de Bousquet avait été reçu dans le bureau voisin de celui qu'il occupe aujourd'hui par le premier ministre de l'Intérieur de François Mitterrand, Gaston Defferre. Depuis, pas moins de dix-neuf ministres ont occupé ce bureau et le préfet les a tous vus défiler. « En 1982, avant les trois lois de décentralisation, l'Intérieur était encore le ministère des Collectivités locales, de l'aménagement du territoire et de l'outre-mer. Aujourd'hui, son barycentre a bougé et il s'est recentré sur les questions de sécurité. » Dans ces murs où « on fait la guerre tous les jours », comme le dit le directeur de cabinet, le métier de premier flic de France se révèle plus nerveux. « C'est devenu un métier paradoxal, analyse le haut fonctionnaire. Il faut du calme, mais aussi une capacité d'analyse et de décision rapide. » De la sagesse et de l'audace dans la décision... « Ce sont deux qualités que possède Gérald Darmanin, assure son bras droit. Cela a été une surprise pour moi de découvrir cela chez un homme si jeune. Il a une grande maturité, un mélange de retenue et de maîtrise dans l'action. Deux qualités que l'on

9. Entretien avec l'un des auteurs le 17 janvier 2022.

rencontre assez rarement ensemble chez quelqu'un de son âge. »

Étape réussie, et non des moindres, pour le nouveau « taulier » de ce ministère peuplé de vieux briscards et de bataillons de syndiqués : gagner la confiance de la troupe et le respect de ses chefs. Frédéric Veaux, nommé sous Castaner : « Darmanin ne regarde pas les dossiers de loin. Vous ne pouvez pas vous contenter d'une explication superficielle avec lui. Il vous met dans le corner tout de suite. Quand c'est trop technique, il a besoin d'explications très concrètes. » Christian Rodriguez, patron de la gendarmerie, lui aussi nommé sous Castaner : « Darmanin est un gros bosseur, il se plonge vraiment dans les dossiers. Il écoute beaucoup. C'est quand même assez rare. S'il considère que l'input qu'on va lui mettre est un bon input, il va le prendre en compte[10]. » Pierre de Bousquet : « C'est un politique, mais qui sait se plonger dans les dossiers, et très vite, les maîtrise. » Alexandre Brugère : « La première image quand on arrive à Beauvau, c'est celle des galons, de la hiérarchie, de la verticalité. On sent d'entrée un ministère extrêmement hiérarchique. Du coup, la position du ministre, plus qu'à Bercy, est prépondérante... » « C'est lui la clé de voûte de tout le dispositif », ajoute Bousquet. Une façon imagée de dire qu'il doit tenir la boutique. Gérald Darmanin a lui-même une formule pour décrire le job : « C'est un ministère de la mort subite. Le ministre se dit tous les jours : "Je peux sauter demain" ; ce n'est pas le cas du ministre des Affaires étrangères, du ministre de l'Économie et des Finances, du ministre des Armées. Ici, on peut sauter du jour au lendemain parce que le samedi, l'ordre public n'est pas bien fait. »

10. Entretien avec l'un des auteurs le 29 décembre 2021.

Pas toujours simple d'être en première ligne, car Beauvau est avant tout une boutique de larmes. Et il y en a beaucoup. Presque chaque jour. Pour Darmanin, les premières datent du 4 juillet 2020, le jour même de son arrivée. Mélanie Lemée, une gendarme de vingt-cinq ans, est fauchée par un chauffard voulant éviter un contrôle dans le Lot-et-Garonne. Première cérémonie d'hommage et première décoration agrafée sur un cercueil recouvert du drapeau tricolore. Début août, c'est un policier de la BAC, Éric Monroy, qui est tué au Mans, lui aussi emporté par un chauffard. « Ici, ce n'est pas un ministère comme un autre, on est confronté très vite à la gravité des lieux », constate le conseiller spécial de Gérald Darmanin. Un lieu ou il faut savoir ravaler ses larmes.

L'État barricadé

Beauvau est aussi la maison des coups de tabac. Quand il hérite du manche, le maire de Tourcoing succède à un Christophe Castaner essoré par vingt mois éprouvants, avec, entre autres, les manifestations des Gilets jaunes et la flambée de violence qui les a accompagnées. En mars 2019, Michel Delpuech, le préfet de police de Paris, a été sèchement limogé pour cause de laxisme et remplacé par le préfet à poigne de Bordeaux, Didier Lallement. « Nous ne sommes pas dans le même camp, madame[11] », a lancé ce dernier, martial et iconoclaste, à une passante de la place d'Italie au lendemain d'une énième journée d'émeutes en novembre 2019. La formule a choqué mais résume

11. Vidéo amateure relayée par BFM TV le 18 novembre 2019.

l'ornière dans laquelle se trouve alors la police. Un camp face à un autre. Les hommes en uniforme face à la rue. « Il faut quand même bien comprendre ce qui s'est passé, raconte David Le Bars. En une semaine, en décembre 2018, toute la doctrine du maintien de l'ordre en France a changé pour faire face aux manifestations des Gilets jaunes. On peut reprocher ce qu'on veut à Castaner et Nuñez, mais ce qu'ils ont fait, il fallait le faire. Ils ont essuyé les plâtres d'une crise sociale sans précédent, je ne suis pas certain que d'autres auraient fait mieux... »

Alors que, jusque-là, les consignes pour la police étaient de se maintenir à distance, quitte à laisser casser du mobilier urbain et des vitrines, les manifestations de masse, à l'ère des chaînes d'information en continu, nécessitent désormais d'aller au contact et d'envoyer les forces mobiles, CRS et gendarmes, stopper les dégradations et interpeller. C'est le grand retour des policiers à moto, les fameux voltigeurs de Charles Pasqua, supprimés en 1986 après la mort de Malik Oussekine[12], revenus sous le nom de Brav-M[13], équipés à la va-vite, voire auto-équipés quand des policiers – dans un premier temps mal formés aux arrestations – doivent s'acheter eux-mêmes des casques et des genouillères chez Décathlon.

Gérald Darmanin hérite donc de la situation. Il a la chance que les mouvements sociaux se soient taris... Il peaufine le dispositif du maintien de l'ordre en créant la CRS 8, qui doit être opérationnelle en quarante

12. L'affaire Malik Oussekine est une affaire de violence policière française ayant provoqué la mort de Malik Oussekine, dans la nuit du 5 au 6 décembre 1986 à Paris, après plusieurs semaines de contestation étudiante contre le projet de réforme universitaire Devaquet.

13. Brigade de répression de l'action violente motorisée.

minutes, quand les unités de CRS ou de gendarmes mobiles classiques ne sont à pied d'œuvre qu'au bout de quatre ou cinq heures. « Avec les capacités de mobilisation très rapide, *via* les réseaux sociaux, on sait qu'il faut pouvoir faire face beaucoup plus vite », glisse un conseiller. En quelques années, l'État s'est donc barricadé. Il suffit de voir le dispositif policier perpétuellement en place autour de l'Élysée et du ministère de l'Intérieur qui lui fait face : trottoirs interdits, barbelés, barrières fixes, chaîne et plots rétractables rue du Faubourg-Saint-Honoré, devant la présidence, où une portion de rue a été transformée en quasi-zone militaire. À la peur des attentats et des kamikazes, qui ont opéré pour la première fois en 2015 au Stade de France, au Bataclan et sur les terrasses parisiennes, a succédé la peur de l'émeute.

Violences policières

Christophe Castaner et Laurent Nuñez ont dû faire face à une autre problématique, celle des « violences policières ». En juillet 2020, quand ils cèdent le fauteuil au tandem Darmanin-Schiappa, ce front-là bouillonne encore. De fait, au mois de septembre suivant, un film de David Dufresne, ancien journaliste de *Libération*, qui comptabilise les blessés en marge des manifestations, est encensé par la critique[14]. Un film qui projette sur grand écran des scènes glaçantes d'affrontements urbains et qui, entre autres, contribue à l'image d'une police mal

14. *Un pays qui se tient sage* sera classé parmi les vingt meilleurs films de l'année par *Libération*, parmi les quinze meilleurs par *Télérama* et est le meilleur pour *Technikart*.

formée, mal commandée, potentiellement violente. Et pas seulement en marge des manifs, mais aussi dans son quotidien.

Sur ce sujet, une affaire marque les esprits. En novembre 2020, la diffusion des images de l'interpellation du producteur de rap Michel Zecler dans son studio d'enregistrement, dans le 17e arrondissement de Paris, scandalise l'opinion. Révélées quelques jours après les faits, ces images issues de la vidéosurveillance du studio et d'autres tournées par le voisinage font froid dans le dos. L'homme est tabassé dans son vestibule, tombe sous les coups, donnés sans aucune raison apparente. À l'Élysée, Emmanuel Macron s'en émeut et réclame à son ministre des « sanctions claires ». « Ces images sont inqualifiables, extrêmement choquantes... Ces policiers ont sali l'uniforme de la République », tonne le premier flic de France à la télévision.

Dans la foulée, le 4 décembre, le président accorde une interview au média en ligne *Brut* et à son journaliste Rémy Buisine, qui, de toutes les manifestations, depuis deux ans couvre en direct la plupart des points chauds. « Il y a des policiers violents, il y en a, admet-il. Et donc, là-dessus, il faut prévenir, former, et surtout sanctionner. » S'il récuse l'expression « violences policières », qu'il estime « politisée » et dont le but serait d'« affaiblir une institution républicaine », Emmanuel Macron reconnaît que la police est « à l'image de la société », avec « sa part de violence et de racisme ». « Aujourd'hui, ajoute-t-il, quand on a une couleur de peau qui n'est pas blanche, on est beaucoup plus contrôlé [...]. On est identifié comme un facteur de problème et c'est insoutenable. » Le président annonce enfin la création d'une plateforme de signalement des discriminations.

En découvrant ces propos, la maison Police s'enflamme. Deux syndicats de gardiens, Alliance et SGP police-FO, appellent aussitôt à cesser les contrôles d'identité. « Non, la police n'est pas raciste et elle ne choisit pas sa délinquance », tempête Alliance. Gérald Darmanin connaît sa première vraie crise interne, dans ce ministère où le les syndicats pèsent si lourd. Les manifestations y sont rares mais peuvent aussi annoncer, comme en 1958, des crises de régime. En tout cas, elles témoignent d'une forme de délabrement de la puissance publique. Déjà, en novembre 2019, une « marche de la colère » inédite avait réuni plus de 22 000 policiers entre Bastille et République, révélant l'ampleur du malaise au sein de l'institution. « À la fin de cette journée de mobilisation réussie, Castaner avait commis une erreur en ne rencontrant pas une délégation des syndicats », estime le commissaire Le Bars.

L'interview à *Brut*, dans le contexte des « violences policières », tend donc les choses. Mais, en avril 2021, le fait qu'un policier d'Avignon, Éric Masson, soit abattu sur un point de deal va paradoxalement contribuer à calmer le jeu. Éric Masson étant décédé en service, le ministre se recueille une nouvelle fois face à un cercueil tricolore et, dans la foulée, les syndicats appellent à une nouvelle manifestation. Elle a lieu le 19 mai 2021 devant l'Assemblée. Surprise : le ministre y passe une tête. « Il a bien joué le coup, admet un délégué syndical. Ne pas venir, c'était refaire la même erreur que Castaner. » Les policiers, ce jour-là, se trouvent une autre tête de turc que le président. Il s'appelle Éric Dupond-Moretti, dont l'exercice au ministère de la Justice est vivement critiqué. « Le problème de la police, c'est la justice », lance à la tribune Fabien Vanhemelryck, le secrétaire général du syndicat Alliance. La formule fait florès, même s'il avait été dealé en sous-main que les syndicats ne feraient pas huer le nom du garde des Sceaux. À compter de ce jour, la question des « violences policières » va lentement s'éteindre. Et la « gilétisation » de la police sera évitée.

Trente-sept attentats

Autre front, celui du communautarisme. Dans la foulée de la décapitation du professeur Samuel Paty, le 16 octobre 2020 à Conflans-Sainte-Honorine, le ministre de l'Intérieur et des Cultes s'attaque à la « loi séparatisme » pour lutter contre l'émergence d'un séparatisme identitaire. « Un texte de fermeté », défend-il devant le Sénat. Au programme, notamment, l'obligation pour les associations de s'engager à respecter les grands principes d'égalité, liberté et fraternité, mais aussi à s'abstenir de remettre en cause la laïcité républicaine.

En parallèle, le ministre réclame aux services de renseignement une liste des mosquées problématiques. Ils en dénombrent soixante-dix (janvier 2022) sur plus de 2 200 lieux de culte musulmans. À la fin décembre 2021, vingt et une avaient été fermées.

Sur le front du terrorisme, Gérald Darmanin peut en outre féliciter ses services. « Le début du quinquennat avec Gérard Collomb a consisté à nous réarmer contre le terrorisme, témoigne-t-il. On a recruté 1 900 personnes à la DGSI et au renseignement territorial, qu'avait commencé à remettre sur pied Cazeneuve, a été renforcé. On a doublé le budget de la DGSI sur les trois premières années... » Il affiche un bilan de trente-sept attentats déjoués et n'a pas eu à connaître, en tout cas jusqu'à ce début de campagne présidentielle, d'attaque de masse.

15

Ubu de l'Intérieur

« Bon pour le réflexe, mauvais pour la réflexion[1]. » La formule de Gérald Darmanin devant les commissaires résume le paradoxe du ministère dont il a la charge, où la gestion du temps long et la mise en œuvre de réformes ont toujours été difficiles. La vieille maison qu'est l'Intérieur a des allures de magasin poussiéreux, à l'image du pâté de maisons qui constitue ses bureaux, de bric et de broc, où une passerelle installée par les Allemands, avec des hublots de sous-marin, existe encore. « Toute l'histoire, indépendamment du quotidien et de la délinquance, c'est de faire que la voiture du policier aille plus vite que la voiture du voleur, que ce soit une voiture physique ou que ce soit une voiture cyber », résume l'occupant de la place Beauvau.

Mais, justement, en 2022, le ministère présente un gigantesque point faible : le numérique. « De ce point de vue, nous sommes dans la situation de Clemenceau quand il a créé ses "brigades du Tigre" en dotant ses policiers de voitures, reconnaît Pierre de Bousquet. En la matière, on est moins forts que Bercy, mais on

1. Voir le chapitre 14, p. 265.

se soigne. » La carte d'identité numérique a été mise en place sans histoire en 2020. Les nouvelles caméras-piétons qui équipent la police, venues remplacer celles choisies dans les années 2000, dont la batterie était trop faible pour durer le temps d'une manifestation, semblent à ce stade plus performantes. « Enfin, faudra voir à l'usage », pondère un policier de terrain, déçu que les nouveaux modèles soient, comme les précédents, toujours de fabrication chinoise. Et, début 2022, les livraisons traînent encore...

De façon générale, en cette fin de quinquennat, la police française en est encore au Néandertal de l'informatique. Aucune possibilité de déposer plainte en ligne alors qu'on paye depuis longtemps ses impôts sur Internet. Donc aucun suivi possible des plaintes déposées, si ce n'est une promesse de pure forme : « On vous écrira... » La police n'est pas passée au guichet numérique, ni même aux conseils personnalisés en ligne. Il est possible de déposer une plainte *via* Internet auprès de la Commission européenne (le site promet une réponse sous les quinze jours et un suivi du dossier), mais pas en France pour un vélo volé ou un vol de poule. Il existe bien un système de « préplainte » en ligne, mais le site mentionne en « message d'avertissement » qu'il sera de toute façon nécessaire de se rendre dans un commissariat ou une gendarmerie pour signer une plainte. Et qu'en matière de vol de voiture, ladite préplainte ne relève pas son auteur de ses responsabilités civiles et pénales concernant le véhicule volé tant qu'il n'est pas... allé déposer plainte. Bref, mieux vaut poireauter dans un commissariat ou une brigade. Au moins, le site de la gendarmerie est clair : « NON, aujourd'hui le dépôt de plainte en ligne, au sens propre du mot, n'est pas possible. » En revanche, la même chose l'est parfaitement en Belgique, par exemple.

Le fiasco Scribe

Les policiers eux-mêmes pâtissent de cette informatique préhistorique. Un exemple parmi d'autres : les systèmes, fichiers et radios, des policiers et des gendarmes ne dialoguent pas entre eux ! « Rien n'est connecté entre nous, c'est une honte », déplore un commissaire de haut rang. Chacune de son côté, depuis des années, les deux entités travaillent à un nouveau logiciel de prise de plainte. Les outils actuels, qui s'affichent sur les écrans des enquêteurs dès lors qu'ils ouvrent une nouvelle procédure, sont antédiluviens. Lent, peu intuitif, obsolète depuis longtemps, le logiciel policier LRP – logiciel de rédaction des plaintes – date des années 2010. Il a été décidé de le changer dès 2017, ainsi que celui des pandores. Un appel d'offres a été lancé et la société Capgemini sélectionnée pour mener à bien, avec la police, le projet, baptisé Scribe. Qui, depuis, patauge. Gérald Darmanin a entériné le fiasco en octobre 2021. Au bout de trois ans, Capgemini elle-même a mené un audit qui a conclu que l'opération allait droit dans le mur. Bilan : 12 millions d'euros dépensés par l'État et toujours aucun logiciel performant. Un échec moindre que celui de l'armée avec son Louvois[2], mais un fiasco quand même.

Résultat, des milliers d'heures perdues pour prendre des plaintes avec un vieux système poussif. Autre conséquence : quand les policiers doivent transmettre des procédures à la justice, cela ne fonctionne qu'une fois sur deux, et tout doit être doublé par l'envoi de dossiers

2. Le logiciel Louvois est un projet informatique lancé en 1996 par le ministère de la Défense pour unifier le calcul de la rémunération des militaires. À l'origine d'un désastre informatique, il a été abandonné en 2021.

« papier »... « L'informatique de la justice est tout aussi nulle que la nôtre et c'est à se taper la tête contre les murs », admet le commissaire et syndicaliste David Le Bars.

C'est tout juste si ces administrations n'en sont pas encore au temps du fax et du papier carbone. Avec un tel retard, inimaginable de penser à utiliser l'informatique pour résoudre des enquêtes en établissant des rapprochements utiles. Les big data sont réservées à la lutte antiterroriste où elles contribuent à déjouer des attentats. Appliquées à la police du quotidien, comme dans les banques ou les assurances, elles pourraient permettre de résoudre des affaires, de démasquer des réseaux en se jouant des frontières qui existent encore entre services... Encore faudrait-il inventer un logiciel capable d'établir des liens entre différents dossiers. À Bercy, 50 % des redressements fiscaux sont initiés par les machines, programmées pour dénicher les fraudeurs grâce à leurs propres déclarations. Au sein de la police, le taux d'élucidation par l'informatique est toujours stable, à... 0 %. « Le prochain ministre de l'Intérieur devra surtout s'occuper du numérique, sinon on va continuer de vider la mer avec une bouteille », admet Gérald Darmanin quelques semaines avant la fin du quinquennat, à la fois conscient que les échéances électorales à venir peuvent rebattre les cartes, et du point faible de la maison Beauvau.

Faible taux d'élucidation

Quel bilan pour Darmanin ministre des faits divers ? « 10 % de hausse des faits de violence entre le premier semestre 2019 et 2021. Plus de 18 % de coups et blessures depuis 2017. Un policier ou un gendarme blessé toutes les heures », lui lance le 12 janvier 2022 Laurence Ferrari sur CNews. Lui réplique en assurant que « la délinquance baisse depuis trois ans ». L'éternelle querelle des chiffres, aussi vieille que le ministère lui-même. De fait, selon les données de ce dernier, les vols, de voiture ou autre, les cambriolages sont en baisse. Mais les violences augmentent, notamment celles contre les forces de l'ordre et les personnes dépositaires de l'autorité publique. Les violences intrafamiliales, comme celles envers les femmes, quant à elles, explosent[3]. « Mais à présent, le dépôt de plainte est systématique », pondère Gérald Darmanin, saluant « la libération de la parole des femmes ». « Aujourd'hui, les violences conjugales ou les violences sexuelles représentent 400 000 interventions de policiers et de gendarmes par an », détaille-t-il, annonçant le doublement des effectifs, de 2 000 à 4 000 personnes, pour répondre à ce « contentieux de masse ». Affolant quand même...

Dans un rapport au vitriol rendu en novembre 2021, la Cour des comptes recense de son côté les mauvais points de la police française : 10 % seulement des cambriolages sont élucidés. Les sages de la rue Cambon signalent « le faible taux d'élucidation des délits de bas et de milieu de spectre, correspondant pour nos concitoyens à la délinquance du quotidien ». En matière d'escroquerie et de délinquance financière, malgré la création de services spécialisés, qui ne prennent en charge que 2 % des plaintes, l'immense masse des délits (« des centaines de milliers d'affaires », selon la Cour),

3. Le nombre de plaintes pour violences sexuelles enregistrées par les services de police et gendarmerie a augmenté de 33 % en 2021 par rapport à 2020.

« faute de formation suffisante des enquêteurs, » reste en « déshérence ». Le bilan n'est guère reluisant non plus côté homicides. Le taux d'élucidation est passé de 70,3 % en 2016 à 62,6 % en 2020. Sur une moyenne annuelle de 800 homicides environ, cela représente 300 meurtres sans explication pénale ! Soit 300 meurtres parfaits, du point de vue du coupable, presque un par jour ! Un chiffre qui semble incroyable tant l'image de Maigret est solidement attachée à la police judiciaire française. La figure de l'opiniâtre et increvable commissaire en prend pour son grade dans un pays où chaque année, quatre meurtres sur dix restent impunis.

Baisse de niveau

Autre signe de cette crise, les jeunes générations désertent les services de police judiciaire. Fini le temps où il fallait attendre des années pour rejoindre le saint des saints de la brigade criminelle de Paris, le prestigieux « Quai des Orfèvres », aujourd'hui déménagé au Bastion, dans le nord de Paris. La Crime représentait le Graal alors que désormais, personne ne se bouscule pour y aller. « Il y a vingt ans, quand la sous-direction antiterroriste, la prestigieuse Sdat, ouvrait un poste il y avait énormément de candidats ; aujourd'hui, elle ouvre vingt postes et il y a à peine cinq candidats », soupire David Le Bars, concédant là aussi un « énorme problème », corrélé à « une dramatique baisse de niveau dans les recrutements »[4].

4. Selon la Cour des comptes, de 2014 à 2020, le taux d'admission au concours de gardiens de la paix est passé de 2 % à 18 % des candidats, ce qui signifie que le niveau de recrutement a baissé.

Cette « désaffection » vis-à-vis de la police judiciaire, qui doit faire face à 3,9 millions de procédures par an, est également pointée par la Cour des comptes. À Paris, le déficit d'officiers de PJ est criant, alors que, par le jeu des mutations, certains secteurs de province sont en sureffectifs. Ubuesque là encore d'imaginer des zones où les enquêtes sont en friche faute d'enquêteurs...

La Cour des comptes dénonce en outre de graves défaillances en matière de gestion des carrières – un précédent rapport de 2011 faisait déjà le même constat. « On sait depuis longtemps ce qu'il faut faire, confie Le Bars, et c'est simple : pour recruter aujourd'hui en police judiciaire, où le boulot vous tombe dessus d'un instant à l'autre, il faut pouvoir payer des heures sup en fonction du travail effectué. Faute d'heures payées, les jeunes ne sont plus motivés pour prendre un job qui va prendre tout leur temps, week-end et congés prévus compris... »

Autre point noir des discours policiers depuis des années, les lourdeurs de la procédure pénale. Le Syndicat des commissaires a proposé une batterie de trente-neuf mesures de simplification dans le cadre du Beauvau de la Sécurité. « On croule sous la paperasse, sous les tâches qui n'ont rien à voir avec le métier d'enquêteur ou de policier sur le terrain », dénoncent les commissaires dans tous les rapports. Conséquence de cette logique absurde où les cadres sont débordés de fonctions administratives, les chefs ont déserté le terrain. Tous sont dans leur bureau ! À Paris, les postes de commissaire de voie publique ont carrément été supprimés. « C'est un mal récurrent : plus on monte dans la hiérarchie, plus on est collé aux tâches administratives », dénonce le patron du Syndicat des commissaires, persuadé qu'il faut « remettre des cadres expérimentés, dans tous les corps, y compris des majors, à la tête des gardiens, sur la voie publique ». La police est une armée où, à partir du grade de capitaine, tous les officiers restent en caserne... « La vérité, selon Gérald Darmanin, est que pour qu'il y ait un policier sur la voie publique, il faut qu'il y en ait six recrutés... Donc, quand on dit qu'on envoie soixante policiers à Tourcoing, les Tourquennois n'en voient réellement que dix dans la rue. C'est un des problèmes structurels de la police nationale. À sa décharge, c'est l'un des seuls services publics ouverts 24 heures sur 24... »

Guerre aux stups

Et que dire de la lutte contre les stupéfiants ! Une guerre perdue ? En arrivant, à l'été 2020, le nouveau ministre en fait sa priorité. Comme tous les maires, de banlieue ou d'ailleurs, tant la consommation de drogues s'est étendue à tout le territoire, il sait que les premières victimes des trafics sont les riverains eux-mêmes. Cages d'escalier sous occupation, quartiers sous couvre-feu, zones entières où le trafic promet aux gamins des cités un bien meilleur ascenseur social que l'école républicaine voisine..., les conséquences sont multiples.

Plus de 200 000 personnes, l'équivalent de la ville de Rennes, vivent en France directement du trafic de cannabis. En une dizaine d'années, les chiffres du trafic de drogue ont explosé, signant, de fait, une forme d'échec de la répression policière et de la prohibition à la française. Selon l'Insee, cette économie souterraine représente 3 milliards d'euros annuels, soit le chiffre d'affaires du marché de la bière ou celui du marché des fleurs... C'est dire son ampleur, et la façon dont l'argent des trafiquants, d'année en année, irrigue le reste de l'économie.

Dès son arrivée, le ministre décide donc de prendre la lutte contre la drogue comme un marqueur de sa politique : « Elle doit être l'alpha et l'oméga de toutes nos interventions, dit-il au *Parisien*[5]. À travers ce sujet, il y a la lutte contre le crime organisé, avec la traite des êtres humains et le financement du terrorisme, mais aussi une grande mesure de santé publique. » Et de promettre de « sanctionner tout le monde, y compris dans les beaux quartiers de Paris ». Déjà mise en place dans cinq villes, l'amende forfaitaire de 200 euros pour les consommateurs est généralisée à tout le territoire. Objectif, « terroriser les trafiquants ». Mais, en tête-à-tête, Gérald Darmanin lui-même nuance ces déclarations de guerre : « La lutte contre la drogue, ce n'est pas l'éradication de la drogue, il y aura toujours de la drogue. Lutter contre un point de deal, c'est lutter contre le désordre urbain des quartiers, c'est donner comme but aux policiers de faire des patrouilles pour aller dans les coins difficiles. »

« Personne n'a l'ambition d'éradiquer totalement le marché de stups, reconnaît également le DGPN Frédéric Veaux. On sait bien que le marché mondial explose, que la production explose et que ce n'est pas nous, petit village gaulois, qui allons créer un îlot sans drogue. En revanche, ce que nous portons, c'est le "zéro impunité". » Sur tout le territoire, les démantèlements de points de deal sont au programme. « Barre d'immeuble par barre d'immeuble », promet Gérald Darmanin dès

5. Olivier Beaumont et Jean-Michel Décugis, « Gérald Darmanin et Marlène Schiappa : "La France est malade de son insécurité" », *Le Parisien*, 6 septembre 2020.

qu'il visite une cité. « On ne peut pas mettre des tanks aux carrefours, sourit le DGPN. Mais on rend la vie de ceux qui en vivent plus compliquée. On perturbe leurs activités, on les met en prison. » Objectif partagé par Christian Rodriguez, le patron de la gendarmerie : « Soit on ne fait rien, soit on continue comme avant, soit on essaie de pousser. Le ministre a dit très vite que c'était insupportable, qu'il fallait y aller... » « La drogue, c'est la mère de plein d'autres délinquances », insiste Darmanin.

Dans un entretien au *JDD*[6], le ministre de l'Intérieur annonce en janvier 2022 des « chiffres historiques ». Il estime que grâce à la création de l'Office anti-stupéfiants (Ofast) en février 2020, « on n'a jamais réalisé autant de saisies qu'en 2021 : 96 tonnes de cannabis (+ 12 % l'an dernier par rapport à 2020) ; 23 tonnes de cocaïne (+ 101 %) ; 1,2 tonne d'héroïne (+ 24 %) ». Il se félicite du nombre de trafiquants mis en cause, qui a augmenté de 21 %, celui des usagers interpellés progressant de 37 %. Est-ce dû à la croissance exponentielle du trafic de drogue ou à l'efficacité des enquêteurs ? À Beauvau, on aimerait penser que c'est la deuxième option qui est la bonne. Quant aux saisies des avoirs criminels des trafiquants, elles ont augmenté de 24 %, se réjouit aussi le ministre de l'Intérieur. Mais même en augmentation, ces saisies font un maigre butin comparées aux 3 milliards d'euros de revenus annuels du trafic... Et si le chef de la police annonce « la fermeture de 625 points de deal sur les 3 900 identifiés », combien sont soit rouverts ailleurs, soit ont vu le jour sur les réseaux sociaux, *via* une

6. Pascal Ceaux, Stéphane Joahny et David Revault d'Allonnes, « Gérald Darmanin au *JDD* : "La personne la plus dangereuse pour le pays, c'est Marine Le Pen" », *Le JDD*, 23 janvier 2022.

« ubérisation » toujours marquée et qui ne subit pas de réelle traque appropriée ?

Les policiers de terrain savent bien qu'un point de deal fermé, c'est un autre point de deal qui s'ouvre un peu plus loin. La politique répressive menée en France et renforcée sous Emmanuel Macron va à contre-courant des tendances à la légalisation du cannabis qu'on observe un peu partout dans le monde, États-Unis en tête. Même l'Allemagne l'envisage à l'horizon 2024.

D'après des études concordantes, la consommation de cannabis en France ne cesse d'augmenter. Selon les chiffres de l'Observatoire européen des drogues et des toxicomanies (OEDT)[7], 44,8 % des Français de 15-64 ans, soit 18 millions de personnes, en ont déjà consommé au moins une fois dans leur vie. Ce pourcentage est bien moins élevé chez nos voisins[8]. Mais à part les Verts, la France insoumise, quelques socialistes, dont le maire de Saint-Denis, et une poignée d'élus de droite, dont le maire de Reims, personne sur l'échiquier politique ne souhaite vraiment ouvrir le débat d'une légalisation à la française. Aux policiers et aux gendarmes, bien impuissants en première ligne, de tenir face à ce front en expansion. « Oui, moi, je regrette les discours généraux de capitulation et de légalisation, se défend Gérald Darmanin. Un gamin qui est tombé dans le chichon, avec dépression, décrochage scolaire, c'est toujours une spirale. Quand vous êtes une famille bourgeoise, vous pouvez voir un psy, vous pouvez expliquer des choses, vous avez plus de moyens. Quand vous êtes une femme seule, issue de l'immigration, qui bossez, qui

7. Rapport du 21 septembre 2021.

8. 38,4 % au Danemark, 37,5 % en Espagne, 32,7 % en Italie, 29 % au Royaume-Uni ou encore 28,2 % en Allemagne. Aux Pays-Bas, où le cannabis est légal et en vente libre, il s'élève d'ailleurs seulement à 27,7 %.

avez deux gamins sans père, et qui voyez à la télévision des ministres dire qu'il n'y a qu'à légaliser... C'est une défaite morale pour elle. » Cela dit, l'élu de Tourcoing concède un échec : « Effectivement, face à la drogue, il faudrait par ailleurs une politique extrêmement forte de prévention, de santé publique, qu'on n'a pas tout à fait. Je me suis beaucoup battu pour qu'on ait cette campagne de communication, et je n'ai pas réellement réussi. »

Bal des promesses

La difficulté chronique du ministère de l'Intérieur à anticiper l'avenir de la délinquance est connue de tous les ministres depuis longtemps. Même Jean-Pierre Chevènement, ministre en 1997, soit il y a plus de vingt ans, avait commencé une réflexion sur la prospective. Coup sur coup depuis 2017, d'abord après les Gilets jaunes, ensuite pour calmer le jeu suite à l'affaire Michel Zecler et à l'interview du président à *Brut*[9], la maison Police a lancé deux programmes de réflexion : le Livre blanc sous Christophe Castaner, et le Beauvau de la Sécurité sous Gérald Darmanin. Beaucoup de temps perdu pour identifier des problèmes déjà connus... « Nous n'avons pas de problème de diagnostic, c'est un problème d'exécution. On connaît très bien tous nos défauts ; ce qui est dur, c'est de faire bouger les choses », résume David Le Bars.

Le ministère de l'Intérieur est-il irréformable ? La question fait évidemment plisser les sourcils dans l'enceinte de Beauvau. « Il est difficilement réformable »,

9. Voir le chapitr 14, p. 277.

nuance Pierre de Bousquet, le directeur de cabinet de Gérald Darmanin, qui connaît la maison depuis quarante ans. En tout cas, dans la dernière ligne droite juste avant la présidentielle, son équipe a mis les bouchées doubles pour préparer à temps une « loi de programmation ». Afin d'y arriver, en plus des travaux officiels du Beauvau de la Sécurité et du Livre blanc, une *task force* de trois hauts fonctionnaires a été mise sur pied et des réunions pilotées toutes les semaines par le ministre lui-même. « Rênes courtes », décode un conseiller.

Au moins son projet, la Lopmi (loi d'orientation et de programmation du ministère de l'Intérieur), existe-t-il. Les grandes lignes ont été annoncées à Nice le 10 janvier 2022 par Emmanuel Macron en personne, pas encore officiellement en campagne pour sa réélection, même si le calendrier ne trompe personne. Cette future loi prévoit 1 milliard d'euros supplémentaire pour la police chaque année sur les cinq ans à venir. Premier objectif affiché : doubler la présence sur le terrain en dix ans. Là aussi, un sujet tabou : sur 250 000 policiers et gendarmes, combien à l'instant *t* sont-ils sur la voie publique ? Seulement 37 %, « un taux en baisse depuis dix ans », dit la Cour des comptes, qui constate aussi que, sur cette période, les effectifs de sécurité publique, c'est-à-dire les gardiens de la paix, n'ont cessé de décliner (– 3 %). Ubuesque encore. Et que dire de la présence policière la nuit sur certains secteurs ? Dans les faits, elle est quasi nulle par endroits.

Pour parvenir à un doublement des effectifs dans les rues, la Lopmi de Gérald Darmanin promet une batterie de mesures : suppression des tâches indues, notamment les gardes de bâtiment, gardes de détenus hospitalisés, la police des tribunaux ; création de « greffiers de police », des agents qui viendraient prendre en charge une partie du travail administratif des officiers de police judiciaire pour leur permettre de se concentrer sur leur cœur de métier ; renégociation des cycles horaires et augmentation de deux heures par semaine du temps de travail des effectifs de voie publique...

« Cela ne sert à rien d'augmenter les effectifs à moyens matériels constants, cela dégrade les conditions de travail dans des locaux déjà saturés », prévient Frédéric Péchenard depuis des années. Lucide sur les « effets d'annonce » (« Parfois on annonce une mesure de renfort urgente, mais pour y arriver on a discrètement supprimé la construction de deux commissariats »), l'ancien DGPN de Nicolas Sarkozy plaide pour une « meilleure répartition des forces sur le terrain ».

La Lopmi ambitionne justement de révolutionner la fonction RH de la police et de créer une agence du numérique au sein du ministère afin d'unifier les efforts en matière de technologie. « Le ministre a prévenu policiers et gendarmes qu'à compter d'aujourd'hui, il n'y avait plus aucun développement informatique chacun de son côté », indique Pierre de Bousquet.

Un des autres sujets délicats de la Grande Maison est d'ailleurs celui des « doublons » entre les deux forces. Chacun sa police scientifique, chacun ses experts en cybercriminalité ! Sans parler de la « carte de territoires » qui, par endroits, ne correspond plus du tout à celle de la délinquance. Si Toulouse, par exemple, est en zone police, les villes limitrophes, rurales il y a encore cinquante ans, demeurent toujours en zone gendarmerie.

Autre thème sensible que celui de la répartition des deux forces. « Si on veut plus de bleu sur le terrain, il faudra bien se poser la question de la répartition des efforts entre policiers et gendarmes, pour qu'il y ait plus de bleu aux bons endroits », explique David Le Bars, persuadé pour sa part qu'il y a un « déséquilibre » au détriment de la police, qui « gère 80 % de la population, de la délinquance, des gardes à vue et des violences urbaines ». Faudrait-il remettre tout à plat entre policiers et gendarmes ? C'est *le* sujet tabou. Mais officiellement, sous ce quinquennat Macron, il n'est pas question de l'ouvrir.

« Ce ministère est un paquebot, dit Brice Hortefeux, ancien ministre de l'Intérieur entre 2009 et 2011. Il a l'avantage de la stabilité, mais ce n'est pas un hors-bord, il ne sait pas virer vite. » Voire ne sait pas virer du tout tant ses patrons successifs, absorbés par l'urgence du quotidien, n'ont jamais mis en œuvre de grands chantiers de modernisation.

Gérald Darmanin, avec la Lopmi, aura au moins tenté de donner un cap. Un « bal des promesses », grincent ses détracteurs, persuadés que ce plan de réforme ira rejoindre les précédents, réduits à caler les vieilles armoires de la vieille maison Beauvau. « Cette Lopmi sera prête et déposée en Conseil des ministres », promet son directeur de cabinet. Mais par quel ministre ?

Épilogue

Les scientifiques ont baptisé cette expérience le « test du chamallow ». Elle consiste à proposer une guimauve à un enfant tout en lui en promettant une deuxième s'il parvient à attendre le retour de l'expérimentateur pour manger la première. L'enfant attend seul face à son bonbon et a le choix entre un plaisir immédiat et un plaisir double mais différé. Selon les chercheurs en sciences du comportement de l'université de Stanford, en Californie, plus grand est son contrôle sur soi, plus grandes seront les chances de réussite de l'enfant.

Les conclusions du test du chamallow peuvent-elles s'appliquer à la politique ? Plus précisément, en 2017, est-ce que Gérald Darmanin aurait mieux fait d'attendre le retour de sa famille au pouvoir ou a-t-il eu raison de changer de camp pour mordre dans le chamallow du premier maroquin que lui a proposé Emmanuel Macron ? L'avenir du ministre de l'Intérieur le dira.

Mais lui qui brandit souvent la « tentation de Sienne » et caresse le projet d'ouvrir un « bar à vins » en Toscane poursuivra-t-il en politique ? Peu probable – « même s'il ne faut jamais dire jamais », nuance-t-il – qu'il recommence comme avant à la mairie de Tourcoing.

Bifurquera-t-il dans le privé, comme il l'a envisagé lors du départ d'Édouard Philippe de Matignon ? « Quand j'étais gamin, je n'ai jamais voulu devenir président de la République, ni pensé que je le pourrais, contrairement à ce que j'ai pu lire dans la presse, raconte-t-il. Je ne me réveillais pas le matin en me disant : "Je serai président." J'ai de l'ambition, j'aimerais bien continuer à faire de la politique, à très grand niveau. Mais le jour où je n'en ferai plus parce que les circonstances l'auront voulu, je pense que j'arrêterai la politique. Je ne pense pas y retourner comme le font certains en attendant mon heure. » À moins qu'il ne se lance dans l'écriture, lui qui au quotidien prend des notes sur des petits carnets Moleskine noirs ou rouges, pour ne rien perdre de l'histoire en marche qui s'écrit autour de lui ? « À la façon de Caulaincourt, *En traîneau avec l'Empereur*, ou de Peyrefitte, *C'était de Gaulle*, que j'ai lu dix-sept fois ? » s'interroge-t-il à haute voix. Il laisse traîner un silence puis : « Je le ferai peut-être un jour », admet-il. Et d'ajouter : « Mais, alors je n'aurai pas tout gagné, si je commente les autres... » Toute l'ambition de Gérald Darmanin se niche dans cette remarque anodine, glissée sur le ton de la plaisanterie. Caulaincourt et Peyrefitte n'ont fait que commenter le parcours de grands hommes. Lui, même s'il s'en défend, espère en devenir un. « Je dirais, comme Talleyrand que je suis à la disposition des événements », conclut-il dans un sourire.

Un pari

Tout, dans sa trajectoire d'avant 2017, témoigne de cette volonté d'action et de cette quête de sommets, depuis le bus qui l'a mené devant une permanence RPR jusqu'à sa conquête de Tourcoing au prix du « meurtre » de son premier père en politique, en passant par son changement de rive lors de ces journées particulières du printemps 2017. L'élu des anciennes filatures porte certes son ambition en bandoulière, mais n'est-ce pas une condition nécessaire à tout destin qui se tienne ? Dans ces eaux de la politique, l'ambition est même d'une grande banalité, loin d'être suffisante pour atteindre les cimes. Au-delà de ce trait de caractère, au-delà de sa trajectoire singulière de petit-fils d'indigène, de fils d'un aventurier foutraque et d'une femme de ménage courageuse, Gérald Darmanin, du haut de ses trente-neuf ans, raconte autre chose de notre drôle d'époque : il dresse à lui seul une histoire de ce quinquennat.

Elle commence par un pari. Celui d'un président sorti des urnes sans avoir respecté aucune des règles de l'ancien monde, qui prétend construire en un mois une majorité législative. En juin 2017, avec Édouard Philippe et une poignée de transfuges, Gérald Darmanin, usant de toutes les ficelles de la vieille politique, va contribuer à ce succès éclair. Cent députés LR passent à la trappe. Cela lui vaut, aujourd'hui encore, de puissantes inimitiés dans son ancienne famille. Probablement jusqu'à la rupture avec la droite classique...

Autre facette du personnage, Gérald Darmanin témoigne de l'influence de Nicolas Sarkozy en coulisses durant ces cinq ans. Sous Emmanuel Macron, l'ancien chef de l'État a non seulement endossé le costume de « président honoraire » mais aussi la tenue du « coach présidentiel ». Pour l'actuel chef de l'État, élu sans expérience électorale, sans aucune des cicatrices nées des défaites et qui forment le « cuir » de tout bon politique,

Sarkozy a souvent joué les grands frères. Comme il le fait depuis longtemps pour le maire de Tourcoing. « Sarkozy a promis de nous aider », assure même un homme de l'Élysée en ce début d'année 2022, révélant une sorte de « pacte secret ».

Un signe : Valérie Pécresse, au lendemain de sa victoire à la primaire des Républicains, n'a même pas eu droit au soutien immédiat de l'ancien leader de son propre parti... Éric Woerth et Rachida Dati, deux proches de Nicolas Sarkozy, ont même pris leurs distances avec elle début 2022, indice de tractations en coulisses. Et même si, durant ce quinquennat, l'ancien président de la République a été condamné à deux reprises – un double record – à un an de prison ferme[1], l'Élysée ne lui en a jamais tenu grief. Gérald Darmanin, à deux reprises, lui a d'ailleurs renouvelé son amitié. Emmanuel Macron a même déjeuné avec lui le 28 janvier 2022, jour de l'anniversaire de l'ancien président. Et lui a offert du chocolat[2] !

Naissance à l'Intérieur

Autre singularité, dans le parcours du ministre venu de Tourcoing, son maintien à Bercy puis sa promotion à Beauvau malgré des plaintes et des enquêtes judiciaires menées contre lui. Dans la même situation, François Bayrou et les deux autres ministres du MoDem[3], en début du quinquennat, ont tenu trente-trois jours, mais lui a tenu cinq ans sous le coup d'accusations de viol

1. Nicolas Sarkozy a fait appel dans les deux cas, les affaires Bismuth et Bygmalion.
2. « Les infos de 6 h », RTL, 18 février 2022.
3. Marielle de Sarnez et Sylvie Goulard.

et d'abus de faiblesse, échappant finalement à toute poursuite judiciaire. Nicolas Hulot, François de Rugy, Benjamin Griveaux, dans des registres différents, ont jeté l'éponge. Pas lui.

Corollaire de cet épisode, Gérald Darmanin a gardé étanche la frontière avec sa vie privée. Non sans difficulté. « Parmi les choses qui me manquent sans doute pour être dans l'idée du président de la République, il y a l'acceptabilité que vous ne vous appartenez plus. Tout devient public, vous êtes jugé sur absolument tout, on brûle votre effigie dans la rue. Vous ne pourrez plus prendre la main de celle que vous aimez pour aller au cinéma à 22 heures sur les Champs-Élysées », raisonne Gérald Darmanin, pas sûr d'être prêt à subir le « sacrifice intégral » de sa vie et l'« hyperviolence ». « Je ne suis pas certain d'accepter et de supporter la dose d'impudeur à vie que demande la fonction présidentielle », ajoute-t-il. Il s'est marié en toute discrétion en août 2020, et si des cris de nouveau-né ont résonné dans l'appartement de Beauvau en avril suivant, cette naissance n'a donné lieu à aucune médiatisation. Il a été jeune marié et père d'un petit garçon sans aucune séance photo dans le moindre magazine. « Sans ce qui m'est arrivé, j'aurais peut-être fait comme tout le monde, une photo du berceau dans *Paris Match*, mais aujourd'hui, je ne veux surtout pas qu'on s'intéresse à ma vie privée », coupe-t-il à l'évocation de ces « heureux événements ». Pas question d'images à la Kennedy, l'ancien président américain qui posait avec son enfant jouant sous le bureau de la Maison-Blanche... « Le ministre s'occupe beaucoup de son fils, il peut l'emmener à la crèche, et il lui arrive parfois de le garder en travaillant dans son bureau, confie un collaborateur. Mais vous ne le verrez jamais s'afficher avec lui en public. »

Au cas où, une bonne fée veille. Michèle Marchand, la reine des paparazzis, admet « bien connaître Gérald par un ami commun[4] ». « Depuis mes ennuis, on s'envoie des mots de temps en temps, bon anniversaire ou bonne année, mais c'est tout[5] », confie-t-elle. « Mimi » Marchand a bien demandé à une équipe de photographes de couvrir le mariage du ministre en août 2020 à Tourcoing, mais ceux-ci ont fait chou blanc. En revanche, pas question de planquer pour une photo de sa femme derrière une poussette... « Par rapport à Gérald, je ne le ferais pas, mais de toute façon aujourd'hui, personne ne passerait cette photo. Dans le milieu de la presse people, tout le monde sait que le ministre de l'Intérieur a fait condamner *Closer* à une grosse indemnité[6] pour avoir annoncé la grossesse de son épouse au bout de quelques semaines à peine, cela ne sert à rien de travailler pour rien », insiste Mimi Marchand, restée proche, malgré son affaire judiciaire, tant du couple Macron que du couple Sarkozy. Mais surtout, concernant ses relations avec le ministre, pourquoi insulter l'avenir avec un sujet photo qui peut aller si loin ?

4. Entretien avec les auteurs le 25 janvier 2022.

5. Michèle Marchand a été mise en examen dans l'affaire de l'interview de Ziad Takieddine parue le 21 novembre 2020 dans *Paris Match*, accusée de subornation de témoin. Incarcérée un mois en juin 2021, elle est présumée innocente.

6. Celle-ci s'élève à 6 000 euros de dommages et intérêts et 1 500 euros (article 700, frais d'avocat) pour Gérald Darmanin, et 8 000 euros ainsi que 1 500 euros (article 700) pour son épouse.

Horizon

Si rien ne se passe comme prévu du côté d'Emmanuel Macron, Gérald Darmanin aura d'autres options avant d'envisager un départ pour Sienne. Longtemps proche de Xavier Bertrand, le ministre de l'Intérieur ne s'est jamais opposé directement à lui. Quand le président de la République lui a demandé de figurer sur la liste des régionales conduite par Éric Dupond-Moretti dans les Hauts-de-France, face à Xavier Bertrand, Gérald Darmanin a accepté de le faire à contrecœur, en dernière position, et ne s'est guère démené dans ces terres qu'il connaît pourtant si bien. Selon un proche du patron des Hauts-de-France, le ministre l'a tout de suite appelé pour lui dire ce qu'on lui imposait. Xavier Bertrand, en retour, a convoqué tout son staff pour interdire « de dire quoi que ce soit contre Gérald ». Dans cette campagne des régionales qui s'est terminée par un fiasco pour Dupond-Moretti et le camp présidentiel, aucun sang n'a coulé entre Xavier Bertrand et Gérald Darmanin, aucune cicatrice n'est à recoudre au cas où... Et en politique, « au cas où » est une formule magique qui évite de fermer les portes.

L'autre option s'appelle Édouard Philippe, même si les relations semblent s'être un peu tendues depuis son départ de Matignon. Pas de Darmanin au Havre lors de la création du parti Horizon en octobre 2021. Interdiction présidentielle, signe d'une fracture toujours ouverte entre le chef de l'État et son ancien Premier ministre. Interrogé, Édouard Philippe ne souhaite pas s'étendre sur le sujet, se referme même à l'évocation de cet épisode et déplore des « pressions ». « La consigne du chef du gouvernement était que les ministres ne viennent pas. Gérald est membre du gouvernement, il est normal que les ministres obéissent. Point », semble-t-il s'agacer. « On ne fait pas de la politique par amitié », répond de son côté le ministre de l'Intérieur. Édouard Philippe et Gérald Darmanin retrouveront-ils leur complicité de 2017 ? Ou finiront-ils rivaux, puisque, un jour ou l'autre, il s'agira de succéder à Emmanuel Macron ? Autrement dit, lequel des deux prendra des notes dans le traîneau de l'autre ?

Remerciements

Nous tenons à remercier Gérald Darmanin avec qui nous nous sommes entretenus au ministère de l'Intérieur le 23 décembre 2021 et le 5 février 2022.

Nous remercions aussi chaleureusement Franck Alleo, Julien Aubert, Gaston Aubursin, Jean-Pierre Balduyck, Bernard Benaiem, Fatima Benomar, Michel Bettan, Gilles Boyer, Alexandre Brugère, Pierre de Bousquet de Florian, Guillaume Chevrollier, Mathias Chichportich, Alain Chrétien, Cécile Collin, Jean-François Copé, Hilaire de Crémiers, Justine Coutard, Gustave Dassonville, Caroline De Haas, Michel-François Delannoy, André Desmedt, Astrid de Villaines, David Douillet, Virginie Duby-Muller, Daniel Fasquelle, Matthieu Ellerbach, Hélène Fauvel, Jérôme Fournel, Philippe Grangeon, Jean-Pierre Guillon, Jean-Michel Heudent, Brice Hortefeux, Charles Hufnagel, Marine Turchi, Bruno Jeudy, Jérôme Lavrilleux, Renaud Lecadre, Ali Laazaoui, David Le Bars, Jean-René Lecerf, Sébastien Lecornu, Vincent Ledoux, Yves Lefebvre, Jean-François Legaret, Anne-Cécile Mailfert, Michèle Marchand, Pierre Mathiot, Maxime Morice, Sophie Patterson, Frédéric Péchenard, Édouard Philippe, Christian Rodriguez, Thierry Solère,

Pierre Olivier Sur, Marie Tonnerre, Jacques Toubon, Christian Vanneste, Frédéric Veaux, Éric Woerth.

Merci aussi à toutes celles et tous ceux qui ont accepté de nous parler mais qui ont souhaité conserver l'anonymat pour des raisons diverses.

Tables des matières

pca
cmb
édition pré-presse
livres numériques

44400 Rezé

Imprimé en France par CPI
en mars 2022

MIXTE
Papier issu de
sources responsables
FSC® C003309
FSC
www.fsc.org

L'éditeur de cet ouvrage s'engage dans une démarche
de certification FSC® qui contribue à la préservation
des forêts pour les générations futures.

Pour en savoir plus :
www.editis.com/engagement-rse/

N° d'édition : 63500/01 – N° d'impression : 3047233

Il se lance dans le vide : « J'ai reçu au début de ma nomination de ministre, enfin j'ai entendu qu'on avait reçu, une lettre de dénonciation calomnieuse, commence-t-il. Une lettre infâme, qui a été donnée au garde des Sceaux. C'était un homme qui écrivait, et qui m'accusait d'abus de faiblesse, d'abus de pouvoir, voire de viol. » Gérald Darmanin révèle en direct qu'à la suite de ce courrier, une enquête préliminaire pour viol a été ouverte par le parquet de Paris. Jusque-là un récit factuel.

Les auditeurs de France Info peuvent penser qu'il a été accusé de viol par un homme, mais il est vrai que c'est Pierre Spatz, le mari de Sophie Patterson, qui a écrit au ministre de la Justice. Dans la foulée de cette première ambiguïté, le ministre prend un peu de liberté avec la vérité : « Il y a eu des investigations, et au bout d'un certain temps, cette enquête, ne donnant rien, évidemment, puisque tout cela est faux, a été clôturée pour absence totale d'infraction, je cite le parquet de Paris », dit-il, sous-entendant qu'une enquête approfondie l'aurait blanchi. En réalité, les investigations se sont limitées à quatre demandes d'audition infructueuses auprès de la plaignante.

Pour marteler un peu plus son innocence, Gérald Darmanin révèle l'existence d'une enquête de *Libération* réalisée en juillet, qui s'est terminée « sans article », suggérant que, après le classement judiciaire, une sorte de classement médiatique l'aurait également innocenté. Il évoque « une calomnie », « une blessure », et annonce avoir déposé plainte « pour dénonciation calomnieuse ». « Vous connaissez cette

lant l'existence d'une plainte pour viol l'ayant visé, classée pour cause de prescription.

personne ? » demande Bruce Toussaint, qui semble interloqué. Darmanin confirme « la connaître » sans en dire davantage. Face à lui, ni Bruce Toussaint ni Jean-Michel Aphatie n'ont les clés pour comprendre ce qui se passe sur leur plateau. Aphatie cite la revue politique *Charles* qui vient de réaliser un portrait du jeune ministre et le qualifie de « dragueur lourd[4] »... Gérald Darmanin admet d'un sourire avoir pu être « léger », avoir pu envoyer « des SMS un peu lourds » et s'être « pris des vents », n'avoir sans doute pas été « très fin », mais rien de plus. Il évoque comme « un certain prix à payer » ces enquêtes journalistiques sur des « amies de fac ». « Nicolas Sarkozy disait qu'il faut avoir le cuir épais pour faire de la politique », souligne-t-il au micro, déplorant « que la lettre l'ayant dénoncé circule encore sur les réseaux sociaux ». « Une affaire classée judiciairement n'est manifestement pas classée médiatiquement », conclut-il.

C'est le message qu'il veut faire passer. La phrase est ciselée : « Une affaire classée judiciairement n'est manifestement pas classée médiatiquement. » Ces trois minutes et cinquante secondes s'adressent à la rédaction du *Monde*, qu'il vient de priver du scoop de la plainte Patterson en révélant lui-même son existence. Tout en la qualifiant de pure calomnie.

Une du *Monde*

Le ministre l'ignore, mais ce même 15 janvier 2018, Sophie Patterson signe une nouvelle plainte.

4. Astrid de Villaines, « À Bercy, je ne suis pas extrêmement heureux », art. cité.

Et cette fois-ci, elle va accepter de déposer devant les enquêteurs. Elle est entendue le 25 janvier et quitte les locaux de la police à 21 h 18. Le 27 janvier, à 10 h 16, *Le Monde* annonce sur son site internet le papier, signé Lucie Soullier, Olivier Faye et Emeline Cazi, qui fera sa une dans l'après-midi : « Gérald Darmanin visé par une accusation de viol ». Depuis la veille, avertis qu'un papier allait sortir et sollicités pour une réaction, les hommes de la défense Darmanin sont en ébullition. Pierre-Olivier Sur et Mathias Chichportich se retrouvent dans le bureau du ministre à Bercy. Réagir ou pas ? Comment dégonfler ? La décision est prise de ne pas bouger pour ne pas donner prise. « On n'alimente pas », décide Gérald Darmanin, espérant que le papier du *Monde* ne sera pas repris. Ses avocats adressent simplement au journal un bref communiqué : « Cette dénonciation s'inscrit dans une chronologie qui démontre une grossière intention de nuire. Elle émane d'une personne qui a déjà fait l'objet d'une condamnation pénale pour des faits de chantage. Comme il l'a lui-même indiqué publiquement sur l'antenne de France Info, M. Darmanin a déposé plainte il y a huit mois pour dénonciation calomnieuse. » La mention de France Info boucle l'opération de com' : comment le ministre craindrait-il quelque chose qu'il a lui-même pris soin de révéler ?

L'article du *Monde* démarre en effet par les confidences faites sur France Info, mais rectifie le tir. Si le courrier évoqué par le ministre a bien été écrit par un homme, le viol présumé concerne la femme de celui-ci. Et si la première plainte du printemps 2017 a été classée, c'est parce que cette femme a refusé de répondre aux quatre appels des policiers. Mais le quotidien du soir indique qu'une « nouvelle plainte a été déposée », déclenchant automatiquement l'ouverture d'une nouvelle enquête préliminaire. Cette fois, la présumée victime a été entendue « pendant près de huit heures par la police », révèle le quotidien qui détaille le récit de Sophie Patterson : son combat initial pour « nettoyer son casier judiciaire », sa rencontre avec le jeune conseiller juridique de l'UMP, l'invitation à dîner, Les Chandelles, l'hôtel...

Une professionnelle du sexe

Ce week-end-là, Gérald Darmanin file en Normandie pour une mise au vert. Ses amis et ses avocats surveillent pour lui les réseaux sociaux et les chaînes d'info en continu. « Ça tangue pas mal », annonce dans l'après-midi l'un des deux avocats à son client. Impossible de rester silencieux trop longtemps. Il faut réagir pour tenter d'amortir l'onde de choc. Mathias Chichportich est envoyé en début de soirée sur BFM TV[5]. Gérald Darmanin n'a selon lui « rien à se reprocher » et attend, « très serein », un nouveau classement sans suite. « Cette affaire n'est pas une affaire de viol mais de dénonciation calomnieuse », dit-il, évoquant un ministre « à la fois blessé » et « combatif ». Pierre-Olivier Sur se rend, lui, à RTL ce même lundi matin. L'ancien bâtonnier contre-attaque fort : « Il n'y a pas de viol. » Voix ferme teintée d'irritation, il évoque une « grande et vaste manipulation », qualifie Sophie Patterson d'« ancienne professionnelle du sexe » et de « manipulatrice ». « Elle a déjà été condamnée pour menace, extorsion, chantage, cette professionnelle est une menteuse délinquante,

5. Invité de Ruth Elkrief, le 29 janvier 2018.

elle a pris deux ans ferme[6] ! » s'énerve crescendo l'avocat au micro d'Yves Calvi. « Le vrai procès, ce n'est pas le procès qu'elle lui fait, on va au deuxième classement sans suite, c'est notre procès pour dénonciation calomnieuse, elle va à nouveau être condamnée à de la prison », tonne Pierre-Olivier Sur. Sur sa lancée, il assène que « tous ceux qui appellent à la démission » de Gérald Darmanin « sont des complices de cette dénonciation calomnieuse ». La barre est placée haut.

Chez LR, dont Laurent Wauquiez vient de prendre les commandes, des voix s'élèvent en effet pour appeler au départ du ministre des Comptes publics. « Gérald était secoué », se souvient Thierry Solère. « C'est très dur, ajoute Sébastien Lecornu. Nous, quand tout cela éclate, on ne doute pas de son innocence. Ce qui nous apparaît alors, c'est la violence de l'injustice, avec les bandeaux BFM et les alertes iPhone. On a cherché à le protéger. » Mais quand la bourrasque se déchaîne, comment être sûr que la digue tiendra ?

Dîner avec Sarkozy

Le hasard du calendrier, ou la chance, vertu indispensable aux généraux selon Napoléon, va jouer en faveur de l'élu de Tourcoing. Le dimanche 28 janvier 2018, Nicolas Sarkozy fête ses soixante-trois ans. De longue date, Gérald Darmanin a organisé pour le lendemain, lundi 29 janvier, un dîner en son honneur dans la salle à manger de son appartement privé de Bercy. Nicolas

6. Voir le chapitre 10, p. 184. Sophie Patterson a en fait été condamnée en octobre 2003 à un an de prison ferme. Lors d'un nouveau procès en 2004, la peine a été réduite à dix mois de prison avec sursis.

Sarkozy a été ministre du Budget puis de l'Économie, c'est pour lui un retour nostalgique sur ses années de jeunesse. Quatorze couverts ont été prévus. Mais, avec les révélations du *Monde* du samedi, l'Ex, qui doit venir avec Carla, maintiendra-t-il sa présence ce lundi soir ?

C'est bien mal connaître l'ancien président, comme la relation qui le lie à son jeune padawan, que d'imaginer qu'il puisse se dérober un jour pareil. Non seulement il sera là, mais dès le lendemain, *Le Figaro* mentionnera ce dîner[7]. Quel meilleur message adresser aux élus LR tentés, à la suite des consignes de Laurent Wauquiez, d'appeler à la démission ? D'ailleurs, dès la fuite dans *Le Figaro*, des voix émergent à droite pour rappeler la « présomption d'innocence ». Éric Woerth, Guillaume Peltier, Éric Ciotti, Guillaume Larrivé réclament du « calme » et dénoncent les « procès médiatiques ». Laurent Wauquiez est mis en minorité. Même Christian Jacob, un de ceux qui détestent le plus l'élu de Tourcoing, met la pédale douce. À l'Assemblée nationale, le 30 janvier, le ministre du Budget, venu défendre le projet de loi sur le « droit à l'erreur[8] », est ovationné par des députés LREM tandis que les parlementaires de LR se refusent à toute bronca. À droite au moins, où il ne compte pourtant pas que des amis, Gérald Darmanin a éteint l'incendie. Avec l'aide de Nicolas Sarkozy. Le parrain n'a pas baissé le pouce...

Mais comment réagira le président en titre ? Le soir du 29 janvier, le ministre des Comptes publics était convié à un dîner à l'Élysée en compagnie de poids lourds de la majorité, mais en raison de l'anniversaire

7. Marion Mourgue, « Sarkozy apporte son soutien à Darmanin lors d'un dîner à Bercy », *Le Figaro*, 30 janvier 2018.

8. Le droit à l'erreur permet de régulariser une erreur commise dans une déclaration à l'Administration sans être sanctionné.